PRÉPAS **SCIENTIFIQUES**

ÉPREUVE DE FRANÇAIS-PHILOSOPHIE

Concours
2022
2023

Le travail en 30 fiches

Virgile • Weil • Vinaver

Marie-Françoise André
Docteure et agrégée de Lettres modernes,
professeure de littérature et de philosophie
en CPGE scientifique (Paris) et membre
du jury CentraleSupélec Paris

Laurence Sieuzac
Docteure et agrégée de Lettres modernes,
chercheuse à l'Université Bordeaux Montaigne,
professeure en CPGE économique et scientifique
(Bordeaux) et membre du jury CentraleSupélec Paris

Vuibert

Les renvois de page présents dans l'ouvrage font référence aux éditions Garnier-Flammarion pour *Les Géorgiques* de Virgile, aux éditions Gallimard pour *La Condition ouvrière* de Simone Weil et aux éditions Actes Sud pour *Par-dessus bord* de Michel Vinaver.

ISBN : 978-2-311-21320-1

Création de la couverture : Hung Ho Thanh
Adaptation de la couverture : Les PAOistes
Création de l'intérieur : Séverine Tanguy
Composition : Grafatom

Site Internet : http://www.vuibert.fr

Sommaire
pour se repérer

Mode d'emploi

PARTIE 1 Les auteurs au programme

Travail réalisé

PARTIE 2 Les œuvres au programme

PARTIE 4 Méthodologie et sujets corrigés

Le résumé de texte (concours CCINP – CentraleSupélec et ATS)

La dissertation (tous les concours)

PARTIE 5 Les 60 citations incontournables

Mode d'emploi

Si ce manuel est en votre possession, c'est que vous vous apprêtez à vous lancer dans une expérience passionnante, intense et exigeante : passer les concours d'entrée aux écoles d'ingénieurs, au terme de deux ou trois années de classe préparatoire aux grandes écoles.

Dans toutes les CPGE de filière scientifique, il existe un programme de français et de philosophie commun aux classes de maths sup et maths spé (première et deuxième années). Il s'agit d'étudier un thème en s'appuyant sur trois œuvres : un ouvrage philosophique et deux œuvres littéraires de genres variés (roman, théâtre, poésie…). Même si c'est extrêmement rare, le thème étudié pendant une année scolaire peut retomber à l'écrit des concours l'année d'après. Néanmoins, c'est toujours le nouveau thème qui fait l'objet des cours de l'année suivante. Par conséquent, pour l'année scolaire 2022-2023, deux thèmes sont au programme :

1. « **L'enfance** » (thème étudié l'année dernière) avec :
   - *Émile ou de l'éducation* (1762) de Jean-Jacques Rousseau, livres I et II (Garnier-Flammarion) ;
   - *Contes* d'Hans Christian Andersen (1835-1874), traduction de Marc Auchet – Livre de Poche classique n° 16113 (absent du programme en filière ATS) ;
   - *Aké, les années d'enfance* (1981) de Wole Soyinka, Garnier-Flammarion n° 1 634.
2. « **Le travail** » (nouveau thème étudié cette année, toujours en vigueur en 2023-2024) avec :
   - *Géorgiques* de Virgile, traduction de Maurice Rat – Garnier-Flammarion (absent du programme en filière ATS), juin 2022 ;
   - *La Condition ouvrière* (1951) de Simone Weil, Gallimard collection Folio Essais n° 409, à étudier comme suit : « L'usine, le travail, les machines » (pages 49 à 76 et 205 à 351), sans : « Journal d'usine » (pages 77 à 204) ; avec : « La condition ouvrière » (pages 389 à 397) et « Condition première d'un travail non servile » (pages 418 à 434) ;
   - *Par-dessus bord* (1973) de Michel Vinaver, version hyper-brève, Actes Sud, Babel, juin 2022.

Ce manuel n'a pas pour objet de se substituer aux cours dispensés tout au long de l'année par le professeur de français et de philosophie, mais il facilitera en amont votre lecture personnelle des œuvres au programme et sera un outil indispensable pour réviser efficacement avant le concours.

Il se compose de cinq parties. Pour **découvrir** les auteurs au programme, la première partie propose leur biographie et une présentation du contexte historique et culturel de leur époque. Pour **approfondir**, la deuxième partie comporte le résumé de chaque ouvrage, explique sa structure et propose une analyse de ses thèmes principaux. La troisième partie permet de **comparer** les œuvres au programme grâce à l'étude transversale de onze thèmes, en vue de l'épreuve de dissertation. La quatrième partie permet de mieux comprendre comment **exploiter au concours** les connaissances acquises grâce aux parties précédentes. Elle donne, en effet, une méthodologie synthétique et le « pas à pas » des deux épreuves présentes à l'écrit des concours : le résumé de texte et la dissertation. Un exemple de chacun de ces deux exercices permet de passer de la théorie à la pratique. Enfin, une dernière partie propose une anthologie des citations essentielles à apprendre par cœur pour **étayer une dissertation**.

PARTIE 1

Les **auteurs** au **programme**

Virgile, *Les Géorgiques*

FICHE 1. La biographie de Virgile

Publius Vergilius Maro est né à Andes en 70 ou 69 av. J.-C, sans doute un 15 octobre, et meurt en 19 av. J.-C. à Brindes. Ce poète a donc vécu la fin de la République et le début du règne de l'empereur Auguste. Il est l'auteur de trois œuvres majeures : les *Bucoliques*, *Les Géorgiques* et l'*Enéide,* auxquelles s'ajoute l'*Appendix Vergiliana*, ensemble de poèmes variés dont l'attribution reste incertaine.

1. Une biographie mal connue

La vie de Virgile est mal connue, car les principales sources à notre disposition sont les *Vies* de Virgile que Valerius Probus (Ier siècle ap. J.-C.) ou encore des professeurs du IVe siècle comme Donatus ou Servius ont ajoutées à leur commentaire de l'œuvre virgilienne. Ces biographies écrites tardivement sont inspirées de travaux plus anciens qui ont été perdus : la biographie rédigée par Suétone au Ier siècle, elle-même inspirée d'une biographie écrite par Varius.

Par ailleurs, les détails de la vie de Virgile sont bien souvent tirés des poèmes qu'il a lui-même écrits. Or, comme le rappelle Florence Dupont dans sa préface à l'édition Folio des *Géorgiques* et des *Bucoliques* (p. 14), la poésie virgilienne n'est pas véritablement autobiographique, mais permet au poète de construire son *éthos*, l'image qu'il veut donner de lui-même. C'est particulièrement le cas dans les *Bucoliques* où le poète se met traditionnellement en scène à travers l'un des bergers et se livre donc à une construction littéraire. C'est moins la vie de l'auteur qui irrigue son œuvre que les poèmes qui créent une image du poète. Les éléments biographiques qui émaillent l'œuvre de Virgile sont donc sujets à caution.

2. Jeunesse et formation

Virgile est né à Andes[1] en Gaule cisalpine. Ses origines familiales sont incertaines. Son *cognomen* (surnom), *Maro*, qui signifie « magistrat », est d'origine étrusque. Hubert Zehnacker et Jean-Claude Fredouille, dans

1. Aujourd'hui Virgilio, près de Mantoue.

Littérature latine[2] (p. 138), pensent, tout comme Florence Dupont (p. 14), qu'il est de naissance obscure. La poésie aurait alors constitué pour lui une forme d'ascension sociale : il aurait réussi à intégrer les cercles cultivés et à bénéficier de protecteurs grâce à ses talents littéraires.

Certains commentateurs, comme Jacques Perret (*Virgile, l'homme et l'œuvre*), considèrent néanmoins qu'il est issu d'une famille plus bourgeoise. Sa mère aurait été la fille d'un riche marchand et son père un petit propriétaire terrien pratiquant l'agriculture, l'élevage et l'apiculture, ce qui aurait constitué une source toute trouvée pour la rédaction des *Géorgiques*. Dans *Présence de Virgile* (p. 14-15), Robert Brasillach dépeint ainsi Virgile qui apprend les techniques agricoles avant de les décrire dans ses *Géorgiques* bien des années plus tard : « Un peu plus précisément, lorsqu'il y pensait avec quelque attention, il retrouvait tous les renseignements lourds et passionnés qu'il tenait de son père, de ses camarades, des valets de ferme. C'était dans des conversations qu'il avait entendu les recettes vieilles et rusées pour arracher à la terre le plus d'or possible. Il savait sous quelle étoile il fallait ouvrir le sol et marier la vigne grimpante à l'ormeau, la manière de multiplier le bétail. [...] Il y avait encore, dans ses souvenirs, reposés comme l'hiver poussiéreux, certains outils de son père, le corps de charrue en bois dur, des rouleaux ferrés, des traîneaux, des herses, des râteaux géants et puis les osiers, les claies à sécher le fromage, celles de roseau et celles d'arbousier, le van presque sacré. [...] Mais c'était les abeilles qu'il aimait. Dès l'enfance, comme son père en faisait l'élevage, il savait qu'il fallait chercher, pour établir des ruches, de claires fontaines, des étangs bordés de mousse, avec un arbre. »

Virgile a étudié les lettres, la philosophie mais aussi le droit, la médecine ou encore les mathématiques dans plusieurs villes d'Italie. Il a entamé ses études à Crémone en -58. En -55, il a revêtu la toge virile[3], le jour même de la mort du poète Lucrèce, dit-on. Il est ensuite allé à Milan, puis à Rome où il a plaidé pour la seule fois de sa vie et s'est révélé fort mauvais avocat. Enfin, il s'est rendu à Naples où il a suivi des cours de rhétorique et de philosophie grecque. Il a été influencé en particulier par l'épicurisme de son maître Siron.

3. Les *Bucoliques*

Les *Bucoliques* furent écrites en trois ans de -42 à -39, à l'exception de la dernière bucolique ajoutée en -37. Il s'agit de dix courtes pièces composées en hexamètres dactyliques et en style bas (*humilis*)[4]. La moitié est rédigée sous

2. Pour les références complètes des œuvres citées, voir la bibliographie en fin d'ouvrage.
3. Rite de passage pour les adolescents romains.
4. Style simple par opposition au style sublime (*gravis*) utilisé dans l'*Énéide*, ou au style moyen (*mediocris*) utilisé dans *Les Géorgiques*.

forme de dialogues et l'autre moitié sous forme de monologues. Ce genre hybride qui mélange poésie et théâtre peut donc faire l'objet de lecture à haute voix (*recitatio*), mais aussi de théâtre de mime.

Ces poèmes mettent en scène des bergers qui chantent la nature, leurs troupeaux et leurs rivalités amoureuses. Leur rivalité est aussi poétique, et l'on trouve de longs chants amébées, autrement dit des chants alternés : un berger choisit un thème et en donne sa version, le second relève le défi et propose sa propre version poétique du même sujet.

Les *Bucoliques* sont inspirées des *Idylles Bucoliques* du poète alexandrin Théocrite (vers 310-vers 250 av. J.-C.) qui inventa un véritable genre : l'*eidulion bucolicon*, littéralement « petite histoire chantée par des bouviers ». L'idylle est d'abord une « petite pièce de poésie », avant de renvoyer à un monde champêtre, charmant et paisible, donc idyllique au sens où on l'entend aujourd'hui.

Virgile se livre dans ces petits textes à un syncrétisme culturel puisque les noms grecs des bergers, comme Tityre ou Mélibée, se mêlent à des références au monde contemporain. Virgile s'adresse, en effet, à ses dédicataires – son protecteur Asinius Pollion, sans doute aussi commanditaire de l'œuvre, et le poète Gallus, lui aussi client de Pollion – et ponctue son texte d'allusions au contexte contemporain, comme l'annonce d'un nouvel Âge d'Or à venir instauré par Octave dans la quatrième bucolique.

4. Les Géorgiques

À partir de -37, Virgile fait partie du cercle de poètes qui entoure Mécène et va créer le classicisme augustinien (voir fiche 9). Virgile suit Mécène en Campanie et lui dédie *Les Géorgiques* écrites en sept ans, de -37 à -29. Il a cependant réservé la primeur de son œuvre à Octave lui-même. Au printemps ou à l'été -29, alors qu'Octave est en cure à Atella en Campanie pour soigner son mal de gorge, Virgile lui lit l'intégralité des *Géorgiques* pendant quatre soirées consécutives. Il est parfois relayé par Mécène lorsque sa voix commence à faiblir.

Les Géorgiques se divisent en quatre livres qui abordent respectivement la culture des champs, l'arboriculture, l'élevage et l'apiculture. Ils sont composés en hexamètres dactyliques et écrits en style moyen (*mediocris*).

5. L'*Énéide*

Virgile s'est ensuite tourné vers l'épopée avec l'*Énéide*, à laquelle il a travaillé de -29 à -19, date de sa mort. Il s'est posé en rival d'Homère en entreprenant l'écriture d'une épopée nationale, en douze livres d'hexamètres dactyliques et en style élevé (*gravis*). On distingue, en effet, dans *l'Énéide* une « Odyssée » et une « Iliade ». Ainsi, les chants I à VI narrent les errances d'Enée, rescapé de la guerre de Troie qui atteint finalement le Lavinium, tandis que les chants VII à XII évoquent la guerre menée par Enée pour s'établir dans son nouveau pays. Une différence majeure distingue évidemment l'épopée homérique de celle de Virgile : Ulysse finit par rentrer chez lui à Ithaque alors qu'Enée, parti de Troie, fonde une nouvelle civilisation et une « nouvelle Troie », Lavinium, dans le Latium[1].

Virgile montre ainsi les racines troyennes de Rome par le biais d'Enée, fils de Vénus et d'Anchise, qui est à l'origine d'une nouvelle civilisation, fondateur de la famille des *Julii* et ancêtre de César et d'Octave. Symboliquement, Enée peut d'ailleurs être considéré comme le double d'Auguste qui met lui aussi en place une époque nouvelle de paix et de bonheur universel.

6. La mort de Virgile

Virgile aurait été victime d'une insolation près de Mégare, en Grèce, alors qu'il se documentait pour écrire son *Énéide* et serait mort à Brindes, aujourd'hui Brindisi, en -19, sans pouvoir l'achever. Il avait demandé à ses exécuteurs testamentaires, le poète Varius et Poltius Tucca, de brûler *l'Énéide* alors inachevée, mais Auguste s'y opposa et demanda à Varius de publier cette œuvre.

Les cendres de Virgile ont été transportées à Pouzzoles, en Campanie, où se trouve son tombeau présumé. L'épitaphe est un distique qui évoque les trois œuvres majeures de Virgile :

« Mantoue m'a donné la vie, la Calabre me l'a ôtée. Naples à présent me garde.

J'ai chanté les pâturages, les campagnes, les héros (*Cecini pascua, rura, duces*). »

1. Région d'Italie dont la ville principale est Rome.

FICHE 2. Le contexte historique et culturel des *Géorgiques* de Virgile

1. Le contexte historique

Virgile a vécu dans un contexte de guerre civile une grande partie de sa vie. Il a, en effet, connu les derniers soubresauts de la République. La confrontation entre César et Pompée s'est soldée par la défaite de Pompée à la bataille de Pharsale (48 av. J.-C.) mais César a été assassiné dans la curie en 44 av. J.-C.

Le conflit s'est alors prolongé entre Octave, petit-neveu et fils spirituel de César, et Marc Antoine, son meilleur lieutenant. Les adversaires négocient et concluent en -40 la paix de Brindes qui fait d'Octave le maître de l'Occident et de Marc Antoine le maître de l'Orient. La réconciliation est malheureusement de courte durée puisque le conflit reprend en -35. Octave écrase Marc Antoine, allié à Cléopâtre, en -31 en remportant la victoire navale d'Actium, mettant ainsi fin à la République romaine. Antoine et Cléopâtre se suicident, la situation peut enfin se stabiliser : Octave, qui sera proclamé empereur sous le nom d'Auguste en -27, instaure une période de paix. Il ferme les portes du temple de Bellone, fait édifier l'*Ara Pacis*, l'Autel de la Paix, sur le champ de Mars et proclame la paix perpétuelle. *Les Géorgiques* sont publiées au début de cette période moins agitée de l'histoire romaine, donc plus propice aux travaux agricoles : la *Pax Romana*.

2. *Les Géorgiques* : une œuvre de propagande ?

A. La politique agricole d'Octave

En arrivant au pouvoir, Octave a pour projet de relancer l'agriculture dans une Italie totalement ravagée par les guerres civiles : « La charrue ne reçoit plus l'honneur dont elle est digne ; les guérets sont en friche, privés des laboureurs entraînés dans les camps ; et les faulx recourbées servent à forger une épée rigide » (1, p. 68). Il souhaite mettre en place une agriculture intensive de céréales qui permettra de ne plus dépendre des productions de la

Sicile, de la Sardaigne ou de l'Afrique. De fait, en 38 av. J.-C., Sextus Pompée avait réussi à affamer Rome en empêchant les convois maritimes de passer avec sa flotte. Pour éviter les problèmes économiques liés aux *latifundia*, grands domaines qui pratiquent la monoculture et accroissent la dépendance agricole, il prône une polyculture diversifiée au sein de petites propriétés. C'est précisément ce que recommande Virgile au livre 2 des *Géorgiques* : « Fais l'éloge des vastes domaines, cultives-en un petit » (2, p. 97).

Après la victoire de Philippes (-42), en l'absence de finances suffisantes, Octave a payé plus de cent mille soldats et vétérans en leur donnant des terres confisquées aux paysans italiens de dix-huit cités différentes. Les mesures d'expropriation l'ont évidemment rendu impopulaire et le frère de Marc Antoine a essayé d'en tirer parti en relançant la guerre civile autour de Pérouse. Assiégé par Agrippa, l'allié d'Octave, il a néanmoins été forcé de se rendre peu avant la paix de Brindes. Après la bataille d'Actium, Octave a racheté les terres aux paysans avec son butin de guerre pour les donner aux soldats, cheville ouvrière de son grand projet agricole. Il a ainsi mis au travail une masse de soldats démobilisée et désœuvrée qui, sans cela, aurait pu se livrer à des violences ou suivre le premier démagogue venu.

B. Virgile exproprié

En -40, Virgile a lui-même subi les conséquences de la spoliation massive lancée par Octave. Il semble qu'on l'ait exproprié de sa petite propriété familiale. Néanmoins, les versions de cette anecdote divergent. Dans *Virgile, Bucoliques, Géorgiques* (p. 8), Joël Thomas estime qu'il a réussi à récupérer son bien grâce à Asinius Pollion et Gallus, alors commissaires à la répartition des terres, qui plaidèrent sa cause. La paix de Brindes aurait été négociée la même année sur son domaine par Asinius Pollion, représentant de Marc Antoine, et Gallus, représentant d'Octave.

Néanmoins, Robert Brasillach donne une autre version des faits dans *Présence de Virgile*. Virgile avait plaidé sa cause auprès d'Alfenus Varus, partisan d'Octave qui venait de remplacer son protecteur, Asinius Pollion, alors gouverneur de la Gaule cisalpine. Varus lui aurait conseillé d'en parler à ses amis haut placés et offert de le recommander à Octave, qui aurait accepté dans un premier temps de lui rendre son bien. Cependant, le vétéran à qui il devait être attribué serait venu attaquer Virgile chez lui par surprise. Mécène, à qui Octave avait confié l'affaire, aurait finalement proposé à Virgile une maison près de Nole, en Campanie, en échange de sa propriété familiale irrémédiablement perdue. Les *Bucoliques* témoignent de l'incident : dans la neuvième églogue, Virgile déplore la perte de la propriété familiale, tandis que dans la première, il rend grâce à Octave de lui avoir rendu sa tranquillité, manifestement bien précaire.

C. Entre propagande et réhabilitation de l'agriculture

Virgile faisait partie du cercle de poètes protégés par Mécène qui les poussait à célébrer la gloire d'Auguste. En écrivant *Les Géorgiques*, il aurait alors, pour reprendre les termes de Florence Dupont, « collaboré à la renaissance de l'agriculture italienne, selon les vœux du futur Auguste » (p. 30). Les commentateurs contemporains refusent de considérer *Les Géorgiques* comme une œuvre de propagande commandée par un *patronus*, mais c'est mal comprendre le fonctionnement du système clientéliste qui repose sur un échange de services permanent. Virgile lui-même étaye cette hypothèse dans deux passages des *Géorgiques*, lorsqu'il écrit au sujet d'Octave : « sensible comme moi aux misères des campagnards qui ne savent pas leur route » (1, p. 40) et lors de son exhortation aux cultivateurs : « Au travail donc, ô cultivateurs ! apprenez les procédés de cultures propres à chaque espèce » (2, p. 75). Il semble bel et bien s'adresser à des « néo-ruraux » qui découvrent la vie de paysan.

Néanmoins, on ne peut nier que la forme d'agriculture présentée dans *Les Géorgiques* ne correspond pas au projet d'Octave : il s'agit d'une polyculture vivrière traditionnelle conduite sur une petite propriété familiale et donc davantage d'un idéal traditionnel à coloration morale et philosophique que d'un projet à grande échelle ayant pour vocation de nourrir tout le pays.

Dernière hypothèse récusée par Florence Dupont (p. 31), *Les Géorgiques* auraient eu vocation à pousser les vétérans ayant reçu des terres à y rester pour bien les cultiver. En effet, un certain nombre d'entre eux ont revendu leurs terres pour retourner vivre en ville et s'y livrer à la débauche. Il est néanmoins peu probable qu'ils fassent partie du lectorat de Virgile, contrairement à ce que semble penser Gibbon, un commentateur enthousiaste dont Sainte-Beuve rapporte les paroles dans son *Étude sur Virgile* (p. 42-3) : « Quel vétéran, s'écrie Gibbon, ne se reconnaissait dans le vieillard des bords du Galèse [*Géorgiques*, 4, p. 151-3] ? Comme eux, accoutumé aux armes dès sa jeunesse, il trouvait enfin le bonheur dans une retraite sauvage, que ses travaux avaient transformée en un lieu de délices ».

Dans sa globalité, le projet lancé par Octave implique un véritable bouleversement civilisationnel. La métamorphose du vétéran de guerre en agriculteur est tout à fait symbolique : on passe d'une *civitas*, d'une citoyenneté, avant tout politique et militaire, à une conception totalement nouvelle. Désormais, l'appropriation du territoire ne repose plus sur les conquêtes militaires mais sur l'agriculture. Remettre ce domaine à l'honneur revient aussi à réhabiliter des valeurs traditionnelles : l'amour de la famille, de la patrie, des valeurs religieuses et morales d'autrefois.

3. Les réseaux de sociabilité

Comme on l'a vu, Virgile a vécu en des temps troublés où la protection d'hommes éminents et haut placés est d'autant plus précieuse. De façon générale, les réseaux de sociabilité romains fonctionnent sur le clientélisme. On cherche à devenir le client d'un *patronus,* c'est-à-dire à intégrer un réseau social, seul moyen d'exister dans une civilisation antique où la dimension collective est fondamentale. La relation entre le patron et ses clients, qui se considèrent tous comme des amis, *amici,* repose sur un échange de bons procédés et de services divers et variés. Ce système de dons et contre-dons montre bien que la hiérarchie inégalitaire n'empêche ni la réciprocité ni la reconnaissance, la *gratia.*

Virgile entre ainsi d'abord en relation avec Asinius Pollion (76 av. J.-C.-4 ou 5 ap. J.-C.), à la fois homme de lettres qui entretient un cercle de poètes et figure politique et militaire de premier ordre. Il est le dédicataire et sans doute le commanditaire des *Bucoliques.*

Le second dédicataire de cet ouvrage est un *amicus* de Virgile, lui aussi client de Pollion : Caius Cornelius Gallus (69-26 av. J.-C.). Comme Virgile, il est d'origine obscure et poète. Son œuvre est perdue, mais c'est lui qui a fait connaître la poésie élégiaque à Rome. Il a donc influencé fortement les *neoteroi,* les « poètes nouveaux », comme Catulle ou Tibulle. Il a par ailleurs fait une carrière fulgurante en soutenant Octave contre Marc Antoine. Il a obtenu le poste prestigieux de préfet d'Égypte avant de tomber en disgrâce et d'être condamné à se suicider par le Sénat. Le Livre 4 des *Géorgiques* comportait apparemment un éloge de Gallus aujourd'hui perdu, si l'on en croit le commentaire de Servius. Virgile l'enleva à la demande d'Auguste après la disgrâce de Gallus et le remplaça par la légende d'Orphée que l'on peut encore lire actuellement.

Les *Bucoliques* sont la preuve que Virgile était lié à de nombreux artistes puisqu'elles font allusion à Aemilius Macer, auteur de trois poèmes scientifiques, ou encore Lucius Varius Rufus, auteur de tragédies et futur éditeur de l'*Enéide.*

Virgile fut ensuite introduit auprès de Caius Maecenas, Mécène (entre 74 et 64 av. J.-C.-septembre 8 av. J.C.), partisan d'Octave, par Gallus qui était devenu son client. Il cessa ses visites à Pollion et choisit définitivement le parti d'Octave. Dans la seconde édition des *Bucoliques,* la dédicace n'est plus adressée à Pollion, mais à Alfenus Varus, remplaçant de Pollion en Gaule en 40 av. J.C. Sans doute Virgile pensait-il qu'Octave avait toutes les chances de triompher, ce qui lui permettrait d'instaurer une période de paix après des années de guerre civile. Virgile suivit Mécène en Campanie. Son nouveau protecteur était un riche chevalier étrusque épicurien qui fut le conseiller d'Auguste, son éminence grise, et conduisit de nombreuses négociations diplomatiques, comme la paix de Brindes. Il n'accepta néanmoins jamais de charge officielle et demeura simple chevalier romain. Robert Brasillach en propose un portrait haut en couleurs dans *Présence de Virgile* (p. 99) : « Mais cet homme qui savait se passer de sommeil, méditer des plans compliqués, [...] était le plus raffiné, le plus mandarin des lettrés. Il avait eu la grande idée de faire servir les hommes de lettres à la louange d'Octave ; toute son habileté et ses ruses de diplomate furent mises en œuvre pour flatter le naïf orgueil des écrivains qu'il recevait. [...] Ce grand homme d'état, ce diplomate, était toujours vêtu de larges vêtements très souples, paré de bijoux, affectait dans sa parole et ses ornements une délicatesse très féminine. Il avait la manie d'être vu et affichait tous les vices à la mode. » Virgile dédia ses *Géorgiques* à Mécène, qui en était peut-être aussi le commanditaire, et lui présenta un de ses amis intimes, Quintus Horatius Flaccus, le célèbre poète Horace. Virgile devint ainsi progressivement un familier d'Octave.

Simone Weil, *La Condition ouvrière*

FICHE 3.
La biographie de Simone Weil

« *Elle a l'intelligence qui brûle.* » Joë Bousquet (1942)

Toute sa vie, Simone Weil fut animée par une flamme : la vocation vibrante de la vérité. Elle écrit à Maurice Schumann : « Pour moi personnellement la vie n'a pas d'autre sens, et n'a jamais eu au fond d'autre sens, que l'attente de la vérité »[1] ; et à la fin de *L'Enracinement* : « Désirer la vérité, c'est désirer un contact direct avec la réalité ». Sa philosophie se doit de prendre appui sur l'expérience vécue. La participation au réel est la condition *sine qua non* d'une pensée juste, vraie et libre dont le travail et l'éducation sont les deux pivots. Contemptrice du règne de la force, elle fustige tout système totalitaire. Cette « étrange chrétienne »[2] meurt de la tuberculose à 34 ans, consumée par sa soif de vérité et son exigence de pureté. Simone Weil fut une comète, « une trajectoire de feu sur terre comme dans le ciel des idées », écrit Ludivine Benard (p. 23). Sa puissance intellectuelle, son engagement existentiel et philosophique sont exceptionnels.

1. Aux origines de la vocation

Simone Weil, née à Paris le 3 février 1909, est issue d'une famille d'origine juive alsacienne du côté paternel et russe du côté maternel. Son père, Bernard Weil, est chirurgien-militaire. Son frère, né en 1906, est le mathématicien André Weil, l'un des fondateurs du groupe Bourbaki. La famille vit au cœur de Paris, dans un milieu libéral, plutôt bourgeois, d'origine juive mais agnostique. Dans son enfance, Simone a une santé précaire et est très sensible au malheur d'autrui. L'engagement pour toute cause qui la fait souffrir dans sa chair ne variera jamais. Elle réserve du chocolat, du sucre, de l'argent de poche à un soldat dans les tranchées.

Lycéenne brillante, elle entre en hypokhâgne au lycée Henri IV où elle a pour professeur le philosophe Alain. En 1928, elle intègre l'École normale supérieure à 19 ans. Simone Weil est marquée par l'enseignement humaniste et rationaliste d'Alain avec lequel elle partage la « nécessité d'être du côté des plus malheureux », comme dit Alain qui surnomme son élève « la

1. « Lettre à Maurice Schumann », citée par le père Perrin dans Joseph-Marie Perrin et Gustave Thibon, *Simone Weil telle que nous l'avons connue*, La Colombe, Paris, 1952, p. 97-98.
2. Benard Ludivine, *Simone Weil, La Vérité pour vocation*, p. 17.

Martienne ». Simone Weil fait sienne la méthode intellectuelle de son professeur, fondée sur la volonté et la maîtrise de soi. Il l'invite à tout passer au crible du doute cartésien et à lutter contre toute mainmise du groupe sur l'esprit, combat qui sera le sien durant toute sa vie intellectuelle. Son mémoire de Diplôme d'études supérieures en 1930 a pour sujet : « Science et perception dans Descartes ». À la même époque, elle s'intéresse à la notion de travail et pose les prémices de ce qui sera sa philosophie du travail. Le travail permet au travailleur de se confronter à la réalité extérieure, de dépasser son intériorité : « Le travail est donc le propre de la condition humaine : en travaillant, l'homme se sent appartenir au monde, qu'il peut alors façonner ; il expérimente ainsi sa liberté. » (L. Bénard, p. 40). En 1931, elle réussit brillamment l'Agrégation de philosophie. Elle commence alors une carrière de professeur au lycée du Puy-en-Velay.

2. L'expérience du syndicalisme révolutionnaire

Ses premières années de professorat marquent le début de son engagement politique d'extrême gauche. Ainsi, durant l'hiver 1932-1933, au Puy-en-Velay, soutenant les syndicats ouvriers, elle rallie le mouvement de grève contre le chômage et les baisses de salaire. La presse locale en fait la figure de proue du mouvement et la vilipende, la qualifiant de « militante de Moscou », de « Vierge rouge ». Décidée à vivre avec cinq francs par jour, comme les chômeurs du Puy, elle reverse tout le reste de ses émoluments de professeur à la Caisse de Solidarité des mineurs stéphanois, à la presse syndicale. Elle écrit pour les revues syndicalistes révolutionnaires *L'École émancipée* et *La Révolution prolétarienne* de Pierre Monatte. Observant attentivement l'avancement de l'expérimentation communiste en Union soviétique, elle est de plus en plus défiante après son séjour en Allemagne à l'été 1932. À son retour, elle prend ses distances avec le syndicalisme et fait la connaissance de Boris Souvarine, communiste repenti exclu du Parti en 1924 et ex-trotskiste. À son contact, sa critique du communisme devient de plus en plus acide. Elle dénonce la bureaucratie qui, selon elle, est le poison du communisme en URSS : « Nommer un État "État ouvrier" quand on explique par ailleurs que chaque travailleur y est placé, économiquement et politiquement, à l'entière discrétion d'une caste bureaucratique, cela ressemble à une mauvaise plaisanterie », écrit-elle.

3. L'expérience du malheur

Sous couvert de préparer une thèse de philosophie concernant « le rapport de la technique moderne, base de notre industrie, avec les aspects essentiels de notre civilisation, c'est-à-dire d'une part notre organisation sociale, d'autre part, notre culture », elle obtient un congé d'une année pour études personnelles. Cet énoncé théorique véridique cache une intention profonde et ancienne, celle de se faire ouvrière en usine.

Le 4 décembre 1934, à 25 ans, elle est donc embauchée comme ouvrière de presse (découpeuse) chez Alsthom dans le 15e arrondissement de Paris. Puis, croyant avoir un statut privilégié, elle quitte Alsthom pour travailler à la chaîne aux Forges de Basse-Indre, à Boulogne-Billancourt, et, enfin, jusqu'au mois d'août 1935, comme fraiseuse chez Renault. Elle connaît la fatigue, la faim, l'humiliation, la cadence infernale du travail. Maladroite naturellement, victime de migraines tenaces, lente à la tâche, elle vit un calvaire, dans un « état de semi-égarement ». Elle note ses impressions dans son *Journal d'usine*. Sept ans plus tard, elle écrira au père Perrin : « Après mon année d'usine [...], j'avais l'âme et le corps en morceaux. Ce contact avec le malheur avait tué ma jeunesse [...] J'ai reçu par là et pour toujours la marque de l'esclavage »[1].

À l'automne 1935, Simone Weil reprend son métier de professeur de philosophie au lycée de Bourges. Elle participe aux grèves de 1936 et milite contre la guerre. En août 1936, malgré son pacifisme, elle s'engage dans la colonne Durruti au début de la guerre civile espagnole aux côtés des anarchistes et des révolutionnaires. La soif de sang, l'injustice des meurtres la glacent. Elle déduit de cette expérience qu'il n'y a pas de guerre juste et que le « règne de la force » s'étend au-delà de l'usine. « Les crimes me faisaient horreur mais ne me surprenaient pas ; j'en sentais en moi-même la possibilité ; c'est même parce que j'en sentais en moi-même la possibilité qu'ils me faisaient horreur », confie-t-elle au père Perrin dans son *Autobiographie spirituelle*. Après avoir connu la condition ouvrière et la guerre d'Espagne, Simone Weil écrit : « Le malheur des autres est entré dans ma chair et dans mon âme » (p. 24).

4. La grâce et la pesanteur

Simone Weil, de confession juive agnostique, va se rapprocher progressivement de la religion chrétienne, mais elle ne sera jamais baptisée et restera « sur le seuil de l'église ». La première expérience mystique de Weil a lieu au

1. « Lettre au père Perrin », 14 mai 1942, *Œuvres*, p. 770.

Portugal en 1935, après l'année d'usine. Ce soir du 15 septembre, elle se promène sur le petit port de Póvoa do Varzim. Elle aperçoit des femmes de pêcheurs en procession, chantant des cantiques. Le fado la touche en plein cœur : « Là j'ai eu soudain la certitude que le christianisme est par excellence la religion des esclaves, que des esclaves ne peuvent pas ne pas y adhérer, et moi parmi les autres » confie-t-elle au père Perrin. Puis elle éprouvera de nouveau un sentiment religieux à Assise, en Italie, au printemps 1937, dans la petite chapelle romane de la basilique Sainte-Marie-des-Anges où Saint-François d'Assise priait, et enfin, à Solesmes, tandis qu'elle suit tous les offices de la semaine sainte. Malgré les maux de tête, chaque son du chant grégorien lui procure une « joie pure et parfaite » et « la rapproche de la souffrance du Christ sur la Croix ». Elle a le sentiment d'une présence. « Le Christ Lui-même est descendu et m'a prise », écrit-elle au père Perrin. Cependant, son intelligence veut comprendre ces révélations mystiques. De janvier 1938 au printemps 1940, elle se met en congé de l'Éducation nationale et consacre son temps à la lecture d'écrits religieux, antiques et modernes, d'Orient et d'Occident, de l'Inde aux Cathares. Chaque lecture s'accompagne de notes. C'est le début de la rédaction de ses cahiers. De sa relecture de l'*Iliade*, elle tire un long article saisissant : « L'*Iliade* ou le poème de la force ».

Le 13 juin 1940, sous la menace des lois contre les Juifs, elle quitte Paris et se réfugie, avec sa famille, à Marseille où elle participe à des actions de résistance. En juin 1941, Gustave Thibon, à l'initiative du Père Perrin, héberge Simone dans sa ferme en Ardèche. Exclue de l'Université par les lois raciales de Vichy, Simone Weil, après l'expérience en usine, souhaite expérimenter le travail agricole. Simone et Gustave se lient d'une intense amitié. Gustave affirme : « C'est le seul être chez lequel je n'ai vu aucun décalage réel, sauf des broutilles, entre l'idéal qu'elle affirmait et la vie qu'elle menait et tout ce qu'elle éprouvait »[2]. Elle lui laissera ses onze cahiers dont il tirera, cinq ans plus tard, *La Pesanteur et la grâce*. Aux champs, comme à l'usine, Weil ne s'économise pas. Cherchant un contact plus âpre avec la réalité du travail, elle se fait embaucher comme journalière pour les vendanges. Elle prie pour trouver du courage. « Le travail sous cette forme relève de la spiritualité. Il est une prière, une voie vers la sainteté »[3].

2. Témoignage de Gustave Thibon dans « Simone Weil sur tous les fronts : une intellectuelle à l'usine », 3 décembre 2018 (https://www.franceculture.fr/emissions/les-chemins-de-la-philosophie/simone-weil-philosophe-sur-tous-les-fronts-14-une-intellectuelle-a-lusine-0).
3. Benard Ludivine, *Simone Weil, La Vérité pour vocation*, p. 167.

5. Le déracinement

Le 16 mai 1942, elle se rend aux États-Unis avec ses parents. Cependant, reniant une fois encore sécurité et confort, alors que la France vit les heures de l'Occupation, fin novembre 1942, elle regagne l'Europe, où elle séjourne en Grande-Bretagne. Grâce aux interventions de Maurice Schumann, puis d'André Philip, elle est affectée à la Direction de l'intérieur de la France libre. Elle qui rêvait de former un corps d'infirmières en première ligne, ou bien d'être parachutée en France, elle se retrouve dans un petit bureau du 19 Hill Street. Elle rejoint les services de la France libre en tant que rédactrice. C'est là qu'elle rédige *L'Enracinement*, entre janvier et avril 1943. Elle y répond au souhait de la Commission de réforme de l'État, instituée par de Gaulle, de doter la France d'une nouvelle Déclaration des droits de l'homme. *L'Enracinement* est l'occasion pour Simone Weil de revenir sur son expérience d'usine et sur le déracinement ouvrier. Réduits à l'état de « chair de travail », soumis à la cadence des machines et des ordres, ils sont exilés de la condition humaine. Elle conclut : « Notre époque a pour mission propre, pour vocation, la constitution d'une civilisation fondée sur la spiritualité du travail ».

Sa santé se détériore. Tuberculeuse, le 15 avril, elle est admise au Middlesex Hospital de Londres. Elle sera transférée au Grosvenor Sanatorium, à Ashford dans le Kent, le 17 août 1943. « Je suis déchirée de plus en plus cruellement jour après jour par le regret et le remords » confiait-elle à son frère, étranglée de chagrin d'avoir failli à sa vocation intérieure. Elle meurt d'une crise cardiaque, le 24 août 1943. Elle est enterrée au cimetière catholique d'Ashford.

FICHE 4. Le contexte historique et culturel de *La Condition ouvrière* de Simone Weil

1. La France en demi-teinte des années 1930

A. Le Jeudi noir

En octobre 1929, entre le jeudi 24 (le « Jeudi noir ») et le mardi 29, la bourse de New York, dont les cours avaient fortement augmenté dans la seconde moitié des années 1920, subit un brutal retournement, connu sous le nom de « krach de Wall Street », et une récession. Les banques sont fragilisées et, en 1931, les ménages s'y précipitent pour retirer leurs dépôts, ce qui accélère les faillites bancaires. L'économie plonge en récession. Le chômage monte en flèche. Rapidement, la crise se propage aux autres puissances industrielles, en commençant par l'Europe centrale et l'Allemagne, desquelles les États-Unis rapatrient les fonds qu'ils ont prêtés en masse. La crise devient alors une véritable dépression.

B. Le Front Populaire

La grande dépression atteint la France vers 1931. Les revenus des Français baissent. La classe politique est déconsidérée par une série de scandales dont l'affaire Stavisky. Usant de ses relations politiques dans les milieux gouvernementaux, notamment radicaux, l'aventurier Stavisky a pu s'enrichir illicitement et échapper à la justice. Des ligues d'extrême-droite, des polémistes, tel Charles Maurras, exploitent le mécontentement populaire pour tenter d'affaiblir la République. Le 6 février 1934, une foule de manifestants se masse devant l'Assemblée nationale. Face à cette menace, des écrivains s'engagent tels André Malraux, André Gide ou le philosophe Alain. Les partis de gauche se rapprochent : le Front Populaire, créé en 1935, rassemble communistes, socialistes et radicaux en vue des élections de l'année suivante. Le scrutin de 1936 leur apporte la victoire.

Pour la première fois dans l'Histoire de France, le gouvernement est dirigé par un socialiste, Léon Blum. Il choisit ses ministres parmi des socialistes et des radicaux. Le monde ouvrier applaudit et manifeste son enthousiasme par des grèves spontanées. Semaine de quarante heures, congés payés de quinze jours, augmentation de salaires, reconnaissance du droit syndical dans l'entreprise, telles sont les principales réformes sociales de 1936.

Cependant, l'activité économique stagne et les augmentations de prix ne contrebalancent pas les hausses de salaires. En juin 1937, ne pouvant résoudre les problèmes financiers, Blum doit démissionner. La première expérience socialiste en France se solde par un résultat mitigé, soit un échec économique mais des avancées sur le plan social qui donnent sa dignité au monde ouvrier.

2. Sur la scène internationale

A. La guerre d'Espagne

La guerre d'Espagne oppose du 17 juillet 1936 au 1er avril 1939, d'une part, le camp des républicains, orienté à gauche et à l'extrême gauche, composé de loyalistes à l'égard du gouvernement légalement établi de la IIe République, de communistes, de marxistes et de révolutionnaires anarchistes, et, d'autre part, les nationalistes, les rebelles putschistes orientés à droite et à l'extrême droite et menés par le général Franco. Cette guerre se solde par la victoire des nationalistes qui établissent une dictature qui durera 36 ans. Dirigée par Franco – qui porte le titre de *Caudillo* –, cette dictature perdure jusqu'à la transition démocratique, qui n'intervint qu'après la mort du général, le 20 novembre 1975.

Pendant le conflit, dans certains territoires sous contrôle républicain, une révolution sociale aboutit à la collectivisation des terres et des usines, et expérimente différentes sortes d'organisations de type socialiste. Ce conflit peut apparaître comme une préparation de la Seconde Guerre mondiale. En effet, il permit de jauger le rapport de force qui opposa l'attentisme des démocraties française et britannique à l'engagement de l'Italie fasciste, de l'Allemagne nazie et de l'Union soviétique.

B. La montée des totalitarismes

L'entre-deux guerres est marqué par la montée des totalitarismes en Russie, en Italie et en Allemagne. En Russie, les difficultés liées à la guerre provoquent la chute du tsarisme. Le parti communiste, dirigé par Lénine, prend le pouvoir à l'occasion de la Révolution d'Octobre 1917. Il impose une dictature à la faveur de la guerre civile (1918-1921). Après la mort de Lénine (1924), Staline élimine ses rivaux et le stalinisme se met en place.

En Italie, Mussolini accède au pouvoir à l'occasion de la marche sur Rome d'octobre 1922.

En Allemagne, Hitler, à la tête du parti nazi, manque un coup d'État en 1923. La crise des années 1930 favorise le vote pour les extrêmes droites. Le NSDAP devient le premier parti en nombre de voix en 1932 et Hitler est nommé chancelier en janvier 1933. En 1934, lors de « la Nuit des longs couteaux », il élimine les contestations internes au parti. En 1935, les lois de Nuremberg mettent les Juifs à l'écart et les poussent à émigrer. Dans la nuit du 9 au 10 novembre 1938 ou « Nuit de cristal », un pogrom est organisé dans tout le Reich. Dès 1935, le réarmement est officialisé. En 1936, l'Allemagne d'Hitler et l'Italie fasciste signent le traité d'alliance, l'Axe Rome-Berlin, puis le 22 mai 1939, le « Pacte d'acier ». Le 12 mars 1938, l'Allemagne envahit l'Autriche. En septembre, les accords de Munich cèdent la Tchécoslovaquie à Hitler.

3. La Seconde Guerre mondiale en quelques dates

A. L'oppression allemande

Le 3 septembre 1939, la France et le Royaume-Uni, en raison du « corridor de Dantzig », déclarent la guerre à l'Allemagne qui vient d'envahir la Pologne. Persuadés de l'efficacité de la ligne Maginot contre l'offensive allemande, les Français et les Anglais n'engagent pas le combat et laissent Hitler envahir la Pologne, le Danemark et la Norvège. Le 10 mai 1940, les troupes allemandes envahissent la Belgique, puis le nord de la France. L'armée française est incapable de stopper l'avancée allemande. En trois semaines, les défenses françaises sont balayées. Jugeant la guerre perdue, le chef du gouvernement, le maréchal Pétain, demande un armistice le 17 juin.

Le 25 juin, la France dépose les armes. Durant l'été 1940, un nouveau régime se met en place sous la direction du maréchal Pétain. En octobre, il rencontre Hitler à Montoire et entre dans la voie de « la collaboration » avec l'Allemagne. Hitler et Staline concluent un pacte de non-agression. La France subit l'Occupation.

Le 3 octobre 1940, le gouvernement de Vichy promulgue le statut des Juifs. Ainsi, ils ont interdiction d'exercer en tant que magistrats, officiers, policiers, enseignants, journalistes, professionnels du cinéma, du théâtre et de la radio. La loi du 29 mars 1941 stipule que le Commissariat général aux questions juives est chargé « de pourvoir à la gestion et à la liquidation des biens juifs ». Le 29 mai 1942, en zone occupée, les juifs ont obligation, à partir de l'âge de six ans, de porter l'étoile jaune. Le 11 décembre 1942, ils doivent se rendre à la police ou la gendarmerie pour faire apposer la mention « juif » sur leur cartes d'identité et d'alimentation. Il leur est interdit de changer de résidence, d'être hors de leur logement entre 20 h et 6 h et de fréquenter les établissements ouverts au public.

B. La Résistance

À Londres, le 18 juin 1940, un général inconnu, ancien sous-secrétaire d'État à la Défense nationale, a lancé sur les ondes de la radio britannique un appel aux Français. Il condamne l'armistice et organise depuis Londres une petite armée qui doit maintenir la « flamme de la résistance française ». En 1942, les Forces Françaises libres (FFL) rassemblent quelque 70 000 combattants, les premiers résistants demeurent encore isolés. Lorsque Hitler envahit l'URSS, le parti communiste appelle à la résistance à l'occupant. Les gros bataillons des FFI (Forces Françaises de l'intérieur) se forment en 1944. Lors des débarquements alliés en Normandie et en Provence en 1944, les FFL combattent dans les rangs alliés, tandis que les FFI désorganisent les communications allemandes. L'Allemagne capitule le 8 mai 1945.

4. La naissance du syndicalisme

En 1884, Waldeck-Rousseau fait voter une loi portant sur la reconnaissance du droit d'association ouvrière. En 1895 est créée la première fédération indépendante et nationale d'affiliés aux bourses du travail : la CGT (Confédération générale du travail). D'essence communiste révolutionnaire, elle place la lutte des classes en haut de son échelle de priorités, insistant sur la défense des travailleurs et l'amélioration des conditions de travail. Au lendemain de la Première Guerre mondiale, la gauche politique est représentée par la SFIO (Section française de l'Internationale ouvrière). Avec le congrès de Tours (1920), la gauche se subdivise en trois partis :

- à l'extrême gauche, la SFIC (Section française de l'Internationale communiste – ancêtre du PC), les partisans de la IIIe Internationale ;
- au centre, les pacifistes de Paul Faure ;
- à droite les socialistes (SFIO) de Léon Blum qui refusent l'adhésion à la IIIe Internationale.

La fracture de la gauche se répercute et se reflète dans le monde syndical : du tronc unitaire de la CGT émerge une nouvelle branche, la CGTU (Confédération générale du travail unitaire) à tendance révolutionnaire. Une organisation patronale voit le jour ainsi que des syndicats thématiques, comme la CFTC qui rassemble les travailleurs chrétiens. Les deux syndicats majoritaires (CGT et CGTU) se réconcilient en 1936 face à la montée des droites outre-Rhin. La force de leur union et la victoire du Front Populaire favorisent les accords de Matignon portant sur les congés payés, les 40 heures, la reconnaissance des délégués du personnel et les conventions collectives. Après la parenthèse de l'État français (1940-1944), le Conseil national de la Résistance fait introduire dans la constitution de la IVe République la reconnaissance du droit syndical, la liberté de choix et le droit de grève.

Le monde du travail en quelques définitions

Le marxisme : courant d'idées né en Allemagne reposant sur les travaux de Karl Marx et insistant sur la nécessité de la lutte de classes et de l'organisation du prolétariat en vue d'établir le socialisme.

La productivité : rapport entre la production et les facteurs de production, c'est-à-dire entre le capital (les machines et les locaux) et le travail (le nombre d'heures de travail, par exemple).

Le taylorisme : méthode d'organisation scientifique du travail, mise au point par l'ingénieur Frederick Taylor, qui sépare la conception de la production et confère à chaque ouvrier une tâche précise à effectuer en un temps déterminé.

Le fordisme : organisation du travail industriel, mise au point par Henry Ford, qui associe le travail à la chaîne à une politique de hauts salaires afin d'encourager la consommation.

Le syndicalisme : organisation des ouvriers en associations professionnelles, dont l'objectif est d'améliorer leurs conditions de travail.

Le communisme : branche du socialisme issue des idées de Karl Marx (1818-1883) en vue d'établir, par la révolution, une société sans classes ni propriété privée.

Michel Vinaver, *Par-dessus bord*

FICHE 5. La biographie de Michel Vinaver

Michel Vinaver, de son véritable nom Michel Grinberg, est un romancier et dramaturge français né le 13 janvier 1927 à Paris et mort le 1er mai 2022 dans la même ville.

1. Jeunesse et formation

Fils d'immigrés juifs russes arrivés en France dans les années 1920, Vinaver est contraint de fuir avec sa famille en 1941 après la proclamation des lois anti-juives par le régime de Vichy. Il poursuit ses études au lycée français de New York et passe son baccalauréat en 1944. Il obtient une bourse pour effectuer ses études supérieures à la petite université de Wesleyan dans le Connecticut.

Il entame un mémoire sur l'écriture de Kafka qu'il ne parvient pas à finir. Le professeur qui suit son travail a lu sa première nouvelle, « The Joker », publiée dans le magazine étudiant *The Wesleyan Cardinal*. Il l'autorise alors à lui rendre quelques nouvelles à la place de son mémoire et le pousse à devenir écrivain. À Wesleyan, il découvre aussi la tragédie grecque et la mythologie (notamment la *Théogonie* d'Hésiode), ainsi que la littérature américaine contemporaine, en particulier le long poème de T. S. Eliot *The Waste Land* dont il propose une traduction que sa fille, la comédienne Anouk Grinberg, lira au Festival d'Avignon de 2013.

Son engagement dans l'Armée française de la Libération pendant la Seconde Guerre mondiale le déçoit, car il monte la garde dans une caserne au lieu de se battre. Une fois démobilisé, il retourne aux États-Unis en 1946. Le 15 avril de cette même année, il se rend à une conférence d'Albert Camus à New York et discute avec lui à la fin. C'est le début d'une longue amitié et d'une correspondance sur l'engagement qui a fait l'objet de la publication *S'engager ? Correspondance (1946-57)*. De retour en France en février 1947, il entame une licence de Lettres à la Sorbonne. Une seconde rencontre marquante se produit alors : Vinaver entre en contact avec Roland Barthes après avoir lu « Le Degré zéro de l'écriture » dans la revue *Combat*.

2. Vinaver romancier

À cette époque, Vinaver, n'ayant pas d'autre source d'inspiration, publie deux romans basés sur des événements autobiographiques. Il évoque lui-même l'« ambition ridicule d'un tout jeune homme qui n'avait rien à dire et qui voulait quand même dire quelque chose ».

Le premier roman, *Lataume ou la vie quotidienne*, paru en 1950 grâce à Camus qui proposa le manuscrit à Gallimard, est lié à la figure paternelle. Antiquaire et spécialiste de l'art du XVIIIe siècle, Léon Grinberg envoie à son fils une lettre sans queue ni tête pour son vingtième anniversaire en 1947. Elle sert de base au roman fait de fragments et de juxtapositions.

Dans son second roman, *L'Objecteur* (1951), le héros, Julien vit la même mésaventure que Vinaver pendant la guerre. Il est mis en prison parce qu'il s'est assis dans la cour de la caserne et a posé son fusil par terre au cours d'un exercice. Proche du Meursault de *L'Étranger* de Camus, Julien résiste à l'ordre établi.

3. La découverte de la dramaturgie

Vinaver devient cadre stagiaire dans l'entreprise américaine de rasoirs Gillette en 1953. En 1955, la firme l'envoie travailler à Annecy, au moment où se déroulent les Nuits théâtrales. À cette occasion, Vinaver assiste au stage d'art dramatique amateur organisé par Gabriel Monnet qui lui commande une pièce pour son stage de l'année suivante. Vinaver abandonne définitivement le roman et entame sa carrière de dramaturge.

Il est, en effet, conscient que ses romans sont écrits sous forme dialogique plus que narrative. *L'Objecteur* a d'ailleurs été transformé en pièce de théâtre cinquante ans après. Surtout, il refuse la position de pouvoir du narrateur qui maîtrise le récit, alors que le dramaturge se contente d'aligner les répliques. C'est donc avant tout par goût pour la liberté et la polyphonie que Vinaver est devenu dramaturge : « Je ne suis pas et je n'ai jamais été un amoureux du théâtre. Je n'ai jamais été qu'un visiteur du théâtre par l'écriture et puis, beaucoup plus tard, quand même aussi par la mise en scène » (*À Voix nue*, épisode 2).

4. Une « double vie »

Commence alors une double vie. D'un côté, Michel Grinberg fait toute sa carrière chez Gillette. Fraîchement diplômé de l'Institut de management et de direction d'entreprise de Lausanne en 1959, il devient, en 1960, P.-D.G.

de Gillette Belgique, puis de la branche italienne. De 1970 à 1979, il exerce la fonction de P.-D.G. de Gillette France, puis celle de responsable des relations publiques de Gillette Europe de 1969 à 1980. De l'autre, Michel Vinaver (nom de jeune fille de sa mère) entame une brillante carrière au théâtre. Le milieu des affaires ignore ses relations avec les metteurs en scène et réciproquement. Vinaver associe les deux sans difficulté, estimant que sa carrière professionnelle lui donne une légitimité que n'offre pas la vie d'artiste. En 1978, néanmoins, ses propres enfants questionneront son intégrité : comment être à la fois à la solde du capitalisme et le dénoncer dans des pièces comme *Par-dessus bord ?* Il leur répond dans un *Auto-interrogatoire*.

Sa première pièce, *Aujourd'hui ou Les Coréens*, est mise en scène par Roger Planchon, à Lyon, en 1956, et par Jean-Marie Serreau, à Paris, en 1957. La guerre de Corée est un sujet sensible et la pièce, écrite au départ pour Gabriel Monnet, est interdite par le ministère de la Culture. Elle est fort mal reçue par la critique, même si Roland Barthes la défend dans son article « À propos des *Coréens* ».

Les deux pièces suivantes, qui évoquent un autre sujet tabou, la guerre d'Algérie, sont refusées par Planchon et seront montées bien plus tard. *Les Huissiers* (1957) sera mise en scène en 1980 par Gilles Chavassieux et *Iphigénie Hôtel*, qui date de 1959 et mélange le mythe des Atrides et les événements de mai 1958 en Algérie, sera créée en 1977 par Vitez. De 1959 à 1967, Vinaver se consacre exclusivement à sa carrière en entreprise.

5. Personnage principal : l'entreprise

En 1967, Vinaver se remet à écrire et compose *Par-dessus bord*, pièce créée par Planchon au TNP de Villeurbanne le 13 mars 1973 (version abrégée), puis mise en scène par Charles Joris (1983, version intégrale) et Christian Schiaretti (2008, version intégrale). La pièce, refusée par Gallimard, est publiée aux éditions de L'Arche. La version intégrale comporte soixante personnages, vingt-cinq lieux et dure environ sept heures. Il en existe trois autres versions (brève, super brève et hyper brève). Vinaver aborde le monde du travail avec cette histoire d'entreprise qui fabrique du papier toilette.

Il creuse ensuite ce sillon pendant plusieurs années. *La Demande d'emploi* (1971) créée par Gilles David en 2016, mêle l'entretien d'embauche d'un cadre au chômage et une discussion avec sa famille.

Les Travaux et les Jours (1977) raconte la vie de cinq employés du service après-vente d'une entreprise française de moulins à café. *L'Ordinaire*, écrit en 1981, relate le crash de l'avion des employés de l'entreprise Housies dans la Cordillère des Andes. D'un stage effectué en 2005 avec vingt comédiens, il tire *À la renverse,* dans laquelle Bénédicte, atteinte d'un cancer de la peau pour s'être trop exposée au soleil, montre son agonie en direct à la télévision, ce qui a des répercussions sur l'entreprise Bronzex, leader du marché des produits solaires. *Bettencourt Boulevard* (2014) est fondée sur la vie de Liliane Bettencourt, milliardaire qui a hérité de l'entreprise L'Oréal.

Dissident il va sans dire et *Nina, c'est autre chose,* pièces publiées en 1978 et créées par Jacques Lassalle au Théâtre de l'Est parisien sous la forme d'un diptyque appelé *Théâtre de chambre,* traitent le même thème en rapport avec le travail et l'entreprise sur un mode plus intimiste. Dans la première pièce, Hélène, mère au chômage, s'inquiète pour l'avenir de son fils et dans l'autre, Nina vient s'installer chez deux frères qui ont une vie professionnelle difficile : Charles, coiffeur, et Sébastien, régleur dans une usine.

6. La diversification

Même s'il a continué d'écrire des pièces de théâtre jusqu'en 2001 (*11 septembre 2001*, créé par Jean-François Demeyère à Avignon en juillet 2003 est sa dernière pièce), Vinaver a diversifié ses activités, à partir des années 1980 surtout. Il a mis en scène certaines de ses pièces, comme *À la renverse* en 2005, ou *L'Ordinaire*, qui entre au répertoire de la Comédie française en 2009, dans une co-mise en scène avec Gilone Brun. Il a aussi traduit des pièces de théâtre : *La Fête du cordonnier* pour Vilar, dès 1958, les *Estivants* de Gorki pour Lassalle, en 1982. Il a même fait une incursion dans la littérature enfantine en racontant la jeunesse de sa grand-mère russe dans les *Histoires de Rosalie* (1981).

Après avoir mis fin à sa carrière chez Gillette en 1982, Vinaver s'est tourné vers l'enseignement. De 1982 à 1987, il a conduit des ateliers d'écriture théâtrale et de mise en voix à l'Université Paris 3 avant de rejoindre Paris 8. En 1991, il a lancé la collection théâtrale « Réplique » à usage scolaire chez Actes Sud.

Les années 1980 sont aussi celles de la consécration. Il est fait officier des Arts et des Lettres en 1981, voit son théâtre complet édité chez Actes Sud en 1986 et reçoit finalement la Légion d'honneur en 2017.

FICHE 6. Le contexte historique et culturel de *Par-dessus bord* de Michel Vinaver

1. Les Trente Glorieuses

NOTE DE L'AUTEURE

L'expression « Les Trente Glorieuses » a été créée rétrospectivement par Jean Fourastié. Elle date de la fin des années 1970 alors que la période (1945-1975) est terminée. Propre à la France de l'après-guerre, elle est couramment étendue à tous les pays industrialisés qui ont connu une évolution comparable. Elle englobe la croissance économique et les mutations sociales qui y sont associées.

Depuis la fin de la guerre, la population urbaine s'est accrue au détriment de la population rurale et agricole. L'industrialisation s'est accompagnée d'une augmentation du nombre d'ouvriers. L'introduction, puis la généralisation des nouvelles méthodes de production (taylorisme et fordisme) ont changé profondément le monde ouvrier. Cependant, depuis la fin des années 1970, le nombre d'ouvriers a reculé au profit de la tertiarisation de la population active.

Sous la pression des mouvements ouvriers, le droit du travail et la législation sociale se sont développés. Après 1945, la généralisation de ces droits a permis aux salariés d'avoir une protection sociale. La baisse du temps de travail et la hausse du niveau de vie qu'ont permises la croissance économique et les prestations de l'État-providence, ont favorisé la naissance de la société de consommation, influencée par l'*American way of life* et portée par les classes moyennes travaillant dans le tertiaire.

Le mouvement de mai 68 marque un coup d'arrêt et remet en question la société de consommation. Le 2 mai 1968, la faculté de Nanterre, foyer de la contestation étudiante contre le gouvernement gaulliste, est fermée. Le 6 mai, les manifestations se multiplient dans le Quartier latin. Des barricades sont dressées et l'émeute gronde. Le 13 mai, la grève générale est proclamée et marque le début des occupations d'usines. La révolte devient sociale, culturelle et politique. Les accords de Grenelle, le 27 mai, sont négociés entre les syndicats et le gouvernement. Le 30 mai, le discours du Général de Gaulle suscite une grande manifestation de soutien. Les 23 et 30 juin, une forte majorité gaulliste remporte les élections législatives.

2. La critique de la société de consommation

A. Les auteurs, critiques de la société de consommation

Le précurseur de la critique de la société de consommation est Henri Lefebvre (*Critique de la vie quotidienne, La Vie quotidienne dans le monde moderne*). Lefebvre fut l'un des premiers sociologues à s'intéresser à la publicité et à son objet-culte, l'automobile. Il faut aussi citer d'autres herméneutes de la vie quotidienne : Edgar Morin et *L'Esprit du temps* (1962) ; Georges Perec et *Les Choses* (1965) ; Roland Barthes avec *Mythologies* (1957) et *Système de la mode* (1967) ; Guy Debord et *La Société du spectacle* (1967) ; Jean Baudrillard avec *Le Système des objets* (1968) et *La Société de consommation* (1970) ; Michel de Certeau et son *Invention du quotidien* (1980).

La thèse de Debord est la dénonciation de l'emprise excessive des médias. C'est un pamphlet anticapitaliste dont la cible est « l'accomplissement sans frein des volontés de la raison marchande » et « le règne autocratique de l'économie marchande ayant accédé à un statut de souveraineté irresponsable ». Il souligne l'aliénation de l'individu au service de ladite marchandise. Debord s'inscrit dans une perspective marxiste.

B. La critique du « fétichisme de la marchandise »

Dans *Le Capital*, livre I « Le fétichisme de la marchandise » (1867), Marx montre que, dans les sociétés capitalistes où règne l'échange généralisé des marchandises, la richesse se réduit aux objets qui circulent à travers le monde. Or, ce ne sont pas des objets qui s'échangent mais du travail socialement organisé, puisque tout objet est produit non pour lui-même, pour celui qui le produit, mais pour être échangé en vue du profit. Le propre des marchandises – le papier toilette dans *Par-dessus-bord* – c'est de s'offrir au consommateur comme si elles avaient une valeur intrinsèque. Dans la production marchande, les relations d'échange entre les hommes et le travail s'effacent au profit d'une relation d'échange entre les choses. Tel est ce que Marx appelle « le fétichisme de la marchandise ».

Dans *La Société de consommation*, Baudrillard épingle ce « fétichisme de la marchandise » qu'il appelle « la liturgie formelle de l'objet ». L'objet fétichisé est devenu maître et possesseur de l'homme. L'*homo œconomicus* délaisse même ses pairs, ses contemporains, au profit des objets. Le spectacle de la marchandise est tel que l'homme s'entoure d'objets, ne voit et ne jure que par eux. Par l'achat d'objets, l'*homo œconomicus* achète un symbole de pouvoir et de prestige. Il délaisse son être au profit de son avoir, pire, de son paraître.

Enfin, cette critique du fétichisme de la marchandise se retrouve chez Roland Barthes, dans ses *Mythologies*. Le critique structuraliste prend appui sur des biens culturels (le catch, un slogan publicitaire, la photo Harcourt). Il démontre comment ils sont constitués en « petites mythologies » par un discours qui tend à naturaliser et donner pour une vérité ce qui relève du relatif, d'une culture de masse.

Vinaver déclare dans un entretien avec Gérald Garutti : « On satisfait des désirs et on crée de la marchandise dans laquelle l'individu est finalement beaucoup plus enfermé qu'il ne l'était auparavant. La libération conduit à une séquestration de l'individu. Le paradoxe de cette libération est qu'elle produit une aliénation plus grande. Supposée libérer l'individu, la marchandise introduit une dépendance supplémentaire. Il y a là une dimension qui n'est pas moins tragique qu'ironique : le moyen de salut devient une prison de plus. Et le moment de *Par-dessus bord* est celui de l'inconscience de tout cela » (Quatrième entretien, *Mai 68*, décembre 2007, *Cahier du TNP*, p. 39).

3. Le théâtre du quotidien

A. Un théâtre social

La première pièce de Vinaver, *Les Coréens* (1956), raconte les péripéties d'un groupe de volontaires des forces françaises qui patrouillent dans les broussailles de la Corée du Nord et « *tuent comme ils bavardent et bavardent comme ils tuent* ». Elle est créée par Roger Planchon le 24 octobre 1956. Vinaver est alors baptisé le « Brecht français ». Certes, Vinaver met en œuvre, comme Brecht, la distanciation et le décentrement. Son théâtre repose sur la discontinuité et le refus de l'unité organique d'Aristote, mais le dramaturge s'oppose aux conclusions moralisantes et au refus de l'émotion brechtiens. Le théâtre de Vinaver est en fait dépourvu du didactisme brechtien. Il peut être vu comme un théâtre engagé, inscrit dans la matière même du contemporain. À la manière du théâtre grec à ses origines, il a une fonction éducative et civique. Pour autant, Vinaver refuse toute prise de position politique.

Comme les thèmes de ses pièces ont souvent trait aux problématiques de la vie quotidienne, la critique théâtrale a pu faire de Vinaver l'un des chefs de file du « théâtre du quotidien » des années 1970. Le courant intitulé « théâtre du quotidien » regroupe des auteurs tels Jean-Paul Wenzel, Michel Deutsch, Daniel Besnehard, Daniel Lemahieu, Jacques Lassalle. Il met en scène une vie quotidienne fortement inscrite dans une époque donnée, avec des conflits sociaux et une épaisseur historique. Dans *Loin d'Hagondange* (1975), Wenzel montre un ouvrier qui reproduit mécaniquement et jusqu'à la folie, une fois à la retraite, les gestes de son travail à l'usine. Les dramaturgies du quotidien visent souvent à dénoncer l'aliénation de la vie quotidienne des couches populaires engendrées par le système capitaliste. Elles peuvent mettre en scène des tentatives de révolte, avec des épisodes de luttes de classe. Dans *Dimanche* (1975) de Michel Deutsch, deux scènes se jouent, un tribunal populaire jugeant la direction des charbonnages et un dimanche festif que devait couronner le défilé « à l'américaine » des majorettes locales. À la fin de la pièce, Ginette, une majorette, prisonnière volontaire du gymnase, épuisée par la préparation du défilé, perd connaissance. Elle annonce qu'elle « s'éteint » alors qu'autour d'elle les flonflons de la fête battent leur plein et que la séance du tribunal populaire vient réquisitionner le gymnase.

B. L'œuvre de Vinaver, « un théâtre de l'aujourd'hui ? »

Plus qu'un « théâtre du quotidien », le théâtre de Vinaver est en fait un « théâtre de l'aujourd'hui » qui n'en finit pas d'explorer les relations ténues entre l'intime, le quotidien et l'Histoire. *Les Coréens*, *Les Huissiers*, *Iphigénie hôtel*, œuvres écrites à la fin des années 1950, jettent ainsi une lumière crue sur la guerre d'Algérie. Vinaver est un écrivain du « présent » : « Mon matériau, le seul possible, c'est mon présent » (*Écrits sur le théâtre* 1, L'Aire, p. 130).

Mieux, son théâtre fait dialoguer le passé et le présent, le mythe et l'anecdotique. Vinaver s'inspire ainsi du théâtre grec, d'Aristophane pour *Par-dessus bord*, de Shakespeare ou de Jarry. Dans *Par-dessus bord*, la rivalité entre les deux fils, Olivier et Benoît Dehaze rappelle les grandes épopées grecques. Leur guerre fratricide est mise en abyme dans le mythe opposant Hödr et Baldr, raconté par M. Onde, professeur au Collège de France, inspiré de Dumézil et de ses cours sur la mythologie scandinave. Vinaver éclaire le présent par en-dessous, par le racinaire mythique, et l'enrichit de résonances anthropologiques. La survie dans le monde entrepreneurial prend soudain une allure de survivalisme ancestral et clanique : « Je suis constamment saisi [...] par l'ironie qui irrigue les rapports économiques. Je pense qu'il y a là un champ qui pourrait être aussi riche pour l'écriture dramatique que l'a été celui de la politique des princes à l'époque de Shakespeare » (*Écrits sur le théâtre*, 1982, p. 286).

Jean-Claude Lallias écrit : « Comme Picasso refait à sa façon *Les Ménines* de Vélasquez, Vinaver puise dans les figures de la tragédie grecque, dans les comédies d'Aristophane, dans les impromptus de Molière, pour que le théâtre renaisse par la métamorphose souterraine de ses formes » (*Théâtre d'aujourd'hui*, p. 5)

4. Le siècle du metteur en scène

Le XXe siècle est souvent considéré comme celui du metteur en scène avec au début du siècle Antoine, Copeau au Vieux-Colombier, puis entre les deux guerres le Cartel (Dullin, Jouvet, Pitoëff et Baty). Une voix singulière s'élève, celle d'Antonin Artaud, élève de Dullin, comédien chez Pitoëff et acteur de cinéma (*Napoléon* d'Abel Gance). Proche un moment des surréalistes, il fonde en 1926 le Théâtre Alfred-Jarry. Quatre mises en scène concrétisent ses écrits et manifestes, prônant un « théâtre pur ». Sa conception de la mise en scène met en avant une expérience totale de l'être humain, une partition s'appuyant sur un langage physique. Artaud s'exalte devant le jeu, inspiré du mime, de Jean-Louis Barrault qui avec sa compagnie Renaud-Barrault va illuminer le théâtre des années 1950, porter à la scène des auteurs tels Duras, Vauthier, Sarraute, et accueillir la nouvelle génération de metteurs en scène : Jean-Marie Serreau, Jorge Lavelli, Claude Régy et surtout Roger Blin.

Au parcours sinueux de Barrault s'oppose la rigueur vilarienne. Au lendemain de la libération, Jean Vilar crée à Avignon une semaine d'art qui deviendra le célèbre festival. Après la cinquième saison, il se voit confier, en 1951, la direction du Palais de Chaillot qui prend le nom, apposé par Firmin Gémier, de Théâtre national populaire. Le TNP est né, un théâtre « service public », « comme le gaz, l'eau, l'électricité » selon la formule de Jean Vilar. Il y transporte ses grands succès avignonnais : *Le Cid, Le Prince de Hombourg* et y crée *Mère courage* de Brecht, encore inconnu. En 1950 toujours, Roger Planchon met en scène des pièces d'avant-garde dans la petite cave du Théâtre de la Comédie à Lyon, du Ionesco, du Vitrac, du Brecht, du Vinaver.

Planchon crée en mars 1973, au TNP de Villeurbanne, une version allégée de *Par-dessus bord* pour laquelle il avait commandé à Karel Trow la composition d'une partition originale du style music-hall. Puisque la pièce raconte la fusion d'une entreprise familiale française et d'une grande firme américaine, Planchon sature le plateau de coqs gaulois, de poilus de 14, de Mickeys, de chewing-gum et de majorettes. L'entreprise est une usine qui fabrique du papier hygiénique ? Le décor d'Hubert de Monteloup se présentera comme un espace de bureaux construits à partir de rouleaux de papier de toilette géants, assiégés de monticules de crottes synthétiques, géantes et esthétiques, moulées à la manière de César ou d'Arman !

NOTE DE L'AUTEURE

D'autres grands noms de la mise en scène se sont intéressés au théâtre de Vinaver : Alain Françon, Antoine Vitez, Jean-Pierre Vincent, Patrice Chéreau. Ont monté précisément *Par-dessus bord* : Jacques Lassalle (Lecture-spectacle au Québec, 1978), Charles Joris (Théâtre Populaire Romand, 1983), Jérôme Hankins (Théâtre de la Colline, 1990), Christian Schiarietti (TNP de Villeurbanne, mars 2008).

PARTIE 2

Les **œuvres** au **programme**

Les Géorgiques de Virgile

FICHE 7. Résumé des *Géorgiques*

1. Livre 1 : Le labourage (p. 37-69)

L'ouvrage commence avec un rapide plan des quatre livres.

L'invocation aux différents dieux champêtres correspond en partie au plan des quatre livres. Elle est suivie d'une invocation à Auguste qui, une fois mort, sera divinisé (p. 37-41).

A. Première partie : La culture de la terre (p. 41-9)

Avant même de labourer, il convient d'étudier le climat, le vent, le type de terre pour y planter la culture adaptée et respecter ainsi les lois de la nature. Suit un catalogue de plantes issues de zones bien spécifiques.

Les techniques pour fertiliser la terre sont présentées : jachère, alternance de cultures, fumier, brûlis, labourage, arrosage.

Un récit étiologique explique la naissance de l'agriculture et des techniques : l'arrivée de Jupiter met fin à l'âge d'or où les récoltes abondantes poussaient spontanément et étaient mises en commun. Pour éviter aux hommes une paresse fâcheuse, Jupiter génère le danger et le manque en créant des catastrophes climatiques, des animaux dangereux, en cachant le feu, en mettant fin à la surabondance. Il pousse ainsi les hommes à créer tous les arts : navigation, chasse, pêche, astronomie, techniques pour faire du feu et fabriquer des armes. Cérès a appris à l'homme la technique de l'agriculture, mais il doit constamment se battre contre les maladies des plantes, les mauvaises herbes, les oiseaux et les mauvaises conditions climatiques.

Virgile effectue une description très technique des « armes » du paysan : les instruments aratoires et l'aire.

Les différentes méthodes pour prévoir la qualité de la récolte sont traitées.

B. Seconde partie : Le calendrier zodiacal (p. 49-69)

Virgile présente les périodes propices aux différentes semailles en fonction des constellations et explique le cycle des saisons suivant le zodiaque.

Les occupations du laboureur en fonction du temps et du calendrier sont décrites :

- travaux des jours de pluie ;
- travaux en fonction du calendrier : jours de fête, jours fastes et néfastes ;
- travaux à faire de nuit ;
- travaux en fonction de la saison : été, hiver, automne et printemps qui débouche sur la description d'une énorme tempête ;
- sacrifice annuel offert à Cérès.

Les pronostics permettant de prévoir le temps sont les suivants :

- les indices annonçant le vent, la pluie, le soleil ;
- les indices fournis par la lune et par le soleil ;
- le prolongement historique : signes annonçant la guerre civile à la mort de César.

Virgile implore les dieux de laisser Octave « relever les ruines de ce siècle » alors que la guerre et le chaos règnent depuis si longtemps et que l'agriculture est négligée : « La charrue ne reçoit plus l'honneur dont elle est digne ; les guérets sont en friche, privés des laboureurs entraînés dans les camps ; et les faulx recourbées servent à forger une épée rigide » (p. 68).

2. Livre 2 : Les arbres et la vigne (p. 71-105)

Virgile commence par invoquer Bacchus, protecteur de la vigne et des arbres fruitiers, et annonce le thème du poème : les arbres et la vigne (p. 73).

A. Première partie : Les arbres (p. 73-88)

Est exposée la typologie des modes de reproduction des arbres :

- production par la nature seule : certains arbres poussent d'eux-mêmes, d'autres à partir de semence posée sur le sol, d'autres sont des rejetons formés par les racines de l'arbre ;
- production par le travail des hommes grâce à diverses techniques comme le bouturage, le marcottage ou la greffe.

Virgile exhorte les laboureurs au travail : « Au travail donc, ô cultivateurs ! apprenez les procédés de cultures propres à chaque espèce ; adoucissez, en les cultivant, les fruits sauvages ; que vos terres ne restent pas en friche » (p. 75).

Virgile dédie le livre 2 à Mécène : traditionnelle *excusatio propter infirmitatem* du poète qui fait un aveu de faiblesse et réclame l'aide de Mécène ;

refus de l'éloquence et de la fiction qui ne seraient pas adaptés au sujet humble des *Géorgiques.*

Une distinction est faite entre la pousse naturelle des arbres qui les rend forts mais stériles et la greffe effectuée par les hommes : l'intervention humaine arrache l'arbre au chaos de la nature et le rend fertile. Description de quelques techniques de greffes.

La multiplicité d'espèces différentes qui existent, avec notamment les exemples des olives, des poires et la liste de seize cépages de vins différents, est développée.

L'espèce arboricole qui pousse dépend du climat. Un catalogue d'exemples souvent très exotiques illustre cette idée.

Virgile fait un éloge de l'Italie, assimilée au pays de l'Âge d'or : il décrit sa fertilité incroyable, puis les talents de bâtisseurs et de guerriers de ses habitants, en complimentant au passage Octave pour ses victoires militaires. Il explique enfin qu'il veut importer en Italie la poésie agricole d'Hésiode, le poète d'Ascra.

Une description des différentes qualités de terres et de leur production, et de la méthode pour reconnaître les différents terrains clôture cette partie.

B. Seconde partie : La vigne (p. 89-103)

Virgile donne des conseils pour cultiver la vigne

a) Plantation

Il convient de préparer la terre pour qu'elle soit meuble, de créer une pépinière pour acclimater la vigne, de planter la vigne en fonction du terrain choisi (en plaine ou en pente). Virgile donne de multiples conseils sur la façon de planter, d'orienter et de soigner les ceps et met en garde contre le fait de mêler des oliviers aux vignes, ce qui peut créer des incendies. Il faut planter au début de l'automne ou au printemps, ce qui sert une digression sur le printemps fécond.

b) Après la plantation

Il faut bien ramener la terre sur le cep, planter des tuteurs, effeuiller à la main les jeunes pousses avant d'utiliser une faucille. Il faut enfin faire pousser des haies pour protéger les vignes du bétail, ce qui conduit à la description du sacrifice d'un bouc à Bacchus. Il faut aussi labourer la terre et émonder régulièrement les ceps.

Cultiver les oliviers ne demande, en revanche, aucun soin particulier. Il en va de même des arbres fruitiers et des forêts qui donnent du bois utile aux hommes.

Virgile clôture le livre 2 par un éloge de la vie paysanne, honnête et simple, loin du luxe, de l'agitation du monde, des vices et soucis.

3. Livre 3 : Les troupeaux (p. 107-42)

Le poème s'ouvre sur une invocation à Palès, génie protecteur des troupeaux, et à Apollon qui a été bouvier, suivie d'un long développement méta-littéraire. Virgile exploite un filon poétique original et vierge. Il s'imagine ensuite, triomphant, en train de construire un temple imaginaire en hommage à Octave, qui pourrait symboliquement représenter *Les Géorgiques* (p. 109-13). Le passage se termine sur une invocation à Mécène, à nouveau considéré comme un soutien exigeant : « tes ordres, Mécène, ne sont pas faciles à exécuter. Mais sans toi mon esprit n'entreprend rien de haut » (p. 113).

FICHE 7

A. Première partie : Le gros bétail (p. 114-24)

Cette partie commence par une description très précise de la vache reproductrice idéale et de la meilleure période de reproduction.

Virgile propose ensuite une description à coloration épique du poulain qui deviendra l'étalon idéal.

Sont décrits les soins à apporter aux mères pleines : il faut leur éviter toute lourde charge ou mouvement brutal et les protéger des taons.

Les soins à apporter aux petits sont les suivants :

- pour les veaux et les génisses : il faut sélectionner ceux qui sont destinés au sacrifice, à la reproduction et aux travaux agricoles. Ces derniers doivent être habitués progressivement à supporter le joug et à tirer des charges : « entraîne-les quand ils sont encore de petits veaux, et engage-toi dans la voie du dressage, tandis que leur humeur est docile encore et leur jeune âge facile à plier » (p. 120).
- pour les poulains : si on les destine à la guerre ou à la course, il faut les habituer aux bruits de la course puis, à partir de quatre ans, les dresser et les faire galoper : « qu'il ait réellement l'air de travailler » (p. 121-2).

Évocation du *furor eroticus* éprouvé par les animaux : Virgile décrit d'abord les combats de taureaux pour obtenir une femelle, puis la fureur de nombreux animaux et du jeune homme pour souligner son caractère universel, avant de développer plus particulièrement la fureur amoureuse du cheval.

B. Seconde partie : Le petit bétail (p. 115-42)

Les soins à apporter aux moutons et aux chèvres sont les suivants :

- en hiver : il faut garder les moutons à l'étable, bien protégés du froid et des maladies. Virgile montre que les chèvres sont aussi utiles aux hommes que les moutons, et plus autonomes ;
- en été : il faut les laisser paître en permanence, avec de l'ombre et de l'eau à proximité.

Suit un développement sur les troupeaux qui paissent en permanence dehors en Libye (pays chaud) et sont perpétuellement enfermés en Scythie (pays froid).

Des conseils sur la nourriture et le choix du bélier pour obtenir de la bonne laine et sur la nourriture et le traitement de la brebis pour obtenir du bon lait sont donnés.

Virgile propose un développement concernant les chiens de garde et les chiens de chasse.

Les dangers pour les animaux sont énumérés :

- les reptiles : les serpents, les couleuvres et les vipères ;
- les maladies : la gale des moutons, la fièvre. Il faut tuer une bête affaiblie pour éviter une épidémie ravageuse. La description de la peste du Norique termine ce livre 3 sur le triste tableau d'une destruction universelle. Les hommes, privés de leur bétail, « enfouissent les semences avec leurs ongles mêmes, et gravissent les montagnes en traînant, le cou tendu, de gémissants chariots » (p. 140).

4. Livre 4 : Les abeilles (p. 143-77)

Le poème s'ouvre sur une invocation à Mécène : Virgile souligne qu'il s'apprête à évoquer un sujet minuscule qui n'en offre pas moins un admirable spectacle.

A. Première partie : Les mœurs des abeilles (p. 143-63)

Virgile dépeint le lieu idéal pour la ruche : il doit être protégé des prédateurs, ombragé, avec un cours d'eau et des rochers où se sécher. La ruche ne doit avoir que d'étroites ouvertures pour être protectrice.

Le comportement des abeilles est décrit en détail :

- envol joyeux des abeilles au printemps ;
- combat épique des abeilles lorsque deux rois se disputent le pouvoir ;
- en cas de vol sans but, il faut arracher les ailes des rois pour que l'essaim se fixe dans un endroit précis.

Le jardin du vieillard de Coryce est ensuite décrit en détail : malgré un terrain de mauvaise qualité « dont le sol n'était ni docile aux bœufs de labour, ni favorable au bétail, ni propice à Bacchus » (p. 152), le vieillard réussit par son labeur à y faire pousser les produits de la terre et à recueillir du miel.

Après cette digression, Virgile revient à la description de l'organisation impeccable de la ruche :

- travail : chaque abeille travaille pour la collectivité, assume une fonction précise et participe à l'« effervescent travail » (p. 154) de la ruche. Virgile compare l'organisation des abeilles à celle des cyclopes qui forgent la foudre ;
- reproduction : elle se fait sans violence par génération spontanée ;
- politique : les abeilles vouent à leur roi un respect infini. On a donc pu dire qu'elles sont une « parcelle de la divine intelligence » (p. 157) ;
- « caractère des abeilles » : elles se mettent en fureur quand on veut prendre leur miel et s'acharnent pour refaire leurs réserves.

La première partie s'achève sur une description des dangers pour les abeilles et des différents remèdes à y apporter.

a) Les parasites

Pour éviter les parasites (blattes, araignées, lézards), il faut faire des fumigations et enlever la cire en excès.

b) Les maladies

En cas de maladie, dont Virgile décrit les symptômes, on peut utiliser diverses substances et fleurs. Dans le cas où toute la ruche meurt, il est possible de la régénérer d'une façon surprenante : en Égypte, on sacrifie un veau de deux ans dont le corps en décomposition permet la génération spontanée d'abeilles. C'est la *bougonia*.

B. Seconde partie : La légende d'Aristée (p. 163-77)

La seconde partie du livre 4 explique cette pratique grâce à la légende d'Aristée.

a) L'histoire d'Aristée

Aristée est désespéré car toutes ses abeilles sont mortes. Il se plaint alors de son triste destin à sa mère, Cyrène, une nymphe qui est en train de filer la laine avec ses sœurs au fond d'un fleuve. Cyrène, prévenue par l'une de ses sœurs du chagrin de son fils, l'accueille au fond du fleuve et fait un sacrifice à l'Océan. Elle explique ensuite à son fils qu'il va devoir capturer Protée, un vieux devin qui s'occupe des troupeaux de phoques de l'Océan. Pour se libérer, cette créature passera par de multiples métamorphoses mais Aristée ne devra jamais lâcher prise. Aristée triomphe du vieillard qui lui raconte pourquoi il est victime d'une malédiction.

b) L'histoire d'Orphée

Alors qu'Aristée poursuivait l'épouse d'Orphée, Eurydice, celle-ci ne vit pas une hydre qui se trouvait devant elle et qui la tua. Orphée alla jusqu'aux Enfers chercher sa bien-aimée qu'il perdit en se retournant au dernier moment pour la chercher du regard. Désespéré, il pleura pendant des mois. Il finit par être démembré par les bacchantes mais sa tête arrachée continuait d'appeler Eurydice.

c) Le sacrifice d'Aristée

Cyrène explique à son fils Aristée que les nymphes, amies d'Eurydice, ont alors lancé une malédiction contre lui. Elle indique ensuite quel sacrifice effectuer pour apaiser les nymphes. Aristée s'exécute et un prodige a lieu : des bœufs sacrifiés aux corps liquéfiés sort un essaim d'abeilles.

L'ouvrage s'achève sur une invocation à Octave qui triomphe au combat pendant que Virgile écrit. Le dernier vers est le calque presque parfait du premier vers des *Bucoliques*.

FICHE 8. Structure des *Géorgiques*

Dans sa *Vie de Virgile*, Donat évoque dans un passage fameux l'art d'écrire de Virgile : « Quand il écrivait *Les Géorgiques*, il composait chaque matin beaucoup de vers ; il avait l'habitude de les dicter, et pendant tout le jour, il les condensait en quelques vers, disant non sans raison qu'il enfantait son poème à la manière de l'ourse et qu'il le perfectionnait en le léchant » (cité p. XL de l'introduction des *Géorgiques* de Saint-Denis).

1. La structure d'ensemble des *Géorgiques*

Le recueil des *Géorgiques* suit un plan très clair, doublement annoncé au début du livre 1. Le poème s'ouvre sur un plan explicite : « Quel art fait les grasses moissons ; sous quel astre, Mécène, il convient de retourner la terre **(livre 1)** et de marier aux ormeaux les vignes **(livre 2)** ; quels soins il faut donner aux bœufs, quelle sollicitude apporter à l'élevage du troupeau **(livre 3)** ; quelle expérience à celle des abeilles économes **(livre 4)**, voilà ce que maintenant je vais chanter. » (livre 1, p. 37).

L'invocation aux dieux redouble cette annonce de façon plus subtile : « Liber, et, toi, alme Cérès » (1, p. 37) sont deux mythologismes qui renvoient respectivement au vin (Liber-Bacchus dieu du vin) et au blé (Cérès déesse des moissons), donc aux livres 2 et 1. En écrivant : « Et toi qui, le premier, frappant la terre de ton grand trident, en fis jaillir le cheval frémissant, ô Neptune ; et toi, habitant des bocages, grâce à qui trois cents taureaux neigeux broutent les gras halliers de Céa ; toi-même, [...] Pan gardeur de brebis » (1, p. 38-9), Virgile fait allusion à toutes les catégories de bétail évoquées au livre 3, sachant que celui qui fit paître les trois cents taureaux est Aristée, personnage-clé du livre 4.

Les quatre livres sont eux-mêmes groupés deux par deux. Les livres 1 et 2 portent sur les plantes (cultures et arbres) et les deux suivants traitent des animaux (troupeaux et abeilles), êtres vivants plus complexes. Cette division est renforcée par le début et la fin des quatre livres. Les livres 1 et 3 s'ouvrent sur une invocation aux dieux et à Octave, alors que le préambule est beaucoup plus bref dans les livres 2 et 4. La fin de chaque livre suit elle aussi une alternance parfaitement régulière :

- livre 1 : description des signes annonçant la guerre civile et le chaos omniprésent dans le monde ;
- livre 2 : éloge de la vie simple et morale du paysan ;
- livre 3 : description de la peste du Norique qui tue hommes et bêtes ;
- livre 4 : éloge de Gallus qui a ensuite été remplacé par l'histoire d'Aristée et Orphée, ce qui perturbe la structure.

Ce plan en quatre livres est surprenant car il ne correspond absolument pas à l'organisation des œuvres dont Virgile a pu s'inspirer. Il n'a jamais été repris par la suite parce qu'il néglige des pans trop importants de la vie du paysan, comme le jardin potager ou tout ce qui concerne les volailles. Fredouille et Zehnacker (*Littérature latine*, p. 142) pensent que Virgile n'avait au départ en tête que les deux premiers livres, inspirés d'Hésiode, et qu'il aurait rajouté la suite à la demande de Mécène qui s'intéressait particulièrement à l'élevage, alors fort à la mode, au point que de grands propriétaires fonciers avaient transformé leurs terres cultivables en pâturages. Virgile lui-même signale qu'il a obéi aux « ordres » de Mécène qui « ne sont pas faciles à exécuter » (3, p. 113). Eugène de Saint-Denis propose une autre hypothèse séduisante. Le plan de Virgile ne viendrait pas d'un traité d'agriculture antérieur mais de l'éloge de la vie champêtre et de la puissante énergie vitale de la nature que Caton l'Ancien prononce dans le *Cato Major* (15, 54) de Cicéron : « Les guérets, les prairies, **(livre 1)** les vignobles et leurs arbres ne sont pas les seuls charmes de la campagne **(livre 2)**, mais les jardins et les vergers, et encore les troupeaux qui pâturent, **(livre 3)** les essaims d'abeilles, les fleurs de toutes sortes **(livre 4)** ».

2. Une gradation permanente

À l'intérieur même de chaque groupe (livres 1-2 et 3-4), on observe une gradation du plus humble au plus sublime, en même temps qu'une spiritualisation du monde, symbolisée par une élévation progressive vers le ciel. Du livre 1 au livre 2, on passe « des céréales qui meurent chaque année aux arbres qui sont pérennes » (*Littérature latine,* p. 142) et parallèlement du minéral, avec le travail de la terre et les astres, aux vignes puis aux frondaisons des arbres qui touchent le ciel. Dans les livres 3 et 4, on passe « du bétail dépourvu de raison aux abeilles dont l'organisation sociale préfigure celle de l'humanité » (*ibid.*). Au livre 4, les légendes mythologiques d'Aristée et Orphée conduisent cette gradation à son apogée en faisant une incursion dans le monde des dieux. Virgile nous présente donc progressivement tout le système du monde et Joël Thomas peut conclure à bon droit que « le recueil est cosmos, il est monde et ordre du monde » (p. 46). La figure spirituelle par excellence vient couronner cette élévation : celle du poète, Orphée.

La gradation opère même entre les trois œuvres écrites par Virgile, et ne se limite pas à un changement de style (humble pour les *Bucoliques*, moyen pour *Les Géorgiques* et élevé pour l'*Enéide*) comme l'explique Joël Thomas (p. 39). Les *Bucoliques* travaillent le motif de l'*hortus conclusus* : le jardin, certes charmant, de l'Arcadie heureuse, est fermé sur lui-même, et pourrait se révéler étouffant. *Les Géorgiques* opèrent une ouverture sur le monde : le traité donne des conseils pratiques pour faire prospérer une petite propriété et s'intéresse aussi à des questions politiques, avec les invocations à Octave ou la description du chaos de la guerre civile à la fin du livre 1. Parallèlement, c'est tout le rapport de l'homme au monde qui est modifié : « Nous ne sommes plus dans le monde de l'Arcadie, où les bergers ne suent pas, où Tityre est *lentus in umbra*, "nonchalant à l'ombre" : nous entrons dans un monde où rien ne se fait sans l'effort humain, où le travail, *labor*, est le facteur même et la condition de l'évolution de l'homme » (J. Thomas, p. 40). Avec l'*Enéide*, la préoccupation politique devient centrale, le travail est remplacé par le combat guerrier et l'effort par la souffrance et la mort.

3. La structure interne des quatre livres

Le livre 1 sur le labourage est le plus problématique du point de vue de la structure. Il est bien divisé en deux parties : le labourage à proprement parler et le développement sur l'astronomie et le zodiaque. Néanmoins, dans le détail, le plan de ce livre est difficile à établir. Eugène de Saint-Denis, reprenant une expression de Jacques Perret, va jusqu'à parler de « pulvérisation systématique de l'énoncé » (introduction, p. XXIV) et ajoute que « c'est dans ce "pointillisme" chatoyant, évocateur d'une vie multiforme, que réside la seule unité du livre 1 ; unité artistique, étrangère à toute unité logique ou philosophique » (p. XXVI).

Même si le plan des trois autres livres apparaît plus clairement, les digressions ne manquent pas, comme la description du printemps ou du sacrifice d'un bouc à Bacchus au livre 2. L'une des plus marquantes concerne le jardin du vieillard de Coryce au livre 4. Le début et la fin du passage comportent les expressions traditionnelles signalant la digression, une prétérition pour commencer : « Pour moi, si, bientôt à la fin de mes peines, je ne pliais mes voiles, et n'avais hâte de tourner ma proue vers la terre, peut-être chanterais-je l'art d'embellir et d'orner les fertiles jardins » (4, p. 151) et à la fin :

« Mais je passe sur ces développements, gêné par une carrière trop étroite, et laisse à d'autres sur ce point le soin de traiter le sujet » (4, p. 153). Néanmoins, ce long excursus placé au cœur du livre sur les abeilles s'explique si l'on remarque que le vieillard est aussi apiculteur.

4. La structure du vers dans *Les Géorgiques*

En latin, les vers ne reposent pas sur le décompte des syllabes et les rimes, comme en français par exemple, mais sur le nombre de pieds qu'ils possèdent. *Les Géorgiques* ont été composées en hexamètres dactyliques. « Hexamètre » signifie en grec « six mesures » et « dactylique » renvoie à un pied composé d'une syllabe longue et de deux brèves noté : — ∪ ∪. L'équivalent du dactyle est le spondée composé de deux syllabes longues : — —. Le dernier pied de l'hexamètre est soit un spondée soit un trochée : — ∪. On obtient donc le schéma suivant :

| — ∪ ∪ | — ∪ ∪ | — ∪ ∪ | — ∪ ∪ | — ∪ ∪ | — ∪ |

NOTE DE L'AUTEURE

Par exemple, pour le vers suivant tiré du livre 1 : « attends que l'étoile de Gnosse à l'ardente couronne se retire » (p. 51) :
Cnosiaqu(e) ardentis decedat stella Coronae
| – ∪∪ | – – | – – | – – | – ∪∪ | – – |

FICHE 9. Thèmes principaux dans *Les Géorgiques*

1. Fonction didactique : un traité d'agriculture ?

Le mot « géorgique », selon le *Littré*, est un adjectif qui signifie « relatif à la terre ». Dans le cas de Virgile qui utilise le terme au pluriel, « *Georgica* », il faut sous-entendre « *georgicum [carmen]* », « poème relatif à la terre, à l'agriculture ». Le mot est directement emprunté au grec « γεωργικός », dérivé du nom « γεωργός », « cultivateur », composé de « γῆ », « terre », et de « ἔργον », « travail ». Ce titre, sans doute inspiré des *Géorgiques* du poète alexandrin Nicandre, aujourd'hui perdues, annonce un traité didactique concernant les travaux de la terre et ne correspond véritablement qu'aux deux premiers livres (livre 1 : le labour, et livre 2 : arbres et vignes). Virgile s'inspire de toute une tradition gréco-latine d'ouvrages techniques traitant de ce sujet. Maurice Rat indique les principales sources de chaque livre (notes p. 209, 219, 228 et 236) :

- livre 1 : Hésiode, *Les Travaux et les jours* ; Varron, *Res rusticae* ; Théophraste, *Histoire des plantes* ; traités d'astronomie d'Ératosthène d'Alexandrie ; Caton, *De agricultura* ; Aratus, *Phénomènes* ; Varron de l'Atax, *Abrégé des phénomènes d'*Aratus ;
- livre 2 : Théocrite, *Idylles* ; Lucrèce, *De rerum natura* (pour la description du printemps) ; Varron ;
- livre 3 : Varron ; Aristote, *Histoire des animaux* ; Nicandre de Colophron, *Thériaques* ; Lucrèce (peste) ;
- livre 4 : Varron ; Aristote ; Nicandre, *Melissourgiques.*

Il faut ajouter à cette liste les traités perdus d'Hygin ou encore de Magon. En dehors de Lucrèce ou Théocrite, Virgile s'inspire d'ouvrages techniques très pointus, visant pour la plupart un encyclopédisme exhaustif. Il signale lui-même sa dette à l'égard du poème *Les Travaux et les jours* d'Hésiode : « Je chante le poème d'Ascra par les villes romaines » (2, p. 84 - Ascra, en Béotie, étant la ville natale d'Hésiode).

Le ton se fait volontiers didactique : « Je puis te rappeler une foule de préceptes des anciens, si tu n'y répugnes pas et ne dédaignes pas de connaître de menus détails. » (1, p. 49) et les conseils pressants tendent à se multiplier sur le mode injonctif, comme au sujet de la vigne : « alors **exerce** enfin ton dur empire et **arrête** l'exubérance de ses rameaux.

Il faut aussi tresser des haies et tenir à l'écart tout le bétail » (2, p. 94). L'ouvrage comporte aussi beaucoup de descriptions, parfois extrêmement techniques. C'est le cas de la liste des « armes » que possède le paysan pour labourer la terre : areau recourbé, rouleaux, traîneaux, herse, timon, oreillons, sep, age (1, p. 48).

L'ouvrage semble donc s'adresser en priorité aux paysans, notamment aux vétérans néophytes qui débutent dans le métier, comme on l'a déjà vu. Pourtant, Sénèque écrit au sujet de Virgile dans l'une de ses *Lettres* (86, 15) : « Son projet n'était pas d'instruire des paysans mais de charmer ses lecteurs », remettant en question le statut de traité purement destiné au *docere,* à l'instruction.

2. Fonction poétique : l'alexandrinisme

Si Virgile a lu à haute voix l'intégralité des *Géorgiques* à Octave, c'est bien qu'on peut aussi prendre plaisir à écouter de beaux vers. L'alexandrinisme a surtout influencé les *poeta novi* comme Catulle, mais aussi Virgile de façon plus discrète. Ce mouvement regroupe des auteurs comme Callimaque d'Alexandrie ou Apollonios de Rhodes, qui ont vécu dans les grandes villes hellénistiques de la mort d'Alexandre à la conquête romaine.

Ces poètes se caractérisent avant tout par leur soif d'originalité qui les conduit à refuser l'épopée au profit de sujets plus modestes et plus personnels, comme le lyrisme amoureux. Virgile choisit de traiter en vers un sujet humble, les travaux du paysan, et souligne à son tour sa volonté d'écrire une œuvre inédite. Au livre 3, il évoque les « forêts des Dryades » et « les fourrés vierges » (3, p. 113), à la fois parce que l'homme n'y a jamais marché et parce que les Latins n'en ont pas encore fait un motif poétique. Dès l'invocation qui ouvre ce livre, Virgile renonce aux personnages épiques que sont Hippodamie ou Pélops et explique : « Il me faut tenter une route où je puisse moi aussi m'élancer loin de la terre et voir mon nom vainqueur voler de bouche en bouche » (3, p. 110). Si *Les Géorgiques* n'ont évidemment rien à voir avec une élégie amoureuse, un lyrisme diffus n'en est pas moins présent, remarquait Maurice Rat dans l'édition de 1967 (Introduction, p. 21-22), comme dans ce bref extrait de la peste du Norique : « Le laboureur s'en va, tout triste, dételer l'autre bœuf affligé de la mort de son frère » (3, p. 139).

Les alexandrins s'intéressent au minuscule, au petit objet charmant, aux « *nugae* », aux bagatelles. C'est exactement ce que fait Virgile au livre 4 intégralement consacré aux abeilles : « Je t'offrirai en de petits objets un spectacle admirable [...]. Mince est le sujet, mais non mince la gloire ». (4, p. 145). L'épopée, lorsqu'elle est présente, se métamorphose en épyllion, petite épopée qui est la forme de prédilection des alexandrins. C'est doublement le cas au livre 4. Virgile crée l'épyllion d'Aristée, héros dont la mère est une nymphe, qui se confronte au dieu Protée et sort vainqueur de ses aventures. Néanmoins, il s'agit ici de récupérer un essaim d'abeilles et le récit est bien court, comparé aux centaines de vers de l'*Énéide*. Plus frappant encore, maniant l'art du paradoxe, Virgile rapproche le bas et le sublime en comparant le travail des abeilles dans la ruche à celui des cyclopes qui « se hâtent de forger les foudres avec des blocs malléables » (4, p. 155), « s'il est permis de comparer les petites choses aux grandes » (4, p. 155), ajoute-t-il, réhabilitant ainsi les sujets humbles par le grandissement épique.

NOTE DE L'AUTEURE

Sur le plan de la forme, Virgile reprend deux éléments chers aux alexandrins : l'ecphrasis et la mise en abyme.

- L'ecphrasis est la description d'un objet d'art dont l'*enargeia* provoque une hypotypose : le lecteur a l'impression d'avoir l'œuvre sous les yeux. Au début du livre 3, Virgile décrit ainsi le temple imaginaire qu'il voudrait construire à la gloire d'Octave (3, p. 110-2).
- La mise en abyme est visible au livre 4. Les légendes d'Aristée et d'Orphée sont imbriquées l'une dans l'autre et se répondent en écho : la résurrection des abeilles est le pendant plus modeste du retour à la vie d'Eurydice, qui échoue à cause du regard que lui lance Orphée.

Néanmoins, contrairement aux poètes alexandrins adeptes de la forme brève, Virgile a plutôt tendance à pratiquer un art de la *copia*, de l'abondance. On repère ainsi la présence de catalogues parfois fort longs. On pourrait penser de prime abord qu'il s'agit simplement de listes exhaustives et didactiques telles qu'on peut les trouver dans des traités encyclopédiques d'agriculture. Il s'agit cependant moins d'informer le lecteur que de lui faire goûter, par des allusions suggestives, la saveur de mots rares et précieux. C'est par exemple le cas de la liste de vins dont voici un petit extrait : « Il y a aussi le Psithie, qui vaut mieux pour le vin de liqueur, et le subtil Lagéos, qui un beau jour rendra titubantes les jambes du buveur et qui lui enchaînera la langue ; il y a les vignes purpurines, les précoces, mais où trouver des vers dignes de toi, ô Rhétique ? (Ne prétends pas pourtant le disputer aux celliers de Falerne.) » (2, p. 78-9)

On remarque déjà la grande variété dans la présentation des vins qui se fait tantôt par comparaison, tantôt par une petite vignette dépeignant l'homme ivre ou par l'adresse directe au vocatif. Surtout, Pline l'Ancien, dont l'œuvre a une vocation authentiquement didactique, cite cinquante cépages italiens, trente-huit d'outre-mer sans compter les vins spéciaux, salés ou doux, au livre 14 de l'*Histoire naturelle*. Virgile, qui cherche avant tout un effet esthétique, en cite seulement seize. Il avoue d'ailleurs lui-même ne pas rechercher l'exhaustivité : « Je ne souhaite pas de tout embrasser dans mes vers » (2, p. 75) et des pans entiers des travaux campagnards sont omis ou survolés : l'élevage des volailles, le potager ou la culture de l'olivier notamment.

3. Fonction politique : guerre et paix

Les Géorgiques comportent aussi une réflexion sur le contexte politique de l'époque. La fin du livre 1 décrit le chaos généré par la guerre civile. Tous les hommes combattent au lieu de travailler la terre et l'opposition est donc très marquée entre Mars qui « sévit dans tout l'univers » (1, p. 69) et Cérès qui se retrouve négligée : « La charrue ne reçoit plus l'honneur dont elle est digne ; les guérets sont en friche, privés des laboureurs entraînés dans les camps ; et les faulx recourbées servent à forger une épée rigide » (1, p. 68). Surtout, face à la modération du laboureur, c'est un déchaînement de violence incontrôlable. L'image épique de la course de char devient négative : « en vain le cocher tire sur les rênes ; il est emporté par ses chevaux et le char n'obéit plus aux brides » (1, p. 69).

NOTE DE L'AUTEURE

On peut aussi proposer une lecture politique du combat des abeilles. Dans la « discorde [qui] s'élève entre deux rois et provoque un grand trouble » (4, p. 149), ne peut-on pas reconnaître la lutte entre Marc Antoine et Octave ? Les abeilles seraient alors les vétérans : « elles se rassemblent, tumultueuses, font palpiter leurs ailes, aiguisent leurs dards avec leurs trompes, assouplissent leurs membres, et serrées autour de leur roi et juste devant le prétoire, elles se mêlent et provoquent l'ennemi à grands cris » (4, p. 149). De même, Aristée qui se bat pour ressusciter ses abeilles ne serait-il pas le double d'Octave qui réussit à revivifier le peuple romain ?

Dans ce contexte, Virgile revendique sa fonction de « passeur » des Grecs vers les Latins : « C'est moi qui, le premier, si ma vie est assez longue, ferai descendre les Muses du sommet Aonien pour les conduire avec moi dans ma patrie » (3, p. 110). Cette *translatio studii*, qu'elle concerne le contenu (Hésiode) ou la forme (alexandrinisme) a aussi une fonction politique. Comme l'explique Florence Dupont, *Les Travaux et les jours* ou *Les Géorgiques* sont des « fictions dont le rôle est de placer le labourage et le pâturage

– autrement dit les deux formes principales d'exploitation du territoire de la cité – dans les fondements de la culture humaine » (p. 12). Il s'agit de légitimer l'agriculture et d'en faire une activité clé sur le plan civilisationnel et politique. Les travaux de la campagne qui avaient jusque-là un statut mineur, acquièrent une dimension culturelle et deviennent l'une des composantes de la *civitas* romaine. Leur prestige est renforcé par la description de l'Italie mythique de l'Âge d'or à l'époque de Saturne. Riche en troupeaux, en oliviers, elle se caractérise par une fécondité extraordinaire : « deux fois les brebis y sont pleines, deux fois l'arbre y produit des fruits » (2, p. 82). L'association entre cette époque reculée et les techniques agricoles contemporaines met en place une continuité historique. C'est la « fiction d'une culture uniquement paysanne, modèle qui se serait perdu mais resterait toujours à l'horizon, comme idéal » (F. Dupont, p. 33).

Les humbles travaux de la terre finissent ainsi par coexister harmonieusement avec le sublime épique qui les prolonge, faisant des *Géorgiques* une « épopée agricole ». Virgile pratique en effet l'art de l'amplification : il développe longuement un sujet et finit par lui donner une coloration épique. La description inspirée de Varron de l'étalon idéal ouvre sur la description d'un combat de chars (3, p. 116-8). De façon plus surprenante, au terme d'un long développement sur la façon d'organiser les vignes en allées régulières, Virgile ose cette comparaison : « Telle, au cours d'une grande guerre, on voit souvent la légion déployer au loin ses cohortes, l'armée faire halte dans une plaine découverte, les fronts de bataille s'aligner » (2, p. 90).

4. Fonction éthique : une vie en harmonie avec le monde

Outre la dimension collective, c'est aussi une éthique individuelle qui se fait jour. Le livre 1 est divisé en deux parties : la première concerne les travaux de la terre et la seconde le calendrier zodiacal. Ce plan implique que les travaux des hommes coïncident avec le calendrier et Virgile décrit effectivement les activités à effectuer la nuit, les jours fastes ou en fonction des saisons. Le paysan est donc en harmonie avec le cycle de la nature : « Le travail des laboureurs revient toujours en un cercle, et l'année en se déroulant le ramène avec elle sur ces traces » (2, p. 96).

De plus, si Virgile décrit longuement l'énergie vitale de la nature, en particulier au printemps, c'est pour mieux montrer comment l'homme la canalise pour mieux la renforcer. Ainsi, il explique au paysan selon quelle organisation planter la vigne pour qu'elle soit la plus abondante possible (2, p. 89-90).

L'humanité n'est cependant pas omnipotente et le paysan doit se plier aux lois de la nature. Comme il est dit aux livres 1 et 2, il faut sélectionner ce que l'on veut faire pousser en fonction du climat et du terrain. Virgile conclut ainsi une liste d'exemples assez longue : « telles sont les lois et les conditions éternelles que la nature a, dès le début, imposées à des lieux déterminés » (1, p. 41-2).

L'idéal de vie du paysan relève en partie de l'épicurisme. À l'instar du *suave mari magno* de Lucrèce, Virgile montre que le paysan vit à l'écart de l'agitation du monde, « loin des discordes armées » (2, p. 99) et de ses futilités : les « étoffes où l'or se joue », les « bronzes d'Ephyré » (2, p. 100). À la société idéale des abeilles dans laquelle chacune travaille pour la collectivité, le paysan privilégie une petite structure où il travaille avec sa famille et vit en autarcie. C'est aussi le cas du vieillard du Coryce, bien à l'abri du tumulte extérieur dans son jardin, qui « chargeait sa table de mets qu'il n'avait pas achetés » (4, p. 152). Néanmoins, loin du matérialisme épicurien, les paysans ne négligent pas le « culte des dieux » (2, p. 100) et trouvent leur bonheur non dans l'*otium*, le loisir, mais dans l'effort, le « travail acharné » (1, p. 47). Le vieillard du Coryce tire ainsi tous ses produits d'un sol qui « n'était ni docile aux bœufs de labour, ni favorable au bétail, ni propice à Bacchus » (4, p. 152), à la sueur de son front.

5. Fonction métaphysique : la métamorphose

Le livre 1 des *Géorgiques* raconte la création légendaire des arts et du travail, selon une volonté divine. Jupiter voulait éviter aux hommes une oisiveté funeste. Il a donc créé le manque et le danger pour contraindre les hommes à faire des efforts, à être astucieux, à contempler et transformer le monde. Cette réflexion sur l'effort était absente des *Bucoliques* où les bergers de l'Arcadie heureuse trouvaient leur subsistance sans effort. La résistance de la nature est, en effet, la condition de possibilité de l'effort humain et de la métamorphose du monde qu'il opère.

Les Géorgiques reposent donc sur le principe de la transformation, de la métamorphose. Le paysan, par son travail, transforme le monde et le fait passer d'un état à un autre. Virgile insiste sur l'importance du labourage pour ameublir la terre et utilise un terme de cuisine pour désigner cette opération : « *terram multo ante memento excoquere* », « souviens-toi, longtemps avant [...] de cuire la terre » (2, p. 89). Le paysan transforme la terre, comme la cuisson d'un plat le modifie pour le rendre meilleur. Les livres 1 et 2 sont globalement dédiés à « Liber » et « Cérès », à la vigne et au blé. L'intervention de l'homme transforme ces produits en pain et en vin, là aussi par le biais de la cuisson ou de la fermentation. Au livre 2, Virgile insiste sur l'utilité de la greffe qui accroît l'énergie vitale de la nature. Paradoxalement, cette transformation contre-nature qui pourrait sembler monstrueuse est en réalité bénéfique : « Mais on ente sur l'arbousier épineux le bourgeon de l'amandier ; les stériles platanes se transforment en vigoureux pommiers ; les hêtres en châtaigniers, et l'orne blanchit de la fleur chenue du poirier, et les porcs broient le gland sous les ormes » (2, p. 77). La transformation par le labeur humain peut être mise en parallèle avec celle qui est le fait des abeilles. À partir des fleurs, elles créent le miel, liquide doré que l'on compare souvent au nectar et à l'ambroisie consommés par les dieux. Au livre 4, justement, la transformation prend une dimension métaphysique avec la *bougonia*. Le cadavre en décomposition d'un bœuf entraîne la résurrection des abeilles d'Aristée. Parallèlement, la poésie ramène Eurydice à la vie avant que l'erreur fatale d'Orphée ne la rejette définitivement aux Enfers. C'est l'ultime paradoxe : du cadavre en décomposition et des Enfers jaillit la vie par un processus complexe de transformation. Le labeur du paysan et le travail poétique ont la même vocation : ils engendrent une mort qui régénère et crée une forme de vie plus élaborée.

La Condition ouvrière de Simone Weil

FICHE 10. Résumé de *La Condition ouvrière*

1. L'Usine, le travail, les machines

A. Trois lettres à Albertine Thévenon (p. 51-61)

Lettre 1. 15-31 janvier 1835. L'expérience en usine a été une épreuve de réalité. Le travail parcellaire est « inhumain ». L'attention est concentrée sur des problèmes de détail qui n'élèvent pas la pensée. Les grands idéologues bolchéviks, Trotski ou Lénine, n'ayant pas l'expérience du travail en usine, n'ont pas pris conscience des conditions réelles des travailleurs. Leur système est abstrait. Dans ces conditions éprouvantes, le travailleur renonce à penser. Ainsi ne souffre-t-il plus moralement. Toute velléité de révolte est étouffée car faire son travail dans le ressentiment ou la colère, ce serait mal le faire et donc risquer le renvoi. Braver les chefs est tout aussi inutile. Et pour ce qui est de la solidarité ou de la fraternité ouvrière, elle n'existe pas.

Lettre 2. Fin septembre-début octobre 1935. Simone Weil ne regrette pas l'expérience en usine même si elle en a beaucoup souffert. Cela lui a permis de s'éprouver elle-même et de se confronter au réel. Elle en est sortie bien différente, « physiquement épuisée, mais moralement endurcie » (p. 56).

Lettre 3. Fin décembre 1835. Simone Weil a fait l'expérience terrible de la contrainte : « [...] On ne fait qu'obéir, briser sous la contrainte tout ce qu'on a d'humain, se courber, se laisser abaisser au-dessous de la machine » (p. 57). Travailler en usine a fait disparaître en elle tout sentiment de dignité, tout respect de soi-même. Sous le coup de la contrainte, elle s'est pliée avec « une docilité de bête de somme résignée » (p. 59). Elle s'est soumise : « Il me semblait que j'étais née pour attendre, pour recevoir, pour exécuter des ordres ». L'humiliation et l'avilissement ont pénétré sa chair et son être. Le congé maladie lui a permis un sursaut de conscience, lui a fait comprendre son abaissement et elle a pu reconquérir le sentiment de sa dignité d'être humain. Les deux facteurs de l'esclavage moderne sont la vitesse et les ordres. Il faut en effet répéter mouvement après mouvement à une cadence plus rapide que la pensée. Il est impossible de réfléchir, encore moins de rêver. « Il faut, en se mettant devant sa machine, tuer son âme [...], sa pensée, ses sentiments » (p. 60). Un sourire, une parole sont une denrée rare : l'absence de fraternité reflète l'hostilité du milieu.

B. Lettre à Nicolas Lazarévitch (p. 62-65)

9-17 mars 1935. Simone Weil n'a pas entendu parler une seule fois de questions sociales, ni de parti, ni de syndicat. Une fois, on a distribué des tracts. Les ouvriers les ont pris par bravade, mais sans plus. Il n'y a pas d'esprit commun, ni de solidarité.

C. Lettre à Simone Gibert (p. 66-72)

9-17 mars 1935. Simone Weil pointe l'inégalité des conditions salariales entre hommes et femmes. Un homme peut espérer un poste plus qualifié au fil de sa carrière alors qu'une femme est réduite à des tâches automatiques. Simone Weil a le sentiment de s'être extirpée d'un monde de pensées et d'abstraction pour entrer dans le monde réel. À l'usine, il est bien difficile de s'extraire de la torpeur à la tâche. Or, pour Simone Weil, ce qui fait la grandeur humaine, c'est l'activité dans la pensée et dans l'action.

FICHE 10

D. Lettre à Boris Souvarine (p. 73-76)

12 avril 1935. Simone Weil a cessé de travailler chez Alsthom le 5 avril 1935 et a retrouvé un emploi à l'usine Jean-Jacques Carnaud et Forges de Basse-Indre où elle entre le jeudi 11 avril 1935. Le lendemain soir, elle fait part de ses impressions à Boris Souvarine. Elle se satisfait d'avoir pu augmenter sa cadence mais elle est surtout pénétrée de rage au spectacle de l'avilissement des ouvrières qui progressivement se sont laissées « réduire à cet esclavage » (p. 75). Elle ressent leur souffrance comme si c'était la sienne, la sienne est d'ailleurs secondaire.

E. Un appel aux ouvriers de Rosières (p. 205-11)

Décembre 1935. Simone Weil a le projet de publier un article intitulé « Un journal d'usine » dans *Entre nous.* Elle appelle les ouvriers des usines Rosières à témoigner de leurs souffrances morales et physiques, de leur adaptation à la cadence et aux ordres. Leur arrive-t-il d'éprouver « la joie du travail, la fierté de l'effort accompli » (p. 207) ? S'intéressent-ils à leur tâche ? Leur arrive-t-il de travailler machinalement sans penser à autre chose ? Rêvent-ils encore ? Se satisfont-ils d'exécuter des tâches sans avoir besoin de réfléchir ? Quelle est leur perception du temps à l'usine ? Connaissent-ils un peu de chaleur humaine ? Ensuite, Simone Weil avance quelques idées pour améliorer leurs conditions de travail. Dans l'immédiat, il faut « chercher l'organisation la plus humaine compatible avec un rendement donné » (p. 210). Les industriels devraient s'intéresser au sort de leur main d'œuvre et faire primer non l'augmentation du rendement mais l'amélioration des conditions de travail. Simone Weil n'est pas idéaliste ni anarchiste au point d'oublier la réalité du rendement et de réclamer la suppression du patronat. Elle pense que de leur côté, les ouvriers devraient connaître aussi les nécessités industrielles. Ainsi comprendraient-ils mieux la gestion de leurs chefs, leur prise de décision. Aussi auraient-ils moins le sentiment d'être soumis à des ordres arbitraires.

F. Lettres à Victor Bernard (p. 212-51)

Victor Bernard, ingénieur et directeur technique, a refusé la publication de l'« Appel aux ouvriers de Rosières ». Dans sa lettre du 13 janvier 1936, elle lui explique sa démarche.

Lettre 1. 13 janvier 1936. Simone Weil souhaitait œuvrer à la dignité des ouvriers de Rosières, alléger « le poids des humiliations que la vie impose jour par jour aux ouvriers » (p. 213). Victor Bernard craignait que son article n'attisât l'esprit de classe. Or, pour Simone Weil, « l'esprit de classe » est déterminé par les conditions de vie, c'est-à-dire par l'humiliation, la souffrance, la soumission, la pression de la nécessité qui maintiennent les ouvriers en situation de servilité. De plus, les ouvriers ont intégré leur infériorité sociale, c'est pour eux « quelque chose qui va de soi » (p. 214). Simone Weil ne pense pas que cet article ravivera l'esprit de classe et dressera les ouvriers contre les chefs, les pauvres contre les riches. Au contraire, ils auront le sentiment que l'on fait un pas vers eux, que l'on entreprend un effort pour les comprendre.

Lettre 2. 31 janvier 1936. Simone Weil a eu bien de la peine à conserver le sentiment de sa dignité. En quelques semaines, elle s'est avilie « en bête de somme docile » (p. 216). Elle s'est juré qu'elle ne quitterait pas sa condition d'ouvrière tant qu'elle n'aurait pas recouvré ce sentiment de dignité humaine.

Lettre 3. 3 mars 1936. Simone Weil revient sur la question des rapports entre les ouvriers et les chefs. La philosophe ne conçoit les rapports humains que sur le plan de l'égalité. Quand l'humanité se divise entre « les gens qui comptent pour quelque chose et les gens qui comptent pour rien » (p. 223), il n'y a plus de rapports humains possibles. Il est inadmissible que les seconds arrivent à trouver naturel cet état de fait. Il faut éduquer les ouvriers, œuvrer à leur apprentissage des processus de fabrication et de production par des articles de vulgarisation. Il est faux de prétendre que ce serait encourager des actions révolutionnaires. Les esclaves stoïciens disposaient en eux-mêmes du courage et de l'indifférence aux souffrances et privations. Les esclaves de l'industrie moderne en sont privés. La cadence et la mécanisation des mouvements font qu'ils ne travaillent que dans la peur et l'appât du gain. Pour souffrir le moins possible, ils font taire leur âme et doivent sans cesse lutter contre le sentiment d'humiliation pour garder un peu de dignité.

Lettre 4. 16 mars 1936. Simone Weil ne souhaite pas la révolte mais un « passage progressif de la subordination totale à un certain mélange de subordination et de collaboration » (p. 231). À l'usine, l'ouvrier doit obéir ; le chef a tous les pouvoirs. C'est sa fonction. Seulement l'ouvrier n'est jamais gratifié d'une récompense, d'un remerciement. Cette absence de considération affecte le moral.

Lettres 5-6. 30 mars-avril 1936. La subordination des ouvriers est intolérable. L'intelligence, l'ingéniosité, la conscience professionnelle ne sont requises que dans l'exécution d'ordres pour les chefs et de tâches pour les ouvriers. Ni l'esprit ni le cœur ne sont sollicités. L'humain est annihilé.

Lettres 7-12. Avril-mai-juin 1936. Simone Weil respecte la discipline dans le travail et méprise celui qui ne sait pas obéir. Toute organisation implique que des ordres soient donnés et reçus. Mais il y a ordres et ordres et ce qu'elle a subi est une subordination intolérable. Jamais elle ne s'habituera à ce que le sentiment de la dignité humaine soit ainsi bafoué. Aussi le mouvement gréviste lui a-t-il apporté des « sentiments de joie et de délivrance indicible » (p. 248). Cette « joie pure » (p. 249) s'explique par son empathie pour les ouvriers et leurs patrons. Les opprimés ont pu affirmer leur existence, « relever la tête, imposer leur volonté, obtenir des avantages ». Les chefs ont dû pour « une fois dans leur vie plier devant la force et subir une humiliation » (p. 250).

G. Lettre à Boris Souvarine à propos de Jacques Lafitte (p. 252-5)

Janvier 1936. L'analogie entre les machines et les organismes humains avancée par Jaques Lafitte dans ses *Réflexions sur la science des machines* paraît dénuée d'intérêt à Simone Weil car si les machines procèdent les unes des autres, elles ne forment pas d'espèces et ne se reproduisent pas.

H. Deux lettres à Jacques Lafitte (p. 256-63)

Fin mars ou début avril 1936 et mardi 14 avril 1936. Il faut œuvrer pour une forme supérieure de travail mécanique où le pouvoir créateur du travailleur soit valorisé. Le travail doit être « un moyen pour chaque homme de dominer la matière et de fraterniser avec ses semblables sur un pied d'égalité » (p. 257). Au lieu de « séparer l'homme de la nature », les machines doivent être un « moyen d'entrer en contact avec elle » et « d'accéder quotidiennement au sentiment du beau dans toute sa plénitude ». Il n'est pas vrai que l'ouvrier à la chaîne ne se dépouille pas de sa qualité d'homme en travaillant en série.

I. La vie et la grève des ouvrières métallos (p. 264-81)

Les conditions de travail des ouvrières sont éprouvantes. L'esprit vide, le ventre creux, le corps rivé à la machine, elles vivent dans la peur de la cadence, du licenciement et de l'usure. Elles acceptent l'humiliation, subissent la fatigue sans se plaindre et prennent leur salaire comme une aumône. À peine existent-elles. Choséifiées, elles sont livrées à la volonté d'autrui. Elles sont là pour obéir et se taire. Les mouvements du Front Populaire leur ont appris à se redresser, à recouvrer leur humanité. Cette grève fut « une joie pure. Une joie sans mélange » (p. 275). La joie de fraterniser, de s'enraciner dans son lieu de travail. La joie de passer la tête haute devant les chefs. De retrouver sa dignité. La joie « de vivre au rythme [...] de la vie humaine » et non des machines (p. 276). La chaleur humaine l'emportait sur le métal des machines, mais le pli de la servitude ne se perd pas en quelques jours. C'était une parenthèse. Quelles conséquences prévoir ? Une nationalisation massive ? La recrudescence du chômage ? La baisse du nombre d'ouvriers ? Simone Weil envisage le contrôle ouvrier comme une solution, par exemple des commissions de contrôle sous l'égide d'un délégué syndical.

J. Lettres à Auguste Detœuf (p. 282-301)

Lettre 1. 10-17 juin 1936. Simone Weil détaille les caractéristiques de l'obéissance qu'elle a vécue. Elle modifie la perception du temps : « le corps vit dans l'instant présent » (p. 284). Ensuite, elle engage l'être tout entier à la limite de ses forces. Puis, elle s'appuie sur les ressorts de l'intérêt et de la crainte. Il vaudrait mieux des coups de fouet à ce refoulement de ce que l'on a de meilleur en soi. Le moi se contracte, s'atrophie, s'efface. La grandeur d'âme qui permettrait de mépriser les humiliations est « impossible à exercer » (p. 285).

Lettre 2. 19 juin 1936. Simone Weil imagine ce que pourrait être une entreprise modèle : des cercles d'études économiques, techniques et sociales, des visites d'usine avec explications techniques, des bulletins de vulgarisation pour permettre aux ouvriers de comprendre l'organisation et la gestion de l'entreprise. Si l'autorité est nécessaire, les subordonnés ne doivent pas se soumettre à une autorité arbitraire. Ils doivent collaborer à l'élaboration des ordres (p. 290).

Lettre 3. Simone Weil relate sous la forme d'une saynète une discussion entre deux patrons remontés contre les revendications ouvrières et syndicales. La réponse d'Auguste Detœuf nuance le point de vue de Simone Weil qui s'est sentie attaquée car elle s'est identifiée « avec l'âme ouvrière » (p. 295). Or, il s'agit aussi de comprendre l'exaspération patronale. Les patrons sont souvent d'anciens ouvriers. Ils ont investi leur énergie, leurs biens dans leur entreprise ; ils ont bataillé contre la concurrence, les fournisseurs, les clients avec pour horizon le spectre de la faillite, du déclassement pour eux et leur famille. Leur usine, c'est leur vie et leur être, comme l'activité de la pensée est essentielle à Simone Weil.

K. La rationalisation (p. 302-26)

Lors de la première Révolution industrielle, la science s'est appliquée à la matière inerte et aux forces de la nature. Lors de la seconde, elle a transformé la matière vivante, c'est-à-dire les hommes. L'ouvrier est relégué à un rang inférieur, rendu à « une espèce de servitude » (p. 306). La solution idéale serait de concilier les exigences de la fabrication et les aspirations de ces ouvriers, de viser à une organisation du travail qui permettrait de sortir « le plus grand nombre possible de produits bien faits et des travailleurs heureux » (p. 307). Le taylorisme, exemple de rationalisation initialisée par Taylor dont Simone Weil retrace la genèse (p. 310-3), avait pour but d'abord de limiter la perte de temps, d'augmenter la cadence des ouvriers, puis d'exploiter leur force de travail pour optimiser la production. Le fordisme ne fit qu'empirer ce système d'exploitation de la force ouvrière. L'argument de Taylor était que le système profitait aux consommateurs, en réalité aux industries du luxe et de la guerre. Il a surtout favorisé la disqualification de l'ouvrier, réduit au statut d'atome dans l'usine, un atome isolé et séparé des autres atomes ouvriers. La division du travail, la concurrence, la course à la prime, la menace de renvoi, la monotonie du travail, la souffrance morale, la cadence à tenir, la discipline, la contrainte, tels sont les fruits véreux du taylorisme qui ne laisse à l'ouvrier aucune velléité de résistance et n'est favorable qu'au patron, maître à bord. Dans un tel système, « les hommes ne sont pas des hommes » (p. 324) mais des instruments.

L. Expérience de la vie d'usine (p. 327-51)

Simone Weil, sous le pseudonyme d'Émile Novis, analyse le « malheur ouvrier ». Dans une vision utopiste du travail, l'ouvrier aurait la joie de participer à une œuvre collective. Il se sentirait utile et dominerait la matière et la machine. Dans la réalité, l'ouvrier vit dans sa chair « l'étau de la subordination » (p. 330) et l'usine est l'univers de la servitude. Il se sent déraciné, tel « un étranger admis comme simple intermédiaire entre les machines et les pièces usinées » (p. 331). Sa chair et sa pensée se rétractent. Pris dans l'étau de la monotonie, il en arrive à espérer un incident qui le réveillerait de sa torpeur accidentogène. Quelques joies fugitives sont vite balayées par l'indifférence des chefs. L'absence de chaleur humaine le tue à petit feu. Ses seuls rapports sont avec les choses. « Les choses jouent le rôle des hommes, les hommes jouent le rôle des choses ; c'est la racine du mal » (p. 336). Les machines choyées sont chez elles, elles sont la finalité et lui, l'instrument. « Sa vie même sort de lui sans laisser aucune marque autour de lui » (p. 340). Or, l'usine devrait être un lieu de joie au travail. Comment réagir ? Il faut transformer la relation de chaque ouvrier à l'usine en encourageant d'abord le sentiment d'utilité. Chaque ouvrier devrait savoir quelle est sa part dans l'entreprise, quelle est la destination de l'outil qu'il fabrique et voir le produit fini. Puis il devrait s'approprier le lieu, en le parcourant en équipe, en le faisant visiter à sa famille. L'effort incombe aussi à la société, notamment à l'école qui devrait encourager l'enseignement technique. Cette réforme des conditions du travail ouvrier serait bénéfique à la société tout entière. Une société où une part des ouvriers a mal à son travail est une société qui va mal. L'entreprise a pour but de « construire des objets » et non de « détruire des hommes » (p. 351).

2. « Tout ce qu'on peut faire provisoirement... »

A. La condition ouvrière. 30 septembre 1937 (p. 389-97)

Cet article de synthèse fait un état des lieux des travaux sur la condition ouvrière. Simone Weil relativise la notion de « condition ouvrière » en soulignant sa diversité. Elle analyse la mondialisation à l'échelle du monde ouvrier, souligne l'incurie de l'internationalisme ouvrier et anticipe sur le malaise des ouvriers immigrés.

B. Conditions premières d'un travail non servile. Avril 1942 (p. 418-34)

Simone Weil, sous le pseudonyme d'Émile Novis, revient sur les conditions de la vie ouvrière décrites six ans auparavant, à savoir l'univers de la nécessité, et non de la finalité ; le temps cyclique ; la tâche sisyphéenne ; l'instrumentalisation de l'humain ; la compensation morale à l'idée d'une meilleure vie pour ses enfants. L'espoir révolutionnaire peut illuminer un temps l'horizon. Mais il a pu se convertir en impérialisme ouvrier, historiquement. Un seul remède peut rendre supportable le malheur : la beauté dont la source est en Dieu. L'attention, interdite à l'usine, est la faculté de l'âme qui donne accès à Dieu. « Si la vocation de l'homme est d'atteindre la joie pure à travers la souffrance », les travailleurs seront les mieux placés « pour l'accomplir de la manière la plus réelle » (p. 434).

FICHE 11. Structure de *La Condition ouvrière*

1. L'œuvre de Simone Weil

De son vivant, Simone Weil a publié des articles dans diverses revues mais aucun ouvrage signé de son nom n'a été édité. Avant de quitter Marseille, fin avril 1942, elle avait donné les dix *Cahiers* qu'elle avait annotés à Gustave Thibon qui en publia des extraits sous le titre *La Pesanteur et la grâce*, ouvrage édité par Plon en 1947. Plusieurs fois réédité, il connut un grand retentissement et fit connaître le nom de la philosophe.

En 1947, lorsque les parents de Simone Weil purent se réinstaller à Paris, ils rassemblèrent les écrits de leur fille et cherchèrent un éditeur. Ce fut Gallimard. Albert Camus, qui venait de découvrir avec enthousiasme la pensée de la philosophe, se chargea de publier son œuvre. Il inaugura la collection « Espoir » en publiant en 1949 le texte de *L'Enracinement*. Le père Perrin publia chez La Colombe-Éditions, en deux volumes, les lettres qu'il avait reçues d'elle et quelques textes, réunis dans *Attente de Dieu* en 1950, puis ses commentaires sur les Anciens Grecs sous le titre *Intuitions pré-chrétiennes* en 1951. De leur côté, les parents de Simone Weil firent paraître *La Source grecque* (1953).

L'essentiel de l'œuvre de Simone Weil parut en onze volumes, de 1949 à 1969, dans la collection « Espoir » de Gallimard tandis que son amie Simone Pétrement faisait paraître chez Plon les trois volumes des *Cahiers* en 1951, 1953 et 1956. Une nouvelle édition intégrale fut publiée (1970, 1972, 1974). Après la mort de ses parents, André Weil entreprit une édition scientifique de l'œuvre de sa sœur, fit des démarches auprès de la Bibliothèque Nationale et constitua une équipe de travail. À ce jour, six volumes sur les dix-sept prévus de cette entreprise ont vu le jour chez Gallimard sous la direction de Florence de Lussy.

2. La composition de *La Condition ouvrière*

La Condition ouvrière respecte les règles d'établissement de la plupart des écrits édités par Albert Camus. Le recueil comprend des lettres, des articles – publiés ou inédits –, des projets d'articles, un texte de conférence intitulé « La rationalisation », des fragments et des notes, et son *Journal d'usine*. Engagée chez Alsthom comme ouvrière découpeuse sur presse le 4 décembre 1934, par l'entremise de son ami Boris Souvarine, qui lui présente l'administrateur Auguste Detœuf, Simone Weil tient chaque soir dans sa petite chambre de la rue Lecourbe son *Journal d'usine* qu'elle enrichit de réflexions développées dans ses lettres adressées à Boris Souvarine, Albertine Thévenon et Nicolas Lazarévitch. Elle travaillera en usine, dans plusieurs entreprises, avec des interruptions dues à des migraines, des otites et de la fatigue extrême, du 4 décembre 1934 au 22 août 1935.

Après l'usine, Weil débute une correspondance avec deux dirigeants : Auguste Detœuf, d'Alsthom, et Victor Bernard, des fonderies de Rosières. Elle pense qu'il faut instaurer un dialogue entre patrons et ouvriers. Elle entre en relation avec le Cercle des jeunes patrons fondés par Detœuf et participe aux réunions du groupe fondateur de la revue économique les *Nouveaux Cahiers*, composé de chefs d'industrie souhaitant des réformes sociales.

A. Les lettres : circonstances et identité des correspondants

Albertine Thévenon

Simone Weil rencontre Albertine et Urbain Thévenon le 7 octobre 1931 à Saint-Étienne. Elle avait demandé à Pierre Monatte, le fondateur de la revue *La Révolution prolétarienne*, l'adresse d'amis syndicalistes de la région. Urbain Thévenon est l'un des fondateurs de la Ligue syndicaliste. Soucieux d'éducation, comme Simone Weil, persuadé que la réforme ouvrière passera par la formation des travailleurs, Urbain fonde à Saint-Étienne et Firminy les Collèges du travail qui dispensent des cours professionnels et de culture générale.

Nicolas Lazarévitch

Simone Weil l'a rencontré au cours des réunions organisées à *La Révolution prolétarienne*. Né de parents russes, il a travaillé en URSS comme ouvrier et comme mineur. Il est arrêté pour ses activités militantes, accusé de préconiser « le retour des syndicats à la lutte de classe ». Il est interné dans un camp, libéré en 1926 et autorisé à quitter l'URSS.

Simone Gibert

Elle fut l'élève de Simone Weil en grec, en classe de quatrième au lycée du Puy en 1931-1932. Pour celle qui se définit comme « révoltée, passionnée, écorchée vive », « la venue de Simone Weil était un miracle » (Lettre de 1988 à André Devaux, « Simone Weil professeur au-delà de sa classe », 1997).

Boris Souvarine

De son vrai nom Boris Lifschitz (son pseudonyme rend hommage à un personnage de Zola, dans *Germinal*), Boris Souvarine, est né à Kiev en novembre 1895. Il milite pour le Parti communiste, mais est exclu du PCF en 1924. Dans les années 1920, il devient l'un des grands critiques du stalinisme. De 1930 à 1934, il rédige son *Staline, aperçu historique du bolchévisme.* Simone Weil et Souvarine font connaissance grâce à Lazarévitch, en novembre 1932, alors que Souvarine préparait sa revue *La Critique sociale.*

Victor Bernard

Simone Weil, après l'expérience de travail en usine, est nommée à Bourges en octobre 1935. À Vierzon, elle fait la connaissance de l'ingénieur Victor Bernard, directeur des fonderies de Rosières, où elle essaie sans succès de se faire embaucher. Les visites de l'usine et les échanges avec le directeur donnent lieu à de nombreuses lettres, mais le courant ne passe pas. Elle se voit refuser son projet de donner la parole aux ouvriers dans le journal d'entreprise *Entre nous* et le dialogue s'interrompt en juin 1936.

Jacques Lafitte

Auteur des *Réflexions sur la science des machines*, en 1932, il rédigea l'article consacré à Taylor dans la *Grande Encyclopédie Larousse.* Simone Weil eut l'occasion d'assister à l'une de ses conférences à Bourges en 1936.

Auguste Detœuf

Grâce à Boris Souvarine qui connaissait Auguste Detœuf, administrateur délégué de la société Alsthom, Simone Weil peut être engagée dans l'entreprise. Detœuf a été impressionné par les événements de juin 1936, ce qui lui valut une vive discussion avec Simone Weil sur laquelle elle revient dans ses lettres.

B. Les articles

La vie et la grève des ouvrières métallos

Le 3 mai 1936, le Rassemblement populaire (Parti radical, Parti socialiste SFIO, Parti communiste) remporte les élections législatives. Le 8 mai, une première grève avec occupation des locaux éclate aux fonderies de Saint-Michel Sougland dans l'Aisne. Trois jours plus tard, l'usine Breguet est occupée à son tour. Le 14 mai, les 700 ouvriers de l'usine Bloch, à Courbevoie, occupent l'usine pour obtenir une augmentation de salaire. Un mouvement est lancé chez les métallurgistes. Grâce aux amitiés qu'elle a nouées chez Alsthom, Simone Weil s'introduit dans les usines occupées. Elle propose son analyse du mouvement social à ses amis de la revue *La Révolution prolétarienne*, dans un article qu'elle signe Simone Galois en hommage au mathématicien Évariste Galois. Le texte est emblématique de ce l'on a appelé la « fête ouvrière » de mai-juin 1936.

La rationalisation

Ce texte est celui d'une conférence donnée devant un auditoire ouvrier le 23 février 1937. Il n'existe pas de manuscrit complet de cette conférence. La conférence imprimée reproduit une dactylographie dont les corrections ne sont pas annotées par Simone Weil. Le texte est une pièce maîtresse de la réflexion weilienne sur le travail. La philosophe montre que la rationalisation technique appliquée à la force ouvrière est l'une des principales causes de l'esclavage moderne.

Expérience de la vie d'usine

Simone Weil travaille chez Renault jusqu'au 22 août 1935. En octobre, elle obtient un poste de professeur à Bourges. À la fin de l'année, elle lit les tomes IX et X des *Hommes de bonne volonté* de Jules Romains. Son expérience de la vie en usine la fait réagir. Elle entame la rédaction une lettre qu'elle n'envoie pas. À Marseille, en 1941, elle reprend la lettre qu'elle transforme en article, signé Émile Novis (anagramme de son nom). Il sera publié, non sans modification, dans la revue *Économie et humanisme* en 1942 et rétabli dans sa forme originale par la mère de Simone Weil.

La condition ouvrière

Simone Weil est en poste au lycée de Saint-Quentin en 1937-1938. Elle écrit cet article à la demande d'Auguste Detœuf pour les *Nouveaux Cahiers* qui avaient consacré plusieurs articles à la condition ouvrière. Il ne parut pas tel quel, mais servit de canevas aux « Conclusions » publiées sans nom d'auteur dans la revue, le 15 novembre 1937.

Condition première d'un travail non servile

L'article était destiné à *Économie et humanisme*. Il a été publié partiellement dans *Le Cheval de Troie* n° 4 en 1947. Il est signé du pseudonyme Émile Novis.

C. Composition d'ensemble

L'ensemble général témoigne d'un assombrissement de la peinture de la condition ouvrière et d'un approfondissement de la pensée weilienne sur le travail. Le travail en usine se révèle éprouvant. Son deuxième emploi, à l'usine Jean-Jacques Carnaud et Forges en avril 1935, accuse son mal-être ouvrier : « Un être qui a le cœur bien placé doit pleurer des larmes de sang s'il se trouve pris dans cet engrenage » (« Lettre à Boris Souvarine », p. 75). Puis, l'échange épistolaire avec Victor Bernard marque un durcissement de ses positions et un approfondissement de sa philosophie du travail. Son « appel aux ouvriers de Rosières » avait pour ambition d'améliorer les conditions de travail des ouvriers, mais Monsieur Bernard refuse de le publier, craignant d'attiser l'esprit de classe. C'est l'occasion pour Weil de préciser ce qu'est pour elle « l'esprit de classe », non un « esprit de révolte » (p. 231) comme il l'entend, mais un « esprit de collaboration ».

Ensuite, les lettres à Jacques Lafitte préfigurent le texte de la conférence sur le taylorisme, « La rationalisation ». Si elle ne croit pas en une analogie entre les organismes vivants et les machines, elle rêve de « machines automatiques et souples » (p. 259) qui seraient subordonnées à l'homme alors que le taylorisme, sous l'alibi de la rationalisation scientifique du travail, asservit l'homme à la machine. « La vie et la grève des ouvrières métallos » fait le pendant à l'« Appel aux ouvriers de Rosières ». Dans cet article mémorable, Simone Weil utilise ses souvenirs de la vie d'usine et ses observations lors d'occupations d'usines durant les grèves de mai 1936. L'article se compose de trois parties : une première égrène des images qui établissent un tableau sombre des conditions de travail en usine (p. 265-274). Puis elle relate les circonstances de la grève et évoque l'espoir qui s'est emparé des ouvriers (p. 274-7). Enfin, l'article s'achève sur un constat mitigé en répertoriant les problèmes soulevés par ces grèves (p. 278-281). L'échange épistolaire avec Auguste Detœuf fait écho à l'échange avec Victor Bernard. Simone Weil peut être sarcastique quand elle évoque le risque de « sabotage patronal » (p. 282) et Auguste Detœuf essaie de lui faire comprendre l'autre point de vue. « Expérience de la vie d'usine » apparaît comme une synthèse qui rassemble ce qu'elle a précédemment dit dans ses lettres et articles, comme « La condition ouvrière » autre synthèse aux accents visionnaires. Enfin, « Condition première d'un travail non servile » couronne cet ensemble : sa thèse sur la spiritualité et l'expérience mystique du travail annonce son dernier texte « L'Enracinement » où le travail apparaît comme la clef de voûte civilisationnelle.

D. Une unité de ton

Même si l'ensemble de *La Condition ouvrière* peut paraître disparate par la diversité générique des écrits et par l'amplitude temporelle de leur rédaction (1935-1942), il est régi par une même unité de ton et de pensée. Si dans les lettres à ses proches, Simone Weil donne des détails intimes sur sa fatigue, sa maladresse ou son sentiment d'humiliation quand sa dignité humaine est atteinte, ces détails servent d'exemples à l'appui de sa démonstration. La philosophie weilienne du travail est enracinée dans un savoir empirique. La réflexion de Simone Weil est solidement arrimée à des preuves de raisonnement.

D'une manière générale, un même schéma argumentatif assure la continuité de cette réflexion dans l'ensemble des écrits composant *La Condition ouvrière*. Simone Weil décrit les conditions de travail des ouvriers, pointe leur état physique et leur détérioration morale, souligne l'arrachement à la condition humaine que ces conditions éprouvantes induisent chez les travailleurs. Ensuite, elle pointe les causes profondes du malheur ouvrier notamment l'atteinte à la dignité, le renoncement à l'exercice de la pensée et l'instrumentalisation du travailleur au profit de la machine. Elle émet enfin quelques projets de réforme qui passent par l'éducation des ouvriers, leur apprentissage des processus de fabrication et de production, l'appropriation de leur lieu de travail. L'enjeu principal est de lutter contre la séparation entre la pensée et l'action dans le travail.

3. Une philosophie du travail ?

A. Genèse de la philosophie weilienne du travail

Le travail est la clef de voûte de la réflexion de Simone Weil dès ses écrits de jeunesse, son « unité de réflexion » selon Robert Chenavier. Dès l'agrégation, elle voulait travailler en usine, mais la crise de 1929 l'en avait empêchée. Ses expériences en usine témoignent de la cohérence de sa pensée qui ne peut tendre à la vérité sans une confrontation à la réalité. Dans l'une des lettres à Albertine Thévenon, elle écrit que si l'expérience en usine correspond à ce qu'elle attendait, elle en diffère aussi par un « abîme » (p. 52) : « c'est la réalité, non plus l'imagination ». Elle a dépassé son statut de « "professeur agrégé" en vadrouille dans la classe ouvrière » (p. 54) et vit sa condition comme si elle lui était « imposée par une nécessité inéluctable et non par un libre choix ». Elle veut comprendre, et ce qui l'affecte précisément, en tant que philosophe réfléchissant sur la condition ouvrière, c'est le renoncement à la faculté de pensée auquel les ouvriers sont astreints par les conditions de travail. Pour elle, rien n'est plus urgent que de redonner à l'ouvrier son sens de la dignité. Elle s'insurge contre la rationalisation tayloriste qui broie l'humain par l'augmentation de la cadence, le travail en série et la division du travail. Le travail doit réaliser l'humanité dans le travailleur et non l'instrumentaliser au profit de la machine. Pour Simone Weil, l'erreur de Marx a été de confondre la division technique, radicalisée dans le taylorisme, et la division sociale du travail, et de penser que la libération du prolétariat passerait par une libération de la division sociale. L'analyse de Marx est centrée sur la question de la propriété privée ou collective, des moyens de production et de la plus-value économique. Weil pointe le vrai problème de la condition ouvrière : l'ouvrier lui-même. Elle centre sa réflexion sur l'humain dans l'ouvrier.

B. Une pensée dialectique et une dialectique de la pensée

Comme le montre Étienne Gaballieri, dans *Penser le travail avec Simone Weil*, la réflexion de la philosophe sur le travail évolue en trois temps. Dans ses œuvres de jeunesse, elle pense que le travail permet à l'homme de réaliser son humanité. Puis, par son expérience en usine, matière à *La Condition ouvrière*, elle comprend qu'il est aussi un lieu d'aliénation et d'oppression. Enfin, dans ses derniers écrits (« Condition première d'un travail non servile », *L'Enracinement*), le travail devient le centre d'une civilisation nouvelle, le point nodal où l'homme rentre en contact avec les choses, les autres, Dieu. S'il y a une philosophie du travail chez Simone Weil, elle est donc le lieu même d'une dialectique et l'expérience en usine fut une expérience cathartique et une maïeutique.

C. Le travail, clef de voûte de l'œuvre weilienne

La Condition ouvrière est donc au centre de la pensée weilienne. Sa réflexion sur le travail concentre d'abord les notions essentielles à la philosophie weilienne : « l'expérience du malheur », « le règne de la force » (*L'Iliade ou le poème de la force*), « les besoins de l'âme » (*L'Enracinement*), « le déracinement » (*L'Enracinement*), « la liberté et l'oppression » (*Réflexions sur les causes de la liberté et de l'oppression*), « l'attention » et « la personne » (*La Personne et le sacré*). Ensuite, si la réflexion de Simone Weil sur le travail, centrée sur l'accomplissement de l'humain, est philosophique, car touchant à la métaphysique et à l'éthique, elle est aussi d'ordre socio-historique et politique. Enfin, conjuguant le matérialisme et l'idéalisme, elle culmine en une pensée mystique. Pour Simone Weil, comme l'écrit Robert Chenavier dans *Simone Weil. Une philosophie du travail*, la civilisation la plus pleinement humaine serait une civilisation fondée sur la spiritualité du travail.

FICHE 12. Thèmes principaux dans *La Condition ouvrière*

L'expérience en usine fut une première révélation pour Simone Weil, une épreuve cathartique d'ordres physique et métaphysique, une expérience de la pesanteur et du malheur. Elle a changé sa perspective sur la vie : « Je connaîtrai encore la joie, mais il y a une certaine légèreté de cœur qui, me restera, il me semble, toujours impossible », écrit-elle à Albertine Thévenon (p. 52). Sept ans plus tard, elle écrit au père Perrin : « Après mon année d'usine [...], j'avais l'âme et le corps en quelque sorte en morceaux. Ce contact avec le malheur avait tué ma jeunesse [...] J'ai reçu là et pour toujours la marque de l'esclavage »[1]. Il est vrai que les lettres et articles de *La Condition ouvrière* donnent une vision tragique du monde ouvrier.

1. L'esclavage moderne

A. Le règne de la nécessité

On a souvent reproché à Simone Weil d'utiliser de façon anachronique le terme d'esclavage. Pour Aristote, l'esclave est « un instrument animé »[2]. Pour Simone Weil, l'ouvrier est en deçà de l'esclave grec. Celui-ci est propriété du maître, il peut le maudire intérieurement. C'est interdit à l'ouvrier. Travailler dans le ressentiment, c'est risquer un faux mouvement qui, de fil en aiguille, peut mener au renvoi. Se révolter, c'est mal travailler, et risquer sa place. Le maître s'imposait par le fouet dans l'esclavage antique. Dans l'esclavage moderne, le fouet est intériorisé. Il s'appelle nécessité : « On est à tout instant dans le cas de recevoir un ordre. On est une chose livrée à la volonté d'autrui » (p. 273). Simone Weil va jusqu'à employer la métaphore du dressage. En employant des stimulants comme la contrainte et l'appât du gain, « on dresse l'ouvrier comme un chien, en combinant le fouet et la nécessité » (p. 324). Dans « La rationalisation », elle ironise : si « les contremaîtres égyptiens avaient des fouets pour pousser les ouvriers à produire » (p. 315), Taylor a remplacé le fouet par la rationalisation productiviste de la force ouvrière.

L'ouvrier vit dans la soumission et l'humiliation. Il doit se plier à la nécessité, aux ordres : « On est là pour obéir et se taire. On est au monde pour obéir et se taire » (p. 270). Simone Weil s'est surprise à trouver en elle le

1. Lettre au père Perrin, 14 mai 1942, *Œuvres complètes*, II, p. 770.
2. *La Politique*, livre I, chap. 4, 1253-b 30-33.

sentiment de la docilité. Une docilité de bête de somme résignée et impuissante. Elle écrit : « [...] le premier choc de cette vie d'ouvrière a fait de moi pendant un certain temps une espèce de bête de somme, [...] j'ai retrouvé peu à peu le sentiment de ma dignité seulement au prix d'efforts quotidiens et de souffrances morales épuisantes » (p. 283).

B. Le clou du présent

Le temps ouvrier est ambivalent. L'unité temporelle de l'ouvrier est le présent. Son temps est atomisé, réduit « à la dimension de quelques secondes » (p. 284). Les travailleurs sont eux-mêmes réduits « à l'état de molécules », à « une espèce de structure atomique » (p. 321). Chaque matin, chaque soir : « La sonnerie. Pointer, s'habiller, sortir de l'usine, le corps vidé de toute énergie vitale, l'esprit vide de pensée, le cœur submergé de dégoût, de rage muette, et par-dessus tout cela, d'un sentiment d'impuissance et de soumission » (p. 267). Le temps se contracte dans l'unité du présent gestuel et s'étire entre ces deux bornes temporelles. L'ouvrier est soumis à la cadence que Simone Weil oppose au rythme qui enferme « des instants d'arrêt, brefs comme l'éclair » (p. 337). Cependant, aucun temps mort ne vient imprimer un rythme au travail machinal de l'ouvrier. Chaque jour, il répète les mêmes gestes dans un état de torpeur, de pesanteur et de vide. Sa fatigue n'a pas de nom : « Tout le monde, dans toutes les situations, sait ce que c'est d'être fatigué, mais pour cette fatigue-là il faudrait un nom à part ». (p. 271). La mort est l'extrême limite, « mais tant qu'on n'est pas mort au bout d'une heure de travail, c'est, aux yeux des patrons, qu'on pouvait travailler encore plus » (p. 318).

C. L'épreuve du malheur

Qu'est-ce que sa vie ? Il vit dans une peur permanente : peur du faux mouvement, peur de l'incident, peur du renvoi, peur des ordres, peur de l'usure. « Sa vie même sort de lui sans laisser aucune marque autour de lui » (p. 340). Le week-end seulement, il peut espérer un peu de repos, le temps de recouvrer un peu de conscience. Parfois, un sourire, une parole peuvent l'aider à surmonter son expérience du malheur. Néanmoins, la fraternité, la solidarité, la chaleur humaine sont rares, l'esprit de classe est inexistant. Un rictus d'amertume barre son visage, une ombre de tristesse voile son regard, « quelque chose de presque imperceptible dans le mouvement, dans le regard, et surtout au pli des lèvres, qui exprime qu'on les a contraints de se compter pour rien » (p. 331). Il peut bien mourir, après tout. Dans ces conditions, le salaire « semble plutôt une aumône que le prix d'un effort » (p. 340). L'horizon est barré. L'ouvrier peut seulement espérer pour ses enfants une vie meilleure, un métier où il se sentira utile.

2. L'arrachement à la condition humaine

« Le travail en usine fait donc découvrir une forme d'arrachement à la condition humaine, une forme de déracinement » écrit R. Chenavier dans *Simone Weil. Une philosophe au travail* (p. 325). Le travailleur « flotte dans les limbes de l'humanité » (*ibid.*, p. 332).

A. La séparation entre la pensée et l'action

Le malheur ouvrier réside dans la déshumanisation du travail qui procède d'abord par une séparation entre la pensée et l'action. Pour ne pas souffrir moralement, pour oublier la laideur, il rétracte sa pensée, qui est recluse dans l'instant atomique du geste à accomplir, dans un îlot sans perspective ni horizon. Elle est « clouée » (p. 340). La rêverie lui est interdite. Mais en même temps, il doit demeurer attentif à sa tâche pour ne pas ralentir la cadence, pour ne pas faire un mauvais mouvement, son esprit est donc pris entre non-conscience et conscience. C'est insoutenable. Le travailleur se nie en tant que subjectivité. C'est une atteinte à ce qui fait l'essence de l'homme : sa pensée. Pour la cartésienne qu'est Simone Weil, comme l'écrit Ludivine Bénard, « cette contrainte de la pensée ne signifie rien d'autre que la négation du *cogito*, c'est la destruction de l'homme en tant qu'être pensant »[1]. Le travail devient mort de l'esprit.

B. La mécanisation du travail

Ensuite, cette déshumanisation s'appuie sur la parcellisation des tâches et la mécanisation du travail. Simone Weil ne partage pas l'exaltation tayloriste du travail. Le productivisme occulte la valeur spirituelle du travail. Dans « La rationalisation », Simone Weil montre que Taylor a augmenté la production en rationalisant le travail et a redoublé l'asservissement du travailleur. Le taylorisme sépare la pensée de l'exécution alors que le travail authentique est une unité vécue de l'âme et du corps. Le corps ouvrier est soumis à un automatisme physiologique. On lui impose des tâches dont il ne connaît ni l'enchaînement causal ni la finalité. Il œuvre sur une pièce dont il ne sait ni le mécanisme ni la destination. Il effectue à l'identique une série de gestes juxtaposés, indéfiniment recommencés. S'il y a rationalisation, c'est celle de l'humain qui devient matière, « chair à travail » écrit Simone Weil dans une lettre à Georges Bernanos. Son attention est requise sur des gestes simples, répétitifs qui ont été conçus par d'autres. Si Simone Weil parle de servitude, c'est bien parce que le travailleur sépare sa pensée de l'action et qu'il n'a pas

1. Simone Weil, *La Vérité pour vocation*, p. 80.

d'autonomie ni de pensée ni d'action. Il est un exécutant, au service des choses. Pire, il est chose parmi les choses. La machine est choyée, « les pièces ont leur histoire » (p. 339) alors que l'ouvrier interchangeable est instrumentalisé : « Les choses jouent le rôle des hommes, les hommes jouent le rôle des choses ; c'est la racine du mal » (p. 336). Simone Weil n'est cependant pas anti-technicienne. Elle rêve à des « machines souples » que domine la pensée du travailleur. Pour l'instant, le renversement est intolérable sur un plan éthique : « Un manœuvre spécialisé n'a en partage que la répétition automatique des mouvements pendant que la machine qu'il sert enferme, imprimée et cristallisée dans le métal, toute la part de combinaison et d'intelligence que comporte la fabrication en cours. Un tel renversement est contre nature ; c'est un crime » (p. 347).

FICHE 12

C. Le déracinement

Enfin, l'ouvrier est déraciné. Il se sent exilé dans son lieu de travail. Il est aussi étranger à son propre travail puisqu'il n'en maîtrise ni les modalités, ni la finalité. Le travail en usine est une « expérience du malheur ». Le malheur, explique Simone Weil, imprime au fond de l'âme « cette répulsion de soi-même, cette sensation de culpabilité et de souillure » (*L'Amour de Dieu et le malheur, Œuvres*, Quarto, p. 694). Le malheur déracine le Moi. Ce qui fait la grandeur de l'homme, sa dignité, est effacé. Au-delà de sa « personne », le malheur attente à son humanité, à ce qui fait son « sacré » : « Il y a dans l'homme quelque chose de sacré [...]. C'est lui, cet homme, tout simplement », écrit Simone Weil dans *La Personne et le sacré* (*Force et malheur*, éd. La Tempête, 2019, p. 251).

Comment les ouvriers pourraient-ils avoir la force, la volonté de se révolter ?

3. La spiritualité du travail

A. La joie pure des grèves de 1936

Le travail ne saurait se réduire à cette dimension tragique. Les grèves de 1936, après les succès électoraux du Front populaire, ont fait naître l'espoir. Durant ce mois de mai 1936, les ouvriers ont investi les usines de façon festive : « Les ouvriers campaient sur le lieu de travail. On leur apportait leurs repas : dans certaines usines, ils avaient installé des hamacs tendus d'une machine à l'autre. Ils passaient le temps comme ils pouvaient, parlant, discutant, jouant, chantant ; souvent, ils faisaient visiter l'usine à leurs familles. C'était une atmosphère joyeuse, enthousiaste, fraternelle » raconte l'amie de la philosophe, Simone Pétrement (*La Vie de Simone Weil*, p. 380-1). Simone

Weil dans « La vie et la grève des ouvrières métallos » revient sur ces journées de « fête ouvrière » qui sont une embellie. « Il s'agit, après avoir toujours plié, tout subi, tout encaissé en silence pendant des mois et des années, d'oser enfin se redresser. Se tenir debout. Prendre la parole à son tour. Se sentir des hommes pendant quelques jours. Indépendamment des revendications, cette grève est en elle-même une joie. Une joie pure. Une joie sans mélange » (p. 275). Elle dira dans *L'Enracinement* que c'était « une joie d'enfant qui ne veut pas penser au lendemain » (*Œuvres*, Quarto, p. 1059). La philosophe ne se berce pas d'illusions. « Le pli de la passivité contracté quotidiennement pendant des années et des années ne se perd pas en quelques jours, même quelques jours si beaux » (p. 278). Ce fut une parenthèse.

B. Une nouvelle organisation du travail

Pour en finir avec le malheur ouvrier, il faut en passer par des réformes qui mettent l'ouvrier au centre de l'usine, l'homme au centre de l'ouvrier. « La solution idéale, ce serait une organisation du travail telle qu'il sorte chaque soir des usines à la fois le plus grand nombre de produits bien faits et des travailleurs heureux » (p. 307). Pour redonner du sens et de la dignité au travail et au travailleur, il faut réaliser l'unité de la pensée et du travail, penser l'unité du travail intellectuel et du travail manuel, et placer le travail au centre de la civilisation.

Il faut d'abord éduquer le travailleur. À l'école, il faut encourager l'enseignement technique. À l'usine, dispenser des cours de vulgarisation. L'ouvrier doit dominer par la pensée, le temps, la nécessité, le processus (comprendre la chaîne de causalités).

L'ouvrier doit s'enraciner dans son lieu de travail qui doit être un espace ouvert où il peut voir ce que font les collègues et ce que devient le fruit de son travail. Il doit parcourir l'usine lors de visites en équipe et inviter sa famille dans ce lieu où il passe un tiers de sa journée.

Le travail doit être ensuite collaboratif et coopératif. Simone Weil aspire à une communauté du travail. Elle espère la mise en place d'un contrôle ouvrier « [...] pour faire passer des hommes d'une subordination totale à un degré quelconque de collaboration » (p. 232). Elle souhaite « [...] faire du travail un moyen pour chaque homme de dominer la matière et de fraterniser avec ses semblables sur un pied d'égalité. L'organisation du travail doit réaliser la combinaison de l'ordre et de la liberté. Les machines doivent, au lieu de séparer l'homme de la nature, lui fournir un moyen d'entrer en contact avec elle et d'accéder quotidiennement au sentiment du beau dans sa plénitude » (p. 257).

Enfin, il doit briser l'étau de la cadence, retrouver le sens du rythme : « Joie de vivre, parmi ces machines muettes au rythme de la vie humaine – le rythme qui correspond à la respiration, aux battements du cœur, aux mouvements naturels de l'organisme humain – et non à la cadence, imposée par le chronométreur » (p. 276). Son attention doit être active et non absorbée par le geste mécanique qui vide la pensée et l'âme. Elle doit tendre à la contemplation. Simone Weil conjugue la *vita activa* et la *vita contemplativa* dans cet idéal du travail. À travers le travail spiritualisé, l'ouvrier pourra tendre à la beauté et à la poésie. Le travail comme empreinte de la grandeur humaine accomplit l'humain dans l'homme. Elle écrit : « Au reste la notion de travail considéré comme valeur humaine est sans doute l'unique conquête spirituelle qu'ait fait la pensée humaine depuis le miracle grec »[1].

C. Le travail, une expérience mystique

Dans « Condition première d'un travail non servile », le travail relève même, pour Simone Weil, de l'expérience mystique. En effet, il apparaît comme une approche de la beauté du monde et une imitation de la création. Il peut être alors rapproché de l'eucharistie. Le travailleur, par son travail, fait un don de soi et reçoit en échange la beauté du monde. De même que le Christ donne sa vie à l'humanité lors de l'eucharistie, l'homme, par son travail, donne sa vie à l'humanité : « L'homme se donne à l'homme, en tant que travail » (*Œuvres complètes*, I, p. 379). La dernière phrase de l'article a une dimension christique : le labeur du travailleur lui permettra d'accomplir sa vocation d'homme en accédant à la « joie pure à travers la souffrance » (p. 434).

FICHE 12

1. *Réflexion sur les causes de la liberté et de l'oppression sociale*, *OC* II 2, p. 92.

Par-dessus bord de Michel Vinaver

FICHE 13. Résumé de *Par-dessus bord*

1. Premier mouvement : cartes sur table

Lubin, représentant commercial de l'entreprise Ravoire et Dehaze, propose avec insistance à Mme Lépine, grossiste, une « offre incroyable » sur le papier toilette. Pendant ce temps, trois danseurs habillés en camionneurs déposent une caisse dont sort Passemar, chef du service administration des ventes, puis se mettent à danser en le malmenant.

Passemar, auteur de la pièce et double de Vinaver, raconte sa carrière. Écrivain dans l'âme, il est entré chez Ravoire et Dehaze pour gagner sa vie et espère remplacer Mme Alvarez, directeur administratif bientôt à la retraite.

Alvarez gère une rupture de stock. Dutôt, chef des ventes, et Grangier, en charge de la fabrication, se renvoient la responsabilité. Alvarez les critique et se querelle avec Dutôt, très agressif. Après son départ, elle parle des fils du patron avec Passemar : contrairement à Olivier, Benoît embauche de mauvais employés, comme Dutôt.

Fernand Dehaze, le P.-D.G., discute avec le banquier Ausange, tout en peignant le portrait d'une jeune femme. L'entreprise familiale qui tournait bien jusqu'ici est affaiblie par un concurrent américain. Dehaze a décidé de contracter un prêt pour la première fois et de sortir un nouveau papier toilette peu cher : le « Bleu-Blanc-Rouge » – qui sera un « fiasco », révèle aussitôt Passemar.

Pendant la fête annuelle de l'entreprise, les répliques fusent, mêlant vie professionnelle, vie privée, commentaires sur les danseurs et le buffet. Le patron fait un discours où il annonce la sortie de « Bleu-Blanc-Rouge ».

La PME française avalée par un géant américain rappelle à Passemar l'histoire de deux peuples de dieux scandinaves qu'il a entendue pendant le cours de M. Onde, professeur au Collège de France. Les Ases déclarent la guerre aux Vanes. Après une lutte implacable et longtemps incertaine, la paix est soudainement déclarée. Les danseurs arrivent, habillés en dieux scandinaves.

Passemar explique qu'il est attiré par le « théâtre total » à gros budget, mais que sa pièce serait alors difficile à monter.

2. Deuxième mouvement : bleu-blanc-rouge

Lubin cherche à vendre du « Bleu-Blanc-Rouge » à Lépine qui finit par accepter. Le P.-D.G. craint la rupture de stock.

Benoît discute avec son épouse Margerie : il critique son père et son frère, Olivier. Margerie rejoint ensuite le P.-D.G. toujours en train de peindre et contemple sa collection de tabatières du XVIIIe siècle.

Olivier est en conflit avec Benoît et son acolyte Dutôt car, contrairement aux prévisions, le « Bleu-Blanc-Rouge » se vend mal. Olivier critique leur incompétence, Benoît et Dutôt rejettent la faute sur le produit et les employés. Cohen, le chef comptable, alerte le P.-D.G. sur la situation financière inquiétante de l'entreprise.

Pendant ce temps, les deux frères, Olivier et Benoît, pensent à l'avenir : Olivier veut en discuter avec leur père, Benoît veut le pousser dehors. La conversation entre le P.-D.G. et son comptable continue : Cohen estime qu'il existe un « clan » déloyal autour de Benoît.

La sortie du « Bleu-Blanc-Rouge » tourne au désastre car les clients préfèrent le Softies américain. Passemar et Alvarez, catastrophés, font face à un renvoi massif d'invendus. Le P.-D.G. veut refuser ces retours, mais Dutôt les accepte et finit par se faire renvoyer après avoir accusé son patron d'incompétence. Grangier donne sa démission à Olivier parce qu'il reçoit des masses d'invendus sans avoir été prévenu et n'a aucune capacité de stockage. Olivier refuse et lui demande de réfléchir.

À cette discussion se mêlent les répliques de Margerie qui parle d'art au téléphone avec le P.-D.G., et la discussion entre Benoît et son père. Il lui fait croire qu'Olivier voudrait le voir partir.

Le P.-D.G. apprend que la banque refuse finalement de lui faire un prêt. Il cherche ensuite à savoir si ce que Benoît lui a dit est vrai. Il teste Olivier en lui expliquant qu'il compte lui laisser les rênes de l'entreprise. Comme Olivier semble accepter, il le chasse de son bureau. Il reçoit ensuite l'antiquaire Toppfer à qui il demande d'évaluer le prix de sa collection de bibelots. Il s'effondre, victime d'un infarctus.

Benoît et Olivier se rendent à l'hôpital pour voir leur père qui est dans le coma. Les employés commentent la nouvelle tout en travaillant et font l'éloge de M. Dehaze, « profondément humain ».

3. Troisième mouvement : la prise du pouvoir

Le début du troisième mouvement mêle deux trames. Trois musiciens répètent dans une boîte de jazz à Montparnasse et sont rejoints par Jiji, la fille de Lubin, qui doit épouser l'un d'entre eux, Alex. Parallèlement, la vie de l'entreprise continue. Olivier considère les propos que Benoît a tenus à leur père comme une « sorte d'assassinat » et veut reprendre l'affaire par fidélité. Il demande un crédit à Ausange. Cohen dit à Mme Bachevski que les fournisseurs seront payés dès que possible.

Passemar discute avec M. Onde qui affirme l'importance de la mythologie pour une société.

Olivier réunit le conseil d'administration qui le nomme P.-D.G.

Alex raconte son enfance en camp de concentration à Jiji. Parallèlement, Olivier et Benoît se rendent à l'hôpital : Olivier est très ému alors que Benoît pense à l'argent que coûte le maintien en vie de leur père.

Benoît raconte au banquier Ausange qu'il est le fils naturel de M. Dehaze et d'une ancienne secrétaire de l'entreprise. Son père a ensuite épousé celle qui est devenue la mère d'Olivier et qui a accepté d'accueillir Benoît dans leur foyer. Benoît a une vision de l'entreprise opposée à celle de son frère. Pour Olivier, c'est un « monument consacré à la mémoire de son père et de son grand-père », au passé ; pour Benoît, c'est « l'aventure ». Pour la mener à bien, il demande à Ausange un gros prêt et une liberté d'action totale.

La scène suivante se déroule au Collège de France. M. Onde raconte l'histoire des deux fils d'Odin : Baldr, beau et bon, et Hödhr, aveugle et fort. Leur mère, Frigg, à qui Baldr a raconté ses cauchemars menaçants, fait promettre au monde entier de ne pas faire de mal à Baldr. Loki, personnage méchant et malin, prend les traits d'une femme pour aller voir Frigg. Celle-ci lui avoue que seule une jeune pousse de gui n'a pas prêté serment. Loki arrache la pousse de gui et l'apporte à Hödhr pour lui dire d'attaquer Baldr avec, ce qui provoque sa mort. C'est un désastre, qui n'empêche pas pour autant le retour à un monde harmonieux.

L'histoire est entrecoupée par une dispute entre Alvarez et Bachevski qui s'est arrogé ses prérogatives à la demande de Benoît.

Jiji raconte aux musiciens sa soirée agitée à la piscine Molitor où on lui a rasé la tête, ce qui rappelle à Alex son enfance en camp de concentration. Celui-ci raconte d'horribles anecdotes. Parallèlement, Cohen donne sa démission à Olivier qui la refuse.

Ausange explique à Olivier qu'il est un « patron pour temps paisibles » et lui demande de laisser le siège de P.-D.G. à Benoît, « un méchant bonhomme qui aime mordre ». Au passage, il réclame quatre sièges au Conseil d'administration.

Benoît arrête de payer pour que son père soit maintenu en vie. D'après Olivier, il l'assassine une seconde fois.

Ce mouvement s'achève sur l'entrée de Benoît et Margerie dans la boîte de jazz où se produit Alex.

FICHE 13

4. Quatrième mouvement : Mousse et Bruyère

Lubin tente une fois de plus de vendre ses produits à Lépine qui a déjà acheté du Softies aux Américains.

Benoît fait appel à Jack et Jenny, du cabinet de conseil Donohue et Frankfurter. Ils expliquent qu'il faut se défaire des inhibitions et donner au produit une « vibration affective ».

Les danseurs habillés en enquêtrices font un sondage sur le rapport des Français à la défécation et au papier toilette.

Passemar explique qu'il oscille entre théâtre traditionnel et « sauvage » mais que le public demande un théâtre qui ressemble à du marketing. Cadre « à l'ancienne », il est préoccupé par son avenir dans l'entreprise.

Cohen et Olivier sont scandalisés par la facture faramineuse du cabinet de conseil.

Deux discussions sont menées en parallèle : Benoît demande à Toppfer d'évaluer la collection de son père pour la vendre. Pour faire céder Margerie qui s'y refuse, Benoît joue sur l'appât du gain, en vain. Pendant ce temps, Mme Lépine refuse d'acheter la marchandise de Lubin. Il lui confie ses inquiétudes au sujet de sa fille Jiji : elle veut se marier avec un Juif qui a été en camp de concentration et tient une boîte de jazz.

Benoît accepte sans sourciller la facture des consultants et présente Saillant, le *controller* dont Cohen et Alvarez dépendront désormais. Cohen insiste sur les pertes financières mais le nouveau patron n'est pas inquiet.

Benoît réunit ses cadres. Il compte sur le lancement d'un nouveau produit pour mettre fin aux difficultés actuelles et il procède à un remaniement des équipes : Battistini, Peyre et Dutôt deviennent les piliers de l'organisation marketing, Grangier devient directeur d'usine et Olivier est chargé des ressources humaines.

Passemar proteste contre la présence des danseurs qui rejouent l'histoire de Baldr et Hödhr et « tuent » Passemar avec une pousse de gui.

Les consultants Jenny et Jack lancent un *brainstorming* à partir du mot « cul » face à une équipe très gênée. Jenny explique à Battistini qu'il est perturbé parce qu'il ne veut pas avouer qu'il prenait plaisir à déféquer quand il était petit. Il sort en claquant la porte. Le *brainstorming* se poursuit et Jenny en arrive au postulat qui doit servir de base au nouveau produit : « chier est un plaisir ».

Passemar s'entretient avec Benoît au sujet de son avenir professionnel. Au lieu de remplacer Alvarez comme prévu, Benoît lui propose de devenir assistant chef de produit : s'il « casse la baraque », il sera promu, sinon il retrouvera son ancien poste.

Margerie prend plaisir à contempler les bibelots avec l'antiquaire. Pendant ce temps, les consultants lancent un *brainstorming* pour trouver le nom du nouveau papier toilette.

À la demande de Lubin, Cohen va discuter avec Alex, qui est Juif comme lui, pour s'informer à son sujet.

Deux scènes se mélangent : le développement du psychosociologue Reszanyi sur le stade anal et la soirée que Margerie et Olivier passent ensemble. Margerie finit par avouer à Olivier, très méfiant, qu'elle a envie de coucher avec lui.

Pendant que Lépine et Lubin discutent, Jack donne le résultat du sondage : le nom de produit le plus sélectionné est « Mousse et Bruyère ». Jack se lance dans une tirade confuse où il reprend le principe de Jenny : chier est agréable, plus encore avec Mousse et Bruyère !

5. Cinquième mouvement : le triomphe

Ce mouvement commence avec deux scènes en parallèle. Cohen constate qu'Alvarez et Bachevski daignent se saluer, malgré leurs désaccords. M. Onde raconte l'histoire du petit loup Fenrir qui doit dévorer les dieux. Pour l'en empêcher, ils lui mettent une laisse magique. Les dieux triomphent mais le sacré disparaît au profit d'une forme de médiocrité.

De nombreuses trames se mélangent ensuite. Jaloux présente la stratégie marketing et l'affiche publicitaire pour le nouveau produit, et analyse le slogan : « Maintenant, chez nous aussi il y a Mousse et Bruyère ». Jiji et Alex décident de continuer à tenir leur boîte de jazz. Benoît prend rendez-vous avec Young, président d'United Paper Europe. Margerie propose à Olivier d'acheter à Benoît sa moitié de la collection de bibelots contre 50 % de ses actions dans l'entreprise et d'investir la moitié restante dans l'immobilier à San Francisco.

Les employés craignent la rupture de stock et sentent venir un triomphe. Les danseurs distribuent des rouleaux de papier toilette aux spectateurs.

Benoît lance un *brainstorming* pour imaginer les produits à venir. Pendant ce temps, Lépine réclame un réassort à Lubin.

Benoît et ses acolytes mettent brutalement Mme Bachevski à la retraite anticipée. Ils convoquent ensuite Passemar qui dénigre spontanément son travail et retrouve son ancien poste.

Plusieurs conversations se télescopent. Young cherche à racheter l'entreprise de Benoît. Lubin explique à Lépine qu'il est finalement heureux du mariage de sa fille et lui apprend qu'il va démissionner parce qu'on veut le forcer à devenir magasinier. Benoît veut épouser Jenny et lui propose de racheter la part d'Olivier, de revendre toute l'entreprise et de se lancer dans la vente de perruques.

Dutôt téléphone aux fournisseurs : Mousse et Bruyère fait un triomphe.

Jiji et Alex font un happening dans leur boîte de jazz. Pendant ce temps, Young continue de faire des propositions alléchantes à Benoît.

Benoît et Jenny vont dîner dans la boîte de jazz d'Alex, et Benoît lui propose de rejoindre son entreprise.

6. Sixième mouvement : le festin de mariage

Lors de la fête d'entreprise où les discussions s'entremêlent, Benoît fait un discours où il annonce les départs et les arrivées. Lubin s'en va et Mme Lépine lui fait un discours de remerciement ; Alex, tout juste marié à Jiji, a été recruté pour créer le service *merchandising*. Olivier va épouser Margerie et créer un salon de beauté à San Francisco. Sont promus : Saillant, adjoint du P.-D.G., Dutôt, directeur des ventes, Peyre, directeur du marketing, et Cohen, directeur de l'informatique. Mme Bachevski remercie pour l'invitation à la fête. Jenny et Benoît vont se marier et fonder Metahair en partenariat avec les Américains. Young fait un vibrant éloge de son entreprise.

Passemar rédige une nouvelle demande d'emploi et signale que la fin de sa pièce est inspirée d'Aristophane.

Les danseurs chorégraphient la fin de l'histoire des Ases et des Vanes qui retrouvent l'harmonie première, « de sorte que la fin rejoint le commencement ».

FICHE 14. Structure de *Par-dessus bord*

1. Le titre de la pièce

Le titre de la pièce est polysémique et programmatique. Il établit une analogie entre l'entreprise Ravoire et Dehaze et un paquebot qui évite le naufrage en changeant de cap. Ensuite, il connote un état de déséquilibre que suggère le titre d'une autre pièce de Vinaver, *À la renverse* (1979), elle aussi centrée sur le destin d'une entreprise : la société Bronzex, productrice de la crème solaire Mi Fa Sol. La médiatisation du cancer de Bénédicte Bourbon-Beaugency vient enrayer l'expansion de l'entreprise et menacer l'emploi de ses salariés. De la même façon, le titre *Par-dessus bord* annonce la crise qui va affecter l'entreprise Ravoire et Dehaze. Les personnages, à l'heure de la réforme de l'entreprise, vont être en équilibre sur le pont du navire vinaverien. Dans cette croisière où l'on s'amuse à des simulacres de fêtes, certains vont se glisser dans le courant (Benoît, Saillant, Dutôt, Peyre, Cohen), d'autres vont nager à contre-courant (Olivier, Lubin, Passemar), certains seront jetés « par-dessus bord » (Passemar, Lubin, Bachevski). Dans ses notes *En cours d'écriture*, Vinaver précise : « On jette par-dessus bord : le théâtre, la décence (pudeur), le respect, les us et les coutumes, les lois et règlements, le père (Benoît), le mari (Margerie), la société (Ravoire et Dehaze), la Société (Alex et Jiji), les cadres (Passemar) et les représentants (Lubin), les méthodes anciennes devenues inopérantes »[1].

Le titre connote enfin la notion de débordement et, en effet, la pièce déborde tous les genres et tous les registres du théâtre. L'éclatement scénique en plusieurs lieux (la boîte de nuit « L'Infirmerie », l'entreprise, le bureau de Benoît, le Collège de France, chez Lépine et frères, etc.) matérialise ce débordement comme la disparition du quatrième mur, ligne de démarcation entre la salle et la scène. Au quatrième mouvement, les enquêtrices donnent des échantillons de papier toilette aux spectateurs. La pièce déborde du champ diégétique et le spectateur est invité à monter à bord.

2. La composition de la pièce

La pièce comprend six mouvements. Le schéma dramatique épouse une courbe ascendante avec une montée des périls jusqu'à la crise (la banqueroute

1. *Par-dessus bord*, Théâtre Populaire Romand, p. 52-53.

de l'entreprise au troisième mouvement), puis se stabilise au quatrième mouvement avec le lancement du produit Mousse et Bruyère et sa campagne de marketing, avant de se conclure sur une note euphorique que couronne le succès du produit, la fusion des entreprises Ravoire et Dehaze et United Paper Europe. La fête de mariage peut battre son plein, le retour de tous les personnages, même les morts, c'est-à-dire, les licenciés, peut avoir lieu, comme dans un dénouement de comédie.

Chaque mouvement se fonde sur une intrigue principale, centrée sur la crise de l'entreprise, à laquelle se greffent des intrigues secondaires dont nous suivons aussi l'évolution : les transactions de Lubin et de Madame Lépine, l'histoire entre Alex et Jiji, la rivalité entre Benoît et Olivier, les réflexions méta-théâtrales de Passemar, les conférences de M. Onde. Les titres sont significatifs : cartes sur table (l'entreprise en crise) - Bleu-Blanc-Rouge (la nouvelle ligne de papier toilette pour relancer le marché) - la prise du pouvoir (Benoît le fils naturel prend la direction de l'entreprise) – Mousse et Bruyère (le lancement du nouveau produit selon les techniques de marketing) - le triomphe (du nouveau produit) – le festin de mariage (fusion de l'entreprise française et de la filiale américaine Young).

3. Une œuvre musicale

A. Mouvements

Le terme « mouvements » signale l'inspiration musicale. *Par-dessus bord* a été composé à l'écoute des *Trente-trois variations sur un thème de Diabelli* de Beethoven[2]. Planchon, quand il crée en mars 1973, au TNP de Villeurbanne, une version allégée de *Par-dessus bord,* commande à Karel Trow la composition d'une partition originale du style music-hall. La pièce alterne d'ailleurs les scènes se passant dans l'entreprise et celles se déroulant dans la boîte de jazz au nom éloquent : « L'Infirmerie ».

B. Contrepoints

La pièce est aussi comparable à une symphonie avec un chœur (les fêtes d'entreprise dans le premier et le sixième mouvement) et des solistes (Passemar, Benoît, Alex). On sera particulièrement sensible au procédé du contrepoint souligné par Bernadette Bost dans « Le devenir musical dans le théâtre de Michel Vinaver »[3]. Ainsi à la fin du premier mouvement, le destin de la PME française rappelle à Passemar l'histoire des deux peuples de dieux scandinaves, racontée

2. Vivaner, *Écrits sur le théâtre,* I, p. 290.
3. *Revue Europe*, avril 2006, p. 41.

par M. Onde. La scène alterne le récit de Passemar et le cours de M. Onde au Collège de France. Les répliques des deux solistes, l'épopée des dieux scandinaves et l'épopée entrepreneuriale se répondent avec un effet d'écho et se chevauchent. M. Onde raconte que « le triomphe des Ases n'est pas définitif puisque contre toute attente les Vanes parviennent à détruire l'enceinte des Ases » (p. 34). Passemar enchaîne : « De Minneapolis ils ont débarqué en force ont pris pied ». Il s'agit ici des entrepreneurs américains. Passemar et M. Onde apparaissent comme deux coryphées qui, dans les chœurs des tragédies grecques annonçaient le destin des personnages : « les Ases et les Vanes font la paix » (p. 35), ce qui prophétise le thème du sixième mouvement, à savoir la fusion des entreprises française et américaine (plutôt l'absorption de l'entreprise française par le géant américain). Dans d'autres scènes, le contrepoint est ironique : à la fin du quatrième mouvement, Olivier reçoit Margerie, qui, obsédée par la marquise de Pompadour, s'est costumée en dame de la Cour du XVIIIe siècle (p. 168-71). Il se change lui-même en gentilhomme tandis que le psychosociologue Reszanyi explique ce qu'est le stade anal. Précédemment, un même contrepoint opposait la visite de Margerie chez Toppfer l'antiquaire et la réunion de *brainstorming* dans le bureau de Benoît pour trouver le nouveau nom du produit (p. 122 et s.). Le bibelot précieux et le papier toilette sont des objets fétiches de marchandise comme le souligne le contrepoint des scènes en simultané.

C. Variations

Ensuite, on notera les répétitions de thèmes avec variations qui rappellent le principe de la suite ou de la fugue. De mêmes scènes se répètent avec des variations : à l'ouverture de chaque mouvement, on trouvera le dialogue du représentant Lubin avec sa cliente grossiste « Chez Lépine frères ». La scène d'exposition retarde d'ailleurs la révélation du produit mis en vente. Au premier et dernier mouvements, avant la mise en faillite et après le rachat de l'entreprise, on trouvera une fête d'entreprise, conventionnelle pour la première et cathartique pour la seconde ; le cortège de Passemar, porté par ses danseurs, est un autre de ces motifs à variations.

NOTE DE L'AUTEURE

Lors d'une lecture des *Coréens* à Planchon et à sa troupe, Vinaver s'était entendu dire : « C'est un oratorio, ce n'est pas du théâtre ». Comme dans un oratorio, les personnages s'expriment en effet en chœur avec un effet de polyphonie, lors des deux fêtes d'entreprise. Ces chœurs d'entreprise ont des coryphées (Benoît, Passemar, Young, Jack). Certaines scènes sont des duos (Lubin et Lépine, Margerie et Olivier, Alex et Jiji). D'autres personnages ont des solos, sous forme de longues tirades (Onde, Reszanyi) ou de monologues (Passemar, Benoît).

4. Une œuvre somme

A. Une rhapsodie aux inspirations multiples

Par-dessus bord est une « pièce énorme, intimidante, superbement ambitieuse, injouable, objet dramatique difficile à identifier, à la dimension d'une trilogie grecque »[1]). Œuvre musicale comme nous venons de le voir, *Par-dessus bord* est comparable à l'œuvre d'un rhapsode. Au sens étymologique, le terme désigne celui qui allait de ville en ville et interprétait des poèmes épiques dont *L'Iliade* et *L'Odyssée*, et qui réunissait différentes chansons, comme le rappelle J.-P. Sarrazac[2]. Vinaver le confirme : « mon écriture ressortit au domaine de l'assemblage, du collage, du montage, du tissage »[3].

Effectivement, *Par-dessus bord* est un tissu vivant qui puise à différentes sources et mêle différents genres et registres théâtraux. Passemar, double de Vinaver, le souligne à la fin du sixième mouvement : « il me semble qu'elle est un peu trop foisonnante je ne m'opposerai pas à certaines coupures mais ce que je souhaiterai préserver c'est cette structure dont je n'ai pas scrupule à avouer que je l'ai empruntée à Aristophane toutes ses pièces se terminent par un sacrifice et un mariage à la fin il y a un festin et puis une procession qui est le moyen pour les acteurs de quitter la scène » (p. 253). C'est ce qui se passe exactement à la fin de *Par-dessus bord*, le sacrifice désignant le licenciement des salariés, nouveaux boucs émissaires que la société jette par-dessus bord. Elle se purifie ou se purge pour assurer la survie de l'entreprise. À Aristophane, Vinaver emprunte aussi la veine scatologique (voir *Les Cavaliers, L'Assemblée des femmes*).

L'objet-fétiche, le papier toilette n'est pas sans rappeler la veine rabelaisienne et l'épisode célèbre du torche-cul du chapitre XIII de *Gargantua*. Le registre carnavalesque est ainsi convoqué. Dans son ouvrage *L'œuvre de François Rabelais et la culture populaire au Moyen Âge et sous la Renaissance*, le théoricien littéraire Mikhaïl Bakhtine définit le carnavalesque comme un renversement temporaire des hiérarchies et des valeurs dont le carnaval est emblématique. Ce thème du renversement ressort du principe de déséquilibre qui affecte l'entreprise, ses dirigeants, ses employés, ses techniques de management et leur éthique. Le principe carnavalesque est à lire aussi dans l'ironie qui gouverne l'ensemble de la pièce : les deux entreprises française et américaine s'affrontent sur le marché du papier hygiénique. Anne Ubersfeld parle

1. « Cahiers », *Par-dessus bord*, éd. Théâtre Populaire Romand, p. 13.
2. *L'Avenir du drame*, L'Aire, Lausanne, 1981.
3. *Écrits sur le théâtre*, I, L'Aire, p. 124.

d'« Iliade du papier-cul »[1]. Le grotesque et le sérieux, la gravité et le comique sont cousus ensemble bord à bord. Le titre de la première œuvre de Passemar *La Révolte des légumes*, la liste des noms proposés pour le nouveau papier toilette, ou bien la transparence des noms de personnages (les banquiers Paindoux et Ausange) sont d'un comique savoureux. Les *brainstormings* où Jack sonde le plaisir de chier chez les employés, relève de la farce « hénaurme ».

NOTE DE L'AUTEURE

Selon Bakhtine, le carnaval au Moyen Âge était l'une des expressions les plus fortes de la culture populaire, en particulier dans sa dimension subversive. C'était l'occasion pour le peuple de renverser, de façon symbolique et pendant une période limitée, toutes les hiérarchies instituées entre le pouvoir et les dominés, entre le noble et le trivial, entre le haut et le bas, entre le sacré et le profane, entre le raffiné et le grossier. Dans la pièce, la nouvelle marque de papier toilette porte un nom à connotation poétique : « Mousse et Bruyère ».

B. Une épopée réflexive

Vinaver fait feu de tout bois. L'œuvre somme mêle le bouffon (les danseurs déguisés en dieux scandinaves, Margerie en Marquise Pompadour), le grotesque (la procession de Passemar), la psychanalyse, l'enquête marketing, le music-hall, l'épique avec la légende des dieux scandinaves, le cours de psychanalyse sur le stade anal, le tragique shakespearien de la lutte pour le pouvoir. Vinaver écrit d'ailleurs : « Je suis constamment saisi [...] par l'ironie qui irrigue les rapports économiques. Je pense qu'il y a là un champ qui pourrait être aussi riche pour l'écriture dramatique que l'a été celui de la politique des princes à l'époque de Shakespeare »[2]. *Par-dessus bord* est une épopée du capitalisme et un drame du pouvoir : « Pouvoir économique, pouvoir intellectuel, pouvoir de l'écrivain, pouvoir de l'artiste, pouvoir du désir, pouvoir du théâtre »[3].

Œuvre réflexive, *Par-dessus bord* raconte enfin en une mise en abyme l'histoire de sa propre création : Passemar est employé et dramaturge. Il hésite entre deux formes de théâtre qui reflètent sur un plan esthétique les deux types de management : « j'oscille entre deux formes de théâtre le théâtre sauvage où tout est permis [...] et le théâtre qui se situe dans la grande tradition ce qui n'exclut pas l'audace et l'innovation mais dans la crise actuelle il faut

1. « Vinaver et le cœur », *Revue Europe*, 2006, p. 98.
2. *Écrits sur le théâtre*, p. 286.
3. « Cahiers », *Par-dessus bord*, Théâtre Populaire Romand, p. 13.

bien admettre que le seul théâtre qui fasse des recettes est un théâtre qui répond à la demande d'un public qui est le public de la société de consommation alors il faut lui offrir le produit qu'il désire ».

5. L'écriture vinaverienne

A. L'effacement de la ponctuation

Vinaver a abandonné la ponctuation en cours d'écriture de *Par-dessus bord*. Il explique : « la ponctuation – qui est une aide à la compréhension, mais aussi un confort et une habitude – fait obstacle au jaillissement du rythme, des associations d'images et d'idées, gêne les assemblages, les recouvrements de sons et de sens [...]. Elle organise, elle fige, alors que le propos, ici, est d'atteindre la plus grande fluidité »[4]. Passé la première difficulté de lecture, le lecteur actif crée la ponctuation naturellement et le spectateur est guidé par le phrasé du comédien.

B. La poussée du sens

La simultanéité lors des fêtes d'entreprise crée des télescopages de répliques. Leur frottement donne lieu à des rapprochements incongrus qui font naître des étincelles de sens, comme des courts-circuits ou décharges électriques. Le jaillissement du sens naît du coq à l'âne apparent. Le sens circule au-delà de la discontinuité des répliques, non cousues, non liées en apparence. Ainsi, lors de la fête de mariage se croisent deux dialogues dont le rapprochement crée une décharge ironique. Il est question à la fois d'une certaine Joëlle et de « la pauvre Bachevski » (p. 231) qui a été licenciée : « Elle a fait une hémiplégie deux mois après alors qu'elle était en bonne santé/ Mon mari et moi on a acheté un nouveau canapé/ Deux mois après sa mise à la retraite/ Transformable/ Elle s'en est pas remise ?/ Et puis solide garanti par le Mobilier de France » (p. 232). Ce qui n'était pas le cas de la « pauvre Bachevski » peut-on lire entre les lignes. Au lecteur et spectateur de construire le sens au niveau moléculaire du texte et de savourer le télescopage intelligent de ces fusées verbales. Vinaver parle de « poussée vers le sens »[5].

4. « Notes », *Par-dessus bord*, Théâtre Populaire Romand, p. 55.
5. *Écrits sur le théâtre*, I, p. 130.

FICHE 15. Thèmes principaux dans *Par-dessus bord*

Avec *Par-dessus bord*, Vinaver met fin à son personnage et à sa double vie – P.-D.G. et écrivain. Il ôte son masque et prend celui de Passemar, son double, dramaturge et chef de service des ventes. La pièce autobiographique et réflexive réunit les deux lignes de sa double vie et propose une réflexion sur le travail en entreprise à la fin des Trente Glorieuses, à l'époque du développement du marketing et de la société de consommation. L'épopée du capitalisme est en marche. Il est héroïque à l'image des dieux scandinaves dans le mythe raconté par M. Onde. L'époque est à la griserie des nouveaux outils du marketing, à l'effervescence économique, à une certaine euphorie. La pièce ne dit pas le désenchantement actuel engendré par le capitalisme et la mondialisation.

1. L'épopée du capitalisme

Le héros ou personnage principal de *Par-dessus bord*, c'est l'entreprise. Auteur et délégué, personnages, spectateurs et lecteurs sommes embarqués à bord du paquebot vinaverien et suivons son odyssée. On assiste à un avis de tempête (la concurrence d'United Paper), à une menace de naufrage (la faillite annoncée) et finalement à la palingénésie ou renaissance de l'entreprise française qui a fusionné avec sa concurrente américaine.

A. Une guerre de pouvoir

Le travail en entreprise, dans l'entreprise familiale Ravoire et Dehaze qui doit se réinventer sous la pression de la concurrence américaine, préfigure l'univers houellebecquien d'*Extension du domaine de la lutte*. C'est une guerre de pouvoir entre deux entreprises, deux continents, deux types de management et deux frères. Guerre des dieux Ases et Vanes, opposition de l'Amérique libérale du jeune Kennedy et de la France gaullienne patriarcale, guéguerre des cadres, rivalité des frères légitime et naturel. Capitalisme rime avec dualisme. Comme dans une pièce classique de Shakespeare, Corneille ou Racine, le privé et le public interfèrent. Deux visions de l'entreprise s'affrontent, celle d'Olivier pour lequel l'entreprise est un « monument consacré à la mémoire de son père et de son grand-père » et celle de Benoît qui souhaite « partir de zéro vivre une aventure avec tout ce que cela comporte de rigueur de don de soi » (p. 90). Le banquier Ausange pense qu'Olivier est un « patron pour temps paisibles » alors que Benoît « [leur] paraît être plus méchant qu'[eux] or il [leur] faut un méchant bonhomme qui aime mordre » (p. 103).

B. Les lois du marché

Lubin évoque de façon assez caustique les nouvelles formes de management pratiquées par Benoît et ses nouveaux associés : « si monsieur Dehaze était encore là pour voir comment on mène à l'abattoir ses anciens représentants parce que le bâtard s'est entouré d'une bande de fumiers qui tueraient leur propre mère si ça pouvait servir leur carrière » (p. 218). Les anciens aux postes traditionnels (Lubin, Passemar, Bachevski) disparaissent de la distribution au profit de la nouvelle vague des collaborateurs, acquis aux nouvelles lois du marché et du marketing, Saillant, *controller*, Jack et Jenny, conseillers en marketing, Jaloux, concepteur-rédacteur. Certains anciens réussissent à se glisser dans le courant, ils s'adaptent : Dutôt, chef des ventes, est promu directeur des ventes, Peyre, chef de produit, devient directeur de marketing, Cohen, chef comptable, se métamorphose en directeur de l'informatique. Cohen est satisfait : « Je vous dirai que je suis plus heureux maintenant le travail est plus intéressant » (p. 188).

FICHE 15

2. L'esprit d'entreprise

A. Le double sens de société

La pièce joue sur le double sens de « société » : une réunion d'humains et une entreprise. Les employés dépendent de l'entreprise mais l'entreprise de son côté n'existe que par eux. Lubin est attaché à l'entreprise. L'entreprise est au bord de la faillite au quatrième mouvement, et ce que l'on appelle l'esprit d'entreprise avec, comme le signale Grangier : « C'est la boîte entière qui fout le camp il n'y a plus de boîte monsieur Olivier il n'y a plus que les gens et les gens c'est jamais très joli quand il n'y a plus de boîte pour leur donner le sentiment qu'ils font quelque chose en commun » (p. 61). L'identité de l'employé dépend de ses ventes. Lubin confie : « le goût de la victoire chaque fois que j'enlève une commande » ou bien : « je leur ai dit Ravoire et Dehaze c'est toute ma vie » (p. 219).

B. La lutte des employés

Avec la refonte de l'entreprise, les employés doivent lutter pour garder leur place. C'est la loi de Darwin, *the struggle for life* appliquée au monde de l'entreprise. Les licenciements sont comme des petits meurtres de la vie ordinaire, les sacrifiés sur l'autel de l'économie. La trajectoire d'Alex, notamment, broyé par l'entreprise, est désolante. Il est récupéré par les lois du marché, victime de l'action économique et artistique. Il plonge dans l'univers du papier comme son père avait été poussé dans une fosse à merde par des nazis. Saillant aux « ressources humaines » renvoie madame Bachevski sans affect : « Et vient un âge où il est difficile » / Grangier : Sinon impossible /Saillant : De se recycler [...] / Mme Bachevski : Quand dois-je partir ? / Grangier : Nous sommes vendredi. / Benoît : Ce soir, madame Bachevski » (p. 207-8).

C. Le délitement du lien entre employés et entreprise

Les deux fêtes d'entreprise dans le premier et le sixième mouvement ne sont que des simulacres de fêtes. Le chœur de répliques matérialise le délitement du lien entre les employés de l'entreprise. Chacun essaie de tirer son épingle du jeu et l'esprit d'entreprise qui a pu fédérer les employés du temps de Fernand Dehaze est en train de disparaître. Dehaze, lors de la fête annuelle au premier mouvement, disait en effet : « merci Olivier mesdames mesdemoiselles messieurs merci d'être venus si nombreux comme à l'accoutumée à notre petite et sympathique réunion que je me permettrai d'appeler une réunion de famille tant il est vrai que ceux qui travaillent quarante heures par semaine ensemble forment une authentique communauté » (p. 32).

3. La révolution du marketing

Avec le nouveau type de management et la révolution du marketing, l'employé est au service de la promotion, de la production et de la commercialisation de l'objet fétiche de la marchandise. Comme le souligne Jack : « L'homme a besoin d'objets dans lesquels il projette ses désirs et ses peurs dans le temps il allait les trouver dans la nature la lune le serpent un rocher » (p. 162). Le marketing crée de nouveaux désirs chez le consommateur et donne de la valeur à des objets tels le papier toilette, anodin mais de première nécessité. Il est l'objet d'enquête préalables, de deux *brainstormings* que couronne la découverte du plaisir de la défécation, et de *listing*. Son nom est choisi en fonction des connotations qu'il libère dans l'inconscient du consommateur, ce qui nous vaut une conférence d'un spécialiste sur le stade anal et le rapport freudien entre l'argent et l'excrément. Les responsables marketing découvrent aussi le stimulus du cadeau : un voyage aux îles Baléares, une lampe, un mixeur. Le marketing est une machine à créer de la valeur autour de l'objet fétiche. C'est ce qu'on appelle une « bulle spéculative ». Comme l'explique Gérald Garutti dans un entretien avec Michel Vinaver (*Capitalisme*, Octobre 2007), la spéculation provoque une inflation qui ajoute de la valeur à l'objet. Le produit est doté d'une aura, la bulle, qui est en fait le résultat du travail spéculatif du marketing. Battistini explique ainsi que le nom de Mousse et Bruyère connote « l'évasion la solitude enivrante les amours adolescentes la nature inviolée » (p. 143).

NOTE DE L'AUTEURE – La table des lois du marketing

« L'homme du marketing est un créateur de désirs.
Les désirs et les craintes des gens sont en nombre illimité.
L'homme du marketing sait accélérer cette prolifération des désirs

L'homme du marketing est amoureux fou de son produit.
Il doit le connaître infiniment. Il doit en rêver la nuit. Il doit l'explorer dans tous ses recoins pour mieux le révéler au monde.

L'homme du marketing est un religieux et un guerrier.
Il est un homme de foi possédé par l'esprit de conquête.
Mais sur le champ de bataille, il reste un stratège de glace. »

Extraits du « Cahier du Théâtre National Populaire » de *Par-dessus bord*, p. 11.

4. Une mythologie de l'ordinaire

A. La navette mythique

Michel Vinaver emploie le terme de « navette mythique » pour évoquer le va-et-vient entre l'actualité et les mythes anciens. La navette est l'outil du tisserand mettant sa trame, pour la passer au travers de la chaîne. Dans *Par-dessus bord*, c'est le mythe nordique des Ases et des Vanes, raconté par M. Onde, qui fournit l'une des trames qui se superpose avec le récit des origines de l'entreprise Ravoire et Dehaze relaté par Passemar. Les scènes entrelaçant le récit de Passemar et le cours de M. Onde matérialisent le jeu de va-et-vient de la navette mythique par l'alternance contrapuntique des répliques. M. Onde explique : « Ce que la société divine a gagné en efficacité elle l'a perdu en puissance morale et mystique elle n'est plus que l'exacte projection des bandes ou des États terrestres dont le seul souci est de gagner et de vaincre » (p. 190). C'est tout à fait ce qui se passe dans *Par-dessus bord* : deux clans s'affrontent, deux frères, deux continents, deux types de management, deux clans d'employés, les employés à l'ancienne et les conseillers en marketing. Prophétique, il annonce la réconciliation des titans et une nouvelle ère : « Mais au désastre succèdera un renouveau la terre émergera de la mer belle et verte et sans semailles le grain y poussera tous parleront amicalement du passé et de l'avenir et les tables d'or qui avaient appartenu aux Ases seront retrouvées dans le gazon » (p. 96). Le mythe rehausse le prosaïsme d'une entreprise en faillite. Il donne de la grandeur, du souffle à la médiocrité de l'ordinaire comme l'explique M. Onde : « je n'ai jamais douté que tout système mythologique signifie quelque chose aide la société qui le pratique à s'accepter à être fière de son passé confiante dans son présent et son avenir » (p. 82).

B. Les intertextes grecs

D'autres sources mythiques viennent éclairer par en dessous l'ordinaire de la vie entrepreneuriale. Les couloirs de l'entreprise peuvent rappeler le labyrinthe, l'entreprise américaine le Minotaure, Young serait Minos, Benoît, Thésée et Passemar, Icare. La guerre entre les deux entreprises américaine et française pourrait en un contrepoint ironique évoquer l'affrontement des Grecs et des Troyens dans *L'Iliade*. Enfin, les processions aristophanesques de Passemar nous font penser que la comédie était à l'origine une chanson rituelle en l'honneur de Dionysos. Passemar pourrait d'ailleurs être vu comme une figure de Dionysos ou d'Orphée, les deux sacrifiés comme Passemar est sacrifié sur l'autel de la civilisation industrielle avec d'autres victimes émissaires. Dans la didascalie du premier mouvement, il est précisé : « *La danse se centre de plus en plus sur Passemar que les danseurs cognent, plaquent à terre, piétinent, relèvent, jettent en l'air, puis qu'ils déposent sur le couvercle comme sur un trône* » (p. 16).

C. M. Onde : méditation sur l'homme et le monde

L'hypotexte mythique approfondit la méditation sur l'homme et la société qui est en jeu dans *Par-dessus bord*. L'individu et la société, en déséquilibre, sont à la limite du vertige, juste au bord, au point de tomber. Cependant, ils se redressent. Ils s'adaptent. La leçon est anthropologique, économique et sociologique.

Au-delà du schéma économique, nous retrouvons la lutte archaïque pour le pouvoir (tuer le père), le questionnement sur la création littéraire et artistique, la faillite comme chez Zola dans *Au bonheur des dames*, du petit commerce, l'apport de la psychanalyse et ses dérives, le rappel des camps de concentration, Mai 68. Le vaisseau vinaverien apparaît comme une radioscopie d'une époque pas si lointaine.

La pièce « hénaurme » s'interroge enfin sur le mal ordinaire qui fait licencier sans état d'âme des collaborateurs de trente ans, l'opposition entre la barbarie (les camps de concentration) et la civilisation (la société de consommation), le besoin d'amour (Margerie et Olivier, Alex et Jiji), la création artistique et la quête de beauté qui contrebalancent le stade anal du capitalisme. Margerie, qui s'est rêvée en Pompadour, part créer « un institut de beauté comme un défi français à toutes ces usines sans âme où la beauté est débitée à la chaîne » (p. 241). Car la société de consommation qui s'annonce dans *Par-dessus bord*, nous rappelle Vinaver à travers l'iconique papier toilette et les tables du marketing, c'est aussi un système excrémentiel comme le capitalisme. On produit et on rejette. « Une entreprise puissante s'engourdit et devient victime de jeunes ayant l'énergie que l'autre a perdue. Ce système a à voir avec le système excrémentiel » (Entretien avec Gérald Garutti, *Capital*, 2007, Cahiers du TNP, p. 33).

Bibliographie autour des *Géorgiques* de Virgile

1. Œuvre au programme

- **Virgile**, *Les Bucoliques-Les Géorgiques*, traduction, chronologie, introduction et notes par Maurice Rat, Garnier-Flammarion, 1967, n° 128 (édition au programme).
- **Virgile**, *Bucoliques. Géorgiques*, préface de Florence Dupont, Folio Classiques, n° 2980, 1997.
- **Virgile**, *Géorgiques*, traduction et introduction d'Eugène de Saint-Denis, Les Belles Lettres, 1982.

2. Œuvres biographiques sur Virgile

- **Brasillach** Robert, *Présence de Virgile*, Librairie de la Revue Française, 1931.
- **Fredouille** Michel et **Zehnacker** Hubert, *Littérature latine*, PUF Quadrige, 2013, « Virgile », p. 137-53.

3. Œuvres critiques sur *Les Géorgiques*

- **Blandenet** Maëlys, « Le poète paysan des *Géorgiques* : un homme de culture », dans *Bulletin de l'Association Guillaume Budé*, n° 2, 2007, p. 123-146.
- **Darcos Xavier**, *Virgile notre vigie*, Paris, Fayard, 2017.
- **Deremetz Alain**, Le *Miroir des Muses. Poétique de la réflexivité* (1995), P. U. du Septentrion, 2017.
- **Thomas** Joël, *Virgile-Bucoliques, Géorgiques*, Ellipses, 1998.

Bibliographie autour de *La Condition ouvrière* de Simone Weil

1. Œuvre au programme

• **Weil** Simone, *La Condition ouvrière,* Folio Essais, 2002, n° 409 (édition au programme).

2. Œuvres de Simone Weil

• **Weil** Simone, *Œuvres complètes,* André A. Devaux et Florence de Lussy (dir. vol. 1 à 10), puis Robert Chenavier (dir.), Paris, Gallimard, VII tomes, 14 vol. (1988-2012).

• **Weil** Simone, *Œuvres,* éd. Florence de Lussy, Paris, Gallimard, coll. « Quarto », 1999.

3. Œuvres biographiques sur Simone Weil

• **Adler** Laure, *L'Insoumise Simone Weil*, Paris, Actes Sud Babel, 2012.

• **Bénard** Ludivine, *Simone Weil. La Vérité pour vocation*, Paris, Éditions L'Escargot, 2020.

• **Lussy** Florence de, *Simone Weil*, Paris, PUF, coll. « Que sais-je ? », 2016.

• **Perrin** Joseph-Marie et **Thibon** Gustave, *Simone Weil telle que nous l'avons connue*, Paris, La Colombe, 1952.

• **Pétrement** Simone, *La Vie de Simone Weil*, Paris, Fayard, 1978, rééd. 1997.

• **Rancé** Christiane, *Simone Weil. Le courage de l'impossible*, Paris, Seuil, 2014.

4. Œuvres critiques

- **Chenavier** Robert, *Simone Weil. Une philosophie du travail*, Paris, Cerf, 2001.
- **Gabellieri** Emmanuel, *Penser le travail avec Simone Weil*, Paris, Nouvelle Cité, coll. « Penser avec », 2017.
- **Julliard** Jacques, *Le Choc Simone Weil*, Paris, Flammarion, « Café Voltaire », 2014.
- **Pages** Coralie, « Éducation et travail : les fils rouges de la pensée de Simone Weil », publié sur le site du Comptoir, 13 février 2015.

5. Émissions sur France Culture au sujet de Simone Weil

- https://www.franceculture.fr/emissions/series/simone-weil-philosophe-sur-tous-les-fronts.

Bibliographie autour de *Par-dessus bord* de Michel Vinaver

1. Œuvres au programme

• **Vinaver** Michel, *Théâtre complet*, t. 2, Actes Sud, 2003 (édition utilisée pour ce manuel).

• **Vinaver** Michel, *Par-dessus bord*, Théâtre populaire romand, Répertoire n° 37, 1983.

• **Vinaver** Michel, *Théâtre complet*, t. 3, Paris, L'Arche, 2005.

• **Vinaver** Michel, *Par-dessus bord* (version hyper-brève), Actes Sud, Babel, à paraître (**édition au programme**).

2. Œuvres biographiques sur Michel Vinaver

• « À voix nue », l'intégrale en cinq entretiens de Caroline Broué avec Michel Vinaver, France Culture, 2013.

• **Rey-Galtier** Delphine, *Michel Vinaver*, Ides et Calendes, 2019.

3. Œuvres critiques

• *Anthologie de L'Avant-scène théâtre, Le Théâtre français au XXe siècle*, dir. Robert Abirached, Éditions L'Avant-scène théâtre, 2011.

• *Michel Vinaver, Par-dessus bord, Le Cahier du TNP*, n° 8.

• *Michel Vinaver, Revue Europe*, n° 924, avril 2006.

• *Michel Vinaver, Théâtre aujourd'hui*, n° 8, mai 2000.

• **Garutti** Gérald, *Une épopée du capitalisme. Dialogue avec Michel Vinaver animé par Gérald Garutti, Cahiers Sens public* 2009/ 3-4 (n°11-12), p. 149-157.

• **Garutti** Gérald, *Une épopée du capitalisme. « Par-dessus bord » de Michel Vinaver*, revue *Sens public*, Article 582, essais 2008, 06-2.

• **Ubersfeld** Anne, *Vinaver dramaturge*, Paris, Librairie théâtrale, 1992.

• **Vinaver** Michel, *Écrits sur le théâtre*, dir. Michelle Henry, Lausanne, LAIRE, coll. « l'Aire théâtrale », 1982.

PARTIE 3

Étude transversale du thème dans les œuvres

FICHE 16. La technique

1. Les différentes *artes*

Le travail repose sur des objets et des gestes techniques très variés. La *technè* en grec, ou *ars* en latin, englobe des méthodes de fabrication ou de production qui nécessitent un savoir-faire, qu'il soit manuel ou plus intellectuel et scientifique. Le livre 1 des *Géorgiques* contient un mythe qui est un véritable récit étiologique de la technique en général et de l'agriculture en particulier. Pendant l'Âge d'or, les hommes obtenaient tout sans effort, et posséder un savoir-faire quelconque n'était d'aucune utilité. Lorsque Jupiter créa le manque et le danger, en revanche, les hommes durent déployer des trésors d'ingéniosité pour se défendre et survivre. Le but de Jupiter « était, en exerçant le besoin, de créer peu à peu les différents arts » (1, p. 45-6) dont Virgile fait une longue liste : la navigation, l'astronomie, la chasse, la pêche ; mais aussi l'agriculture : « La première, Cérès apprit aux mortels à retourner la terre avec le fer » (1, p. 47). La technique est donc le fruit d'une nécessité vitale et d'un effort à fournir. Elle peut venir des dieux : « Quel dieu, Muses, quel dieu nous a révélé cet art ? » (4, p. 163) s'interroge Virgile à propos de la *bougonia*, ou des hommes comme chez Weil et Vinaver.

Les Géorgiques concernent évidemment les travaux manuels et agricoles. Virgile se livre à des descriptions extrêmement techniques des outils de l'agriculteur mais aussi des animaux qui facilitent son travail. Le lexique technique typique des traités didactiques apparaît ainsi au livre 1 : « On prend tout de suite dans les forêts un ormeau qu'on ploie de toutes ses forces pour en faire un age et auquel on imprime la forme de l'areau courbe ; on y adapte, du côté de la racine, un timon qui s'étend de huit pieds en avant, deux oreillons et un sep à double revers » (1, p. 48). On trouve aussi au livre 3 des descriptions minutieuses de l'étalon idéal ou de la parfaite vache reproductrice, celle « dont le regard est torve, la tête laide, l'encolure très forte, et dont les fanons pendent du menton jusqu'aux pattes » (3, p. 114).

Dans *La Condition ouvrière*, Simone Weil décrit cette fois les machines présentes dans les usines, avec le même luxe de termes techniques, si bien qu'un « glossaire des termes techniques » a été placé à la fin du livre (p. 478-82) pour expliquer au lecteur ce qu'est le « balancier » par lequel Weil a failli être assommée pendant son travail, le « tablier de four » si lourd qu'elle devait manipuler pour chauffer des bobines au rouge ou les tours automatiques qu'elle évoque dans sa conférence intitulée « La rationalisation ». Cet article présente aussi la méthode pour améliorer le rendement des machines et des hommes : la taylorisation qui consiste à appliquer des méthodes scientifiques aux machines existantes au lieu d'en créer de nouvelles, et qui s'accompagne même de la « psychotechnique » censée déterminer « les meilleures conditions psychologiques possibles pour tel ou tel travail » (p. 325).

Par-dessus bord s'intéresse avant tout aux techniques de management, de vente et de marketing, car si Grangier, responsable de la production, est parfois présent sur scène, le public n'est jamais convié à visiter l'usine où se trouvent les machines fabriquant le produit. En revanche, il a accès aux entretiens de carrière entre les employés et leurs supérieurs ou encore aux réunions des cadres avec Jenny et Jack, les consultants du cabinet Donohue et Frankfurter, qui pratiquent le *brainstorming* et balaient la hiérarchie traditionnelle de l'entreprise : on se tutoie, on s'appelle par son prénom, on s'assoit par terre avec un petit verre d'alcool (quatrième mouvement).

2. Les ravages de la technique

La technique peut prendre une telle importance que les hommes finissent par se retrouver au second plan. Ses ravages sont visibles à tous les niveaux. D'abord, elle provoque une division du travail qui complexifie l'organigramme de l'usine. Chez Virgile, l'agriculteur fait tout lui-même puisqu'il travaille dans une petite propriété et qu'il n'est pas question des *latifundia* et de leurs nombreux esclaves agricoles. En revanche, l'OST, l'organisation scientifique du travail propre au taylorisme, conduit mécaniquement à la division du travail puisque chaque ouvrier n'effectue plus qu'un seul geste ou une série de gestes simples, ce qui entrave la pleine compréhension du travail et ne nécessite plus de savoir-faire manuel particulier. Dans *Par-dessus bord*, ce sont les nouvelles méthodes de management qui rajoutent des niveaux hiérarchiques et dissolvent d'autant plus la responsabilité de chacun. Avant, le service administratif représenté par Passemar et Alvarez dépendait directement du patron. Au cours du quatrième mouvement arrive Saillant qui obtient le poste de *controller*, anglicisme à la mode totalement vague. Benoît explique à Passemar et Alvarez que c'est désormais au *controller* qu'ils rendront des comptes. On arrive à des situations aberrantes comme lorsque les gens se renvoient la responsabilité de la rupture de stock au premier mouvement : « Passemar : Ça n'est pas moi qui fabrique moi j'achemine » (p. 18).

Soumettre l'homme à la technique, c'est lui demander les mêmes capacités qu'une machine : réponse immédiate à une commande, efficacité, performance. L'homme devient alors un simple exécutant qui se contente d'obéir à des ordres. Weil explique très bien l'irritation et l'angoisse de l'ouvrier à qui l'on demande soudainement de changer de tâche. Alvarez fait le même constat dans *Par-dessus bord* : « Évidemment ce n'est pas la peine de s'attendre chez les gens de l'usine à la moindre initiative » (p. 20). Le culte de la performance est tout aussi évident : l'ouvrier doit toujours en faire plus dans le cadre de la méthode de Taylor, puisque l'objectif de celle-ci est de « forcer les ouvriers à donner à l'usine le maximum de leur capacité de travail » (p. 314). De la même façon, Passemar se doit de « cass[er] la baraque » en récupérant un nouveau poste qu'il ne connaît pas et qui n'est pas adapté à sa personnalité (p. 150).

La gestion du personnel peut avoir des conséquences néfastes même quand elle part d'une sincère envie de soutenir les travailleurs. Sous la présidence de Fernand Dehaze, le paternalisme est très marqué dans l'entreprise : pendant la fête, une tombola est organisée pour faire gagner des cadeaux et le sixième mouvement décrit le festin de mariage de Jiji et Alex qui se passe dans le cadre de l'entreprise avec tout le personnel. Jiji reçoit d'ailleurs un mixeur comme cadeau de mariage. Simone Weil fait elle aussi allusion au paternalisme en expliquant que les ouvriers sont alors systématiquement les obligés du patron : « [Les] œuvres sociales ? Quelle qu'en puisse être l'utilité matérielle, moralement elles ne font, je le crains, qu'accroître la dépendance » (p. 218).

Les techniques utilisées pour vendre un produit, qui jouent essentiellement sur la pulsion et l'irrationnel, ont une influence néfaste non plus sur les travailleurs mais sur les consommateurs. Simone Weil est catégorique et évoque « ceux qui ne fabriquent rien et qui sont employés dans les services de publicité et autres entreprises de ce genre, plus ou moins parasitaires » (p. 321). Vinaver décrit plus en détail leurs méthodes. Le marketing joue sur l'imaginaire du client. Jaloux explique d'abord : « Nous nous sommes dit voilà le consommateur doit avoir un problème nous lui apportons la solution [...] L'approche créative consiste à créer le problème en affirmant à notre consommateur qu'il est malheureux et en lui expliquant pourquoi » (p. 191-2). Simone Weil décrit elle aussi le « flot de faux luxe à bon marché qui excite les désirs sans satisfaire les besoins » (p. 344). Il faut donc d'abord créer un manque, un désir chez les clients. Ensuite, comme l'expliquent Benoît et Dutôt, un produit « C'est à quoi il fait rêver », « ça ne se bricole pas. / Ça se crée » (p. 51-2). Dans le cas du papier toilette, c'est le nom qui est important. Le « Bleu-Blanc-Rouge » fait appel au patriotisme, ce qui ne semble plus fonctionner à l'heure de la mondialisation, puisque ce papier « moins cher et bien de chez nous » (p. 26) fait un fiasco. En revanche, « Mousse et Bruyère » joue sur les connotations des deux mots : nature et douceur. De nouvelles méthodes apparaissent aussi pour choisir le nom, comme le *brainstorming* et sa poésie surréaliste : « Doupa / Papidou / Papirêve / Dourésist » (p. 154) et le sondage qui nous apprend que « c'est dans les milieux urbains et *middle-white-collar* que la préférence pour Mousse et Bruyère s'est manifestée le plus nettement » (p. 183). Reste enfin à vendre le produit, en utilisant par exemple les techniques grossières de Lubin qui ouvre la pièce en accumulant les hyperboles : « Quelque chose aujourd'hui à vous présenter de sensationnel [...] un événement sans précédent » (p. 11) ; simule l'empathie : « Je comprends votre point de vue » (p. 14) ; sans pour autant prendre en compte son interlocuteur : « Lépine : Je ne suis pas acheteuse aujourd'hui / Lubin : Je savais bien que ça vous intéresserait » (p. 13). Dans son entretien avec Gérald Garutti, Vinaver explique : « Le marketing découvre aussi, à tous les niveaux de la distribution, le cadeau, cette caresse tendre. Le plaisir, le gratuit sont introduits dans l'action commerciale. On met au jour les fibres qui peuvent être actionnées pour augmenter les flux des marchandises. » Donner l'impression au client qu'il est gagnant génère une surconsommation. Madame Lépine explique ainsi qu'elle refuse le produit de Ravoire et Dehaze lié à un jeu-concours qui doit faire gagner un voyage aux Baléares parce qu'elle a déjà lancé ses clients sur le Softies et la possibilité de gagner une Opel Rekord (p. 114). Au cinquième mouvement, les danseurs offrent même des échantillons de papier toilette au public.

3. Le monde à l'envers

Dans certains cas exceptionnels, on peut aboutir au motif du *mundus inversus*, un monde à l'envers où la technique prend le pas sur l'homme et l'écrase. On peut observer cette anomalie chez Virgile dans l'épisode de la peste du Norique. Comme l'épidémie tue hommes et bêtes, les survivants sont forcés de remplacer eux-mêmes les bêtes de somme pour continuer à travailler la terre et ne pas mourir de faim : ils « enfouissent les semences avec leurs ongles mêmes, et gravissent les montagnes en traînant, le cou tendu, de gémissants chariots » (3, p. 140).

Dans *Par-dessus bord*, les hommes cessent d'être considérés comme tels après la passation de pouvoir entre Olivier et Benoît Dehaze. L'homme est alors au service de la technique et de la machine et se trouve réifié. Ainsi, les personnages perdent leur identité qui fait d'eux des individus uniques et deviennent des éléments interchangeables au service de l'entreprise. Par exemple, Lubin, qui est « né vendeur » (p. 219) se voit proposer « un poste à l'usine comme magasinier » (p. 219) et Passemar, très efficace pour exécuter des tâches administratives, se retrouve parachuté « assistant chef de produit ». Le tout est d'être polyvalent, de s'adapter à tout et de savoir tout faire, ce qui est impossible, même si certains réussissent à s'adapter, comme Cohen, le comptable qui devient chef de la branche informatique.

La réification de l'homme est généralisée dans *La Condition ouvrière*, au prix d'un renversement spectaculaire : « Les choses jouent le rôle des hommes, les hommes jouent le rôle des choses » (p. 336). De fait, « les pièces circulent avec leurs fiches, l'indication du nom, de la forme, de la matière première » alors que les hommes, pour entrer à l'usine, doivent présenter leurs papiers comportant un numéro de matricule. L'ouvrier n'est plus un homme, il est juste une source d'énergie qui participe au bon fonctionnement de la machine : « on l'utilise exactement comme on utilise l'électricité » (p. 323). Weil fait allusion dans sa lettre à Auguste Detœuf de juin 1936 à la scène très connue d'un film non moins célèbre qui symbolise le rapport de l'ouvrier à la technique : « Vous avez vu *Les Temps modernes*, je suppose ? La machine à manger, voilà le plus beau et le plus vrai symbole de la situation des ouvriers dans l'usine » (p. 287).

4. Trouver ou retrouver la maîtrise de la technique

Les Géorgiques constituent un véritable traité didactique qui permet donc au paysan, en particulier néophyte, d'apprendre les bonnes techniques et d'éviter les mauvaises. Malgré son indéniable dimension poétique, l'ouvrage possède le même objectif que ceux de Varron ou Columelle. Virgile répond le plus précisément possible aux interrogations comme celle-ci : « Peut-être veux-tu savoir quelle profondeur doivent avoir les fosses » (2, p. 90).

La Condition ouvrière propose des réformes parfois très simples qui permettraient à l'ouvrier de retrouver un peu de maîtrise et donc un peu de dignité. Pour commencer, Weil explique que l'ouvrier devrait savoir à quoi sert son travail. Pour ce faire, il devrait pouvoir visiter l'usine en écoutant des exposés techniques et observer le produit fini (p. 345). Dans sa correspondance avec J. Laffitte, auteur de *Réflexions sur la science des machines*, Weil explique chercher « une forme supérieure de travail mécanique où le pouvoir créateur du travailleur ait un champ plus vaste que dans le travail artisanal » (p. 257). Le travail en usine se divise en suites et en séries. Les suites sont imaginées par des ingénieurs puis les ouvriers produisent soit en série (répétition du même geste, par exemple, à la chaîne) soit sous forme de suites très simples et répétitives. Il faudrait inverser ce schéma : confier la production en série abrutissante à des machines et laisser les travailleurs imaginer et réguler les suites. Cela générerait deux transformations importantes : il faudrait des machines « automatiques et souples », les machines « réflexes » (p. 259) que décrit Laffitte dans son ouvrage, et une confusion s'opérerait entre ingénieur et ouvrier : les travailleurs seraient qualifiés et surveilleraient que la suite soit bien effectuée par les machines. On pourrait aussi mettre en œuvre une véritable rationalisation technique en faveur des ouvriers. Weil en donne un exemple (p. 317) : si un tourneur surveille quatre tours automatiques, en inventant des tours qui produisent deux fois plus, on pourrait mettre ce tourneur devant seulement deux tours ce qui équivaudrait à la même production à moindre coût. Finalement, « la solution idéale, ce serait une organisation du travail telle qu'il sorte chaque soir des usines à la fois le plus grand nombre de produits bien faits et des travailleurs heureux » (p. 307). La souffrance aura toujours partie liée avec le travail, mais il serait possible de trouver un compromis entre l'homme et la technique en réalisant l'unité de la pensée et du travail. Enfin, la technique peut prendre une dimension métaphysique : « Les lois de la mécanique, qui dérivent de la géométrie et qui commandent à nos machines, contiennent des vérités surnaturelles » (p. 427). Elle possède une « propriété réfléchissante » (p. 425) qui permet de voir la beauté et la présence de Dieu.

Chez Vinaver, le capitalisme sauvage n'en est qu'à ses débuts et va gagner en cynisme et en férocité par la suite. Néanmoins, un personnage laisse peut-être une lueur d'espoir. Cohen, qui a pourtant failli démissionner, déclare finalement : « Je vous dirai que je suis plus heureux maintenant le travail est plus intéressant » (p. 188). De comptable, il est devenu chef de la branche informatique. Il ajoute : « Nous mettons en place un système de coûts standard avec un dispositif automatique pour le contrôle des écarts » (p. 189). S'agit-il de la réalisation concrète du vœu de Simone Weil : la machine, ici informatique, au service du travailleur qui n'a plus à faire des calculs répétitifs ? Ou l'ordinateur, devenu « intelligent », ne va-t-il pas finir par remplacer l'homme et par mettre Cohen au chômage ?

FICHE 17. Le fruit du travail

1. Les produits

Dans *La Condition ouvrière*, le constat est assez désolant. Si le taylorisme rime avec productivisme, le travail en série et à la chaîne privilégie le produit au détriment du travailleur. « Une usine est essentiellement faite pour produire. Les hommes sont là pour aider les machines à sortir tous les jours le plus grand nombre possible de produits bien faits et bon marché » (« La rationalisation », p. 307). Cependant, les hommes ont des besoins et des aspirations à satisfaire qui ne coïncident pas avec les nécessités de la production, signale Simone Weil. Elle ne saurait admettre que « la vie des hommes soit sacrifiée à la fabrication des produits ». Concilier les exigences de la production et les aspirations des hommes est une équation que le système tayloriste a cru résoudre en négligeant l'individu au profit du produit. Simone Weil aspire à une solution utopiste : « une organisation du travail telle qu'il sorte chaque soir des usines à la fois le plus grand nombre de produits bien faits et des travailleurs heureux » (p. 307). Le grand argument de Taylor, précise Simone Weil quelques pages plus loin, c'est que son système de rendement sert les intérêts du public. Bien sûr, si l'augmentation de la production concerne des denrées de première nécessité, tels le pain, le lait, le beurre, l'huile, c'est tout à fait acceptable. Or, ce qui a été rationalisé, c'est la mécanique, le caoutchouc, le textile, en bref ce qui produit le moins d'objets consommables. La rationalisation a surtout servi à la fabrication de produits de luxe et à l'industrie de guerre.

Paradoxalement, le produit du travail est inutile ou pire, destructeur. Le taylorisme a « réduit les ouvriers à l'état de molécules, pour ainsi dire, en en faisant une espèce de structure atomique dans les usines » (p. 321). Le travailleur est en deçà du produit dont il est à l'origine. Dans les usines, ce sont les produits qui « entrent seuls en ligne de compte », écrit Simone Weil dans « Expérience de la vie d'usine » (p. 336). « Les pièces circulent avec leurs fiches, l'indication du nom, de la forme, de la matière première ; on pourrait presque croire que ce sont elles les personnes, et les ouvriers qui sont des pièces interchangeables » (*ibid.*).

Enfin, le fruit du travail c'est le salaire. Néanmoins, la paie, « dans le cas du travail aux pièces, par suite de l'arbitraire et de la complication des comptes, semble plutôt une aumône que le prix d'un effort » (« Expérience de la vie d'usine », p. 340)

2. La marchandise

Dans *Par-dessus bord*, au deuxième mouvement, la surproduction de papier toilette Bleu-Blanc-Rouge tourne au cauchemar. Une même scène est répétée avec des variations : Lubin, représentant commercial de l'entreprise Ravoire et Dehaze, vendant sa marchandise à Madame Lépine. Les variations de cette même scène retracent l'évolution de l'entreprise et sa guerre commerciale avec l'entreprise américaine United Paper Europe. Dans le premier mouvement, il propose avec insistance une « offre incroyable » sur le produit dont le nom n'est révélé que tardivement. Vinaver s'amuse de l'écart entre le sérieux des enjeux économiques et la veine scatologique qu'inspire le type de produit. C'est un produit mineur mais… de première nécessité. Et la bataille économique va faire rage autour du produit.

L'entreprise familiale est affaiblie par la concurrence du géant américain : « des Américains plus gros que nous vingt ou trente fois plus gros ont débarqué et ceux-là plus ils sont gros plus ils ont faim » (p. 24). Les ventes baissent régulièrement, l'entreprise travaille à perte et Dehaze décide de réagir avec un nouveau produit « plus conforme au goût français » (p. 25) : la collection « Bleu-Blanc-Rouge » qui fait « jouer la carte nationaliste » (p. 26). Le précieux produit est déroulé par le banquier Ausange tel un produit de luxe, ce qui crée un décalage comique. Cependant, la sortie du Bleu-Blanc-Rouge tourne au désastre. Les consommateurs ne se sont pas intéressés et préfèrent le Softies américain. Les invendus sont légion : il reste à Vacheron les trois quarts de sa commande initiale, et Simonnot n'a pas écoulé 25 cartons sur sa livraison de 80. Madame Lépine demande à Lubin de reprendre sa marchandise invendue. Passemar et Alvarez font face à un renvoi massif. Grangier veut donner sa démission car il reçoit des masses d'invendus sans capacité de les stocker. L'entreprise est au bord du gouffre, la pièce verse dans la tragédie économique et commerciale. Au quatrième mouvement, la tension dramatique est à son comble. Lubin tente de vendre ses produits à Madame Lépine en vain.

Néanmoins, après la campagne de marketing, orchestrée par Jack et Jenny, le cinquième mouvement voit triompher le nouveau produit « Mousse et Bruyère ». Les employés craignent la rupture de stock, Madame Lépine et les fournisseurs réclament des réassorts, Benoît lance un *brainstorming* pour imaginer de nouveaux produits. *Par-dessus bord* est bien une épopée du capitalisme autour d'un produit aux multiples symboliques : denrée de première nécessité, objet de marketing et symbole du capitalisme et de la société de consommation, tous deux systèmes de production, consommation et déjection.

3. Les fruits de la terre

Dans *Les Géorgiques*, le produit du travail est lié à la nature. L'homme travaille en harmonie avec la nature. Nous savons que Virgile, dans ce poème du travail, célèbre le retour à la terre et à des mœurs frugales, s'inscrivant dans la perspective de la restauration augustéenne. Les produits du travail attestent de l'harmonie de l'homme avec la nature, mais aussi des efforts, de l'ingéniosité et de la technicité de l'homme. Les difficultés ne sont pas épargnées au travailleur : obstacles de terrain, climat hostile, animaux dangereux, maladies. Du temps de l'Âge d'or, « les récoltes étaient mises en commun, et la terre produisait tout d'elle-même, librement, sans contrainte » (1, p. 45).

Maintenant, le laboureur peut s'enorgueillir du fruit de son travail, du « labeur de l'année ; c'est par là qu'il sustente sa patrie et ses petits-enfants, ses troupeaux de bœufs et ses jeunes taureaux qui l'ont bien mérité. Pour lui, point de relâche, qu'il n'ait vu l'année regorger de fruits, ou accroître son bétail, ou multiplier le chaume cher à Cérès, et son sillon se charger d'une récolte sous laquelle s'affaissent ses greniers » (2, p. 103-4). Les fruits du travail de l'homme, les produits de l'agriculture, de la viticulture, de l'élevage, de l'arboriculture sont sa première récompense. Le produit le plus noble après le vin ou le fringant poulain est sans nul doute le miel qui tend à l'ambroisie des dieux. On a même dit « que les abeilles avaient une parcelle de la divine intelligence et des émanations éthérées » (4, p. 157). Les abeilles sont l'allégorie d'une cité industrieuse et pacifiée, d'une nation unie et travailleuse. Leur « miel aérien, présent céleste » (4, p. 145) est le résultat d'un « effervescent travail » (4, p. 154). Le miel allégorise le travail des hommes en harmonie avec la nature et les Dieux.

4. Les fruits immatériels

Dans *Les Géorgiques*, le paysan peut se reposer, satisfait des produits matériels de son labeur, mais il peut aussi goûter à d'autres fruits immatériels, intérieurs telle la satisfaction d'avoir lutté contre les obstacles naturels, les aléas climatiques, les maladies ou les prédateurs. Il a bravé les difficultés, il a été ingénieux, résistant et vaillant. Au-delà de son lopin de terre, il a œuvré à la beauté de la nature, à la survie des espèces. Il a accompli son travail d'homme, sa mission définie par Jupiter (ou Dieu dans la Genèse biblique). Enfin, il a œuvré à la restauration des valeurs latines et participé à la restauration augustéenne. En travaillant la terre, il a d'autant mieux compris la nécessité de préserver sa beauté et sa fécondité. *Les Géorgiques* est la première œuvre écologique et écoéthique. Enfin, le paysan virgilien, figure idéalisée, a éloigné le danger de la guerre civile, œuvré à la restauration de la paix et de l'unité nationale.

Dans le vocabulaire de l'entreprise, il est souvent question de « ressources humaines ». Certains employés sont totalement dévoués à la société comme les abeilles de la ruche virgilienne. Lubin affirme : « je leur ai dit Ravoire et Dehaze c'est toute ma vie » (p. 219). Virgile écrit : « Souvent aussi, dans leurs courses errantes, elles se brisent les ailes contre des pierres dures, et vont jusqu'à rendre l'âme sous leur fardeau, tant elles aiment les fleurs et sont glorieuses de produire leur miel » (4, p. 155). Le même Lubin s'exclame telle une abeille virgilienne : « le goût de la victoire chaque fois que j'enlève une commande » (p. 219).

Or, ce contentement dans le travail, l'ouvrier de *La Condition ouvrière* ne le connaît pas. Il ne connaît nulle récompense, nul encouragement. Certes, il reçoit un salaire, mais il est si misérable eu égard aux efforts fournis qu'il en devient une aumône. Parfois, un « précieux témoignage de camaraderie » (« Expériences de la vie d'usine », p. 335) égaye légèrement la journée de travail. Parfois même un sentiment d'autosatisfaction lorsque devant l'obstacle, « pendant qu'on s'ingénie, qu'on fait effort », l'âme est « occupée d'un avenir qui ne dépend que de soi-même » (*ibid.*) « Plus un travail est susceptible d'amener de pareilles difficultés, plus il élève le cœur » (*ibid.*), mais ces « joies du travail » sont rares. Les chefs se préoccupent plus des pièces que des difficultés vaincues par l'ouvrier. On s'intéresse davantage à ce qu'il a fait qu'à la manière dont il s'y est pris pour le faire. L'usine est le dernier endroit où l'on peut satisfaire même modestement son amour-propre et cultiver son amour du travail bien fait.

5. Le sang de l'œuvre

Le fruit du travail, c'est enfin l'œuvre elle-même qui s'élabore sous nos yeux de lecteur et de spectateur. Nous suivons ainsi les tribulations de la création de *Par-dessus bord*. Son auteur, Passemar, est le reflet en abyme de Michel Vinaver qui mena une double vie de P.-D.G. de Gillette et d'auteur. *Par-dessus bord* est une étape importante dans sa carrière puisque Vinaver met fin à cette double vie. C'est une sorte de *coming-out*. Passemar s'avance au premier mouvement et déclare, tel Rousseau dans le préambule de ses *Confessions* : « Je suis l'auteur de cette pièce » (p. 16). Sa vocation s'est manifestée dès son plus jeune âge. Licencié ès lettres, il a été embauché par Ravoire et Dehaze pour remplacer un chef comptable « qui s'était suicidé sans raison apparente [...] chez Ravoire et Dehaze ils ne connaissaient pas mon activité littéraire » (p. 17). À plusieurs reprises, Passemar s'interroge sur la pièce en train de s'écrire en une mise en abyme réflexive : « En vérité je suis tenté par le théâtre total où toutes les formes d'art concourent au spectacle le ballet le cirque le cinéma l'opéra c'est assez exaltant d'imaginer un théâtre sans plus aucune limite au niveau des moyens d'expression » (p. 36-7). Sera-t-elle plutôt classique ou plutôt commerciale puisque « le seul théâtre qui fasse des recettes est un théâtre qui répond à la demande d'un public qui est le public de la société de consommation alors il faut lui offrir le produit qu'il désire » se demande Passemar (p. 118). Faut-il enlever des passages, les séquences dansées par exemple ? Passemar réagit à l'arrivée des danseurs habillés en dieux scandinaves : « ces danseurs n'ont rien à faire en ce moment-ci [...] hier soir déjà ils sont venus me demander de supprimer l'intermède des enquêtrices d'étude de marché [...] en revanche ils raffolent de ces épisodes de la guerre entre les Ases et les Vanes » (p. 132). Le dramaturge n'est pas libre de sa création. Sa pièce est aussi un produit qui répond au système de l'offre et de la demande. À la fin du sixième mouvement, il conclut : « sinon j'en arrive à la fin de ma pièce et peu à peu je crois enfin il me semble qu'elle est un peu trop foisonnante je ne m'opposerai pas à certaines coupures » (p. 253). La pièce est autotélique comme le signale la dernière phrase énoncée par Passemar : « De sorte que la fin rejoint le commencement » (p. 255). La boucle est bouclée.

Dans *Les Géorgiques*, poème du labeur, Virgile établit une analogie entre les produits de la terre et son œuvre. Le poème et son sujet se confondent aussi. L'activité du poète rime avec celle du paysan, comme le souligne Alain Deremetz dans *Le Miroir des Muses* (Septentrion, 1995) : « Quel art fait les grasses moissons ; sous quel astre, Mécène, il convient de retourner la terre et de marier aux ormeaux les vignes ; quels soins il faut donner aux bœufs, quelle sollicitude apporter à l'élevage du troupeau ; quelle expérience à celle des abeilles économes, voilà maintenant ce que je vais chanter » (1, p. 37). Virgile interrompt, comme Passemar, son poème par des incises métalittéraires où il analyse son processus de création, notamment au début du livre 4 quand il s'adresse à Mécène : « Poursuivant mon œuvre, je vais chanter le miel aérien, présent céleste » (4, p. 145). Le miel est une allégorie de son poème en train de se faire, le fruit de son travail. Il conclut le livre 4 et *Les Géorgiques* sur une autocélébration : « moi, Virgile, florissant aux soins d'un obscur loisir, moi qui ai dit par jeu les chansons des bergers, et qui, audacieux comme la jeunesse, t'ai chanté, ô Tityre, sous le dôme d'un vaste hêtre » (4, p. 177). L'image reprend celle du laboureur satisfait de son travail à la fin du livre 2 et une partie du premier vers des *Bucoliques*. La boucle, comme dans *Par-dessus bord*, est bouclée. L'œuvre se replie sur elle-même. Le poète, comme le laboureur, est satisfait de son travail.

Quant à Simone Weil, elle fait de ses expériences en usine la matière même de sa réflexion sur le travail. Son *Journal d'usine* lui a servi de « matière première », ce que Michel Vinaver appelle le « magma »[1] ou « la pâte » (*ibid.*, p. 53). Ses notes, ses réflexions, ses schémas sont un matériau sur lequel elle va s'appuyer pour ses lettres et ses articles. Par exemple, ses notes du jeudi 11 avril au mardi 7 mai, retranscrivant son expérience à Carnaud (p. 135-9), inspirent sa lettre à Souvarine (p. 73 sq.). Ses réflexions sur « Le Mystère de l'usine » (p. 179-80), notamment « Le Mystère de la fabrication », trouvent leur écho dans « Expérience de la vie d'usine » (p. 340). C'est dans son *Journal d'usine* qu'elle imagine des « machines *automatiques* et *souples* » (p. 204) sur lesquelles elle reviendra dans sa lettre à Jacques Lafitte (p. 259). Des impressions intimes telle que ce sentiment d'imposture quand elle prend l'autobus tant elle a pris le pli de l'esclavage (*Journal d'usine*, p. 150) sont retranscrites et/ou retravaillées dans ses lettres et ses articles. Elle demande d'ailleurs à Albertine Thévenon de bien conserver ses lettres : « Garde cette lettre – je te la redemanderai peut-être si, un jour, je veux rassembler tous mes souvenirs de cette vie d'ouvrière. Pas pour publier quelque chose là-dessus (du moins je ne pense pas), mais pour me défendre moi-même de l'oubli » (p. 61). Le travail de l'écriture, devoir de mémoire, sera de transformer ce premier matériau, ce premier fruit du travail, teinté de fatigue et du sang de ses blessures, en œuvre philosophique dont le travail sera l'objet même de la réflexion et la clef de son système philosophique.

1. « Documents », *Par-dessus bord*, Théâtre Populaire Romand, p. 56.

FICHE 18. La transformation du monde

1. Frottement, lutte et adoucissement

Travailler implique une confrontation au réel pour le transformer et pour en tirer de quoi satisfaire les besoins – ou parfois les plaisirs – des hommes. Le monde oppose forcément une résistance au travailleur qui va devoir lutter pour obtenir ce qu'il recherche. Simone Weil distingue dès le départ le « contact avec la vie réelle » et les « sensations » dans sa lettre à Simone Gibert (p. 69). En effet, faire l'expérience du réel consiste à s'y frotter par l'action. En revanche, se contenter de sensations, c'est faire preuve d'égoïsme puisque le monde et les autres n'existent que pour nous permettre d'analyser nos états d'âme. Surtout, « on rêve au lieu de vivre », car on est enfermé en soi au lieu d'agir sur le monde. Weil fait alors un rapide réquisitoire contre André Gide, plongé dans ses sensations et « dupe(s) de la vie » (p. 69).

Dans le cadre des *Géorgiques*, la terre ou les animaux rétifs opposent une résistance au paysan, mais au-delà de cela, il doit aussi lutter contre les maladies fréquemment mentionnées par Virgile (celles des moutons, aux pages 134 et suivantes, livre 3, des abeilles, aux pages 159 et suivantes, livre 4, ou encore l'épisode de la peste du Norique, aux pages 137 et suivantes, livre 3) et les catastrophes climatiques. Le travail agricole est donc une lutte permanente qui n'autorise aucun relâchement. Virgile utilise l'image du rameur qui se retrouve en perdition s'il arrête de ramer : « c'est une loi du destin que tout périclite et aille rétrogradant. Tout de même que celui qui, à force de rames, pousse sa barque contre le courant, si par hasard ses bras se relâchent, l'esquif saisi par le courant l'entraîne à la dérive » (1, p. 50).

Cette lutte est néanmoins extrêmement satisfaisante pour l'individu, car elle lui permet de conserver sa dignité. Si Jupiter a forcé les hommes à travailler dans *Les Géorgiques*, c'est pour leur éviter la paresse et les forcer à exercer leur intelligence et leur libre-arbitre pour survivre. Ainsi s'explique la joie de Simone Weil lorsqu'elle a travaillé aux champs : « foins – moissons – battage – arrachage des pommes de terre (de 7h du matin à 10h du soir...), et malgré des fatigues accablantes j'y avais trouvé des joies pures et profondes » (p. 283). Se justifie aussi la définition paradoxale qu'elle donne de l'usine, la considérant comme « un endroit où on se heurte durement, douloureusement, mais quand même joyeusement à la vraie vie » (p. 57). Se retrouver face à la réalité constitue un véritable choc dont Weil ne sort pas indemne. Elle explique à plusieurs reprises qu'elle restera marquée à vie par l'expérience de la vie d'usine. Néanmoins, l'ouvrier ressent parfois la « joie » de triompher de la résistance du monde et de la matière : « Pendant qu'on s'ingénie, qu'on fait effort, qu'on ruse avec l'obstacle, l'âme est occupée d'un avenir qui ne dépend que de soi-même. Plus un travail est susceptible d'amener de pareilles difficultés, plus il élève le cœur » (p. 335).

Néanmoins, chez Virgile, le paysan doit modeler la nature par étapes sans la brutaliser. C'est la raison pour laquelle il est présenté comme un professeur qui éduquerait des enfants. Il doit briser les mottes « inertes » (1, p. 43), « *inertis* » pouvant aussi être traduit par « paresseuses », il doit étudier le « caractère » (*ingenium*) des terrains (2, p. 84) et acclimater lentement les jeunes ceps de vignes comme des enfants, de peur qu'ils « ne puissent pas oublier leur mère » (2, p. 89). Enfin, Virgile donne le conseil suivant : « adoucissez, en les cultivant, les fruits sauvages » (2, p. 75). La mainmise sur le monde pourra se faire plus franche par la suite. Virgile écrit : « Et, tant que ce premier âge grandit en ses nouveaux feuillages, il faut en épargner la tendreté », mais il ajoute : « exerce enfin ton dur empire et arrête l'exubérance de ses rameaux » (2, p. 94). Il existe donc une analogie entre culture et éducation, les deux pouvant être subsumés sous le même terme, *cultus*, en latin.

2. Transformer et s'adapter

On pourrait penser que l'homme exploite l'énergie vitale de la nature à son avantage. Virgile va plus loin et explique que l'homme canalise cette puissance pour mieux la renforcer. Autrement dit, la culture renforce la nature. Ainsi, Virgile distingue les arbres qui poussent spontanément, « épanouis et forts », mais « inféconds » (2, p. 75), parce qu'ils sont étouffés par leur propre surabondance, et ceux, « dressés en pépinière et domptés à grands frais » (2, p. 76) qui produisent bien davantage. La transformation est parfois spectaculaire, comme le montre l'exemple du vieillard de Coryce. Il possède au départ « quelques arpents d'un terrain abandonné et dont le sol n'était ni docile aux bœufs de labour, ni favorable au bétail, ni propice à Bacchus » (4, p. 152), autrement dit à tout ce que Virgile évoque dans les livres 1 (labour), 2 (Bacchus) et 3 (bétail). Pourtant, il réussit à réorganiser tout l'espace avec des « légumes espacés » (4, p. 152), des ormes disposés « par rangées » (4, p. 153), et il finit par tirer d'une terre *a priori* stérile une abondance qui fait songer à l'Âge d'or : des « abeilles fécondes », des « rayons pleins d'un miel écumant », des tilleuls et des lauriers-tins « extrêmement féconds » (4, p. 153). La greffe est une autre forme de métamorphose du monde si considérable qu'elle peut sembler contre-nature, voire monstrueuse : « Mais on ente sur l'arbousier épineux le bourgeon de l'amandier ; les stériles platanes se transforment en vigoureux pommiers ; les hêtres en châtaigniers, et l'orne blanchit de la fleur chenue du poirier, et les porcs broient le gland sous les ormes » (2, p. 77). En réalité, ce mélange des genres accroît la variété des espèces et ne fait qu'augmenter l'énergie vitale de la nature. Enfin, le paysan peut littéralement réorganiser le paysage et en modifier l'harmonie, par exemple grâce au défrichement qui permet d'obtenir de nouvelles terres arables : « Telle encore cette terre, d'où le laboureur irrité a fait disparaître une forêt, abattant des bocages longtemps inutiles » (2, p. 86).

Pour améliorer la qualité du produit, une sélection drastique doit être effectuée. Le paysan choisit ainsi les meilleurs animaux, ce qui nous vaut les minutieuses descriptions de la vache ou de l'étalon idéal au livre 3, ou des deux catégories d'abeilles au livre 4. Malheureusement, la sélection drastique concerne davantage le personnel que le matériau dans *La Condition ouvrière* et *Par-dessus bord.* La taylorisation force les ouvriers à la performance et élimine ceux qui n'arrivent pas à atteindre de bons résultats, comme Simone Weil ou les ouvriers de plus de 40 ans. L'entreprise de Vinaver fonctionne sur le mode du circuit alimentaire : elle avale et elle rejette une fois que l'employé n'est plus bon à rien.

La transformation du monde par l'homme s'effectue néanmoins dans les limites des lois naturelles. En particulier, le paysan ne peut pas semer n'importe quelles graines, car « toute terre ne peut porter toute espèce de plantes » (2, p. 79). Le catalogue d'exemples qui suit ce précepte montre bien les limites de l'action humaine sur le monde. Par conséquent, chacun va s'adapter avec plus ou moins de souplesse pour faire évoluer la réalité dans certaines limites. Ainsi, c'est l'agriculteur qui s'adapte au terrain et non l'inverse. Au livre 2 (p. 89-90), on apprend qu'il doit planter la vigne en rangs serrés dans un champ en plaine, et en laissant des intervalles assez larges et réguliers sur un terrain en pente. Chez Weil, Auguste Detœuf fait l'éloge du petit patron comme paradigme de l'adaptabilité et vante « toute son activité, tout son débrouillage, toute son adaptation quotidienne à une situation sans cesse changeante » (p. 299). Cette qualité doit être transmise aux employés. Olivier Dehaze déclare ainsi à Benoît et Dutôt : « Le propre du chef est de savoir faire évoluer ses hommes » (p. 52). Dans ce cas, il s'agit de développer le potentiel qui est inhérent à chacun sans brutalité. Malheureusement, chez Simone Weil, les ouvriers sont si polyvalents qu'ils en perdent leur nature : ce sont des objets placés par les chefs en différents points de l'usine. Le management moderne dénoncé par Vinaver cherche lui aussi à pousser au maximum la plasticité des employés au risque de leur rendre la vie impossible et de leur faire perdre leur identité. Lubin, le vendeur, est contraint de se faire magasinier ; Passemar, l'administratif réservé, est forcé à devenir un chef de produit exubérant. Néanmoins, la nouvelle génération semble s'adapter à tout (Dutôt, Peyre), tout comme Cohen, rescapé de la version « à l'ancienne » de Ravoire et Dehaze.

3. Une palingénésie

Le travail implique le passage d'un état du monde et de la matière à un autre, plus abouti et plus complexe. Le geste technique provoque donc une forme de mort, la disparition d'un premier stade de la matière qui permet d'aboutir à un produit plus élaboré. Cette métamorphose est symbolisée par la légende d'Orphée qui clôture le livre 4 des *Géorgiques*. Orphée descend aux Enfers et, même s'il ne réussit pas à ressusciter Eurydice, il a connu la mort et ressort radicalement transformé par cette expérience. *Par-dessus bord* propose la version triviale du même principe : la nourriture est avalée, assimilée et partiellement transformée en matière fécale.

Toute l'agriculture repose sur ce principe de palingénésie dans *Les Géorgiques*. Le blé est transformé en pain, le raisin en vin. Même la technique du brûlis implique une « mort » purificatrice qui accroît finalement la qualité de la terre : « Souvent aussi il a été bon d'incendier des champs stériles et de brûler le chaume léger à la flamme pétillante : soit que les terres en retirent des forces secrètes et des sucs nourriciers, [...] soit que la chaleur dilate des passages en plus grand nombre et des pores invisibles par où le suc arrive aux plantes nouvelles » (1, p. 43). Sur le même modèle, les abeilles transforment le pollen des fleurs en miel. Au livre 4, ce phénomène prend une dimension métaphysique avec la *bougonia*. Du cadavre en décomposition d'un bœuf surgit un nouvel essaim d'abeilles, pour la plus grande joie d'Aristée. On peut en conclure que la mort régénère et crée une forme de vie plus élaborée.

Le même phénomène a lieu dans *Par-dessus bord,* mais il est difficile de dire s'il est positif ou négatif. La métamorphose a lieu à l'échelle de toute l'entreprise. La PME française à l'ancienne meurt littéralement avec Fernand Dehaze et se métamorphose en branche française d'une grande firme américaine avec des méthodes de travail radicalement différentes. Passemar observe tout cela avec fascination mais se doute qu'il va pâtir du changement : « c'est même assez passionnant d'assister à cette transformation mais je crains que cela ne se fasse en dehors et au détriment des cadres de l'ancienne génération » (p. 119).

Métamorphoser l'extérieur, c'est aussi travailler sur soi et vivre soi-même une forme de palingénésie. Ce phénomène est très marqué chez Virgile, puisqu'Orphée, qui est le double du poète, descend aux Enfers, et Aristée dans les fonds marins où se trouve Protée. Simone Weil est tout aussi persuadée d'avoir vécu une métamorphose radicale et témoigne : ces mois d'esclavage « m'ont permis de m'éprouver moi-même et de toucher du doigt tout ce que je n'avais pu imaginer. J'en suis sortie bien différente de ce que j'étais quand j'y suis entrée – physiquement épuisée, mais moralement endurcie » (p. 56). De façon plus générale, chaque ouvrier devrait éprouver cette métamorphose à dimension christique : le labeur du travailleur lui permettra d'accomplir sa vocation d'homme en accédant à la « joie pure à travers la souffrance » (p. 434).

4. Une dégradation ?

La transformation peut être négative pour deux raisons différentes : soit l'homme n'en maîtrise pas le processus, soit son aboutissement est néfaste. Quel que soit le résultat, si l'homme ne la contrôle pas, elle est peu satisfaisante. C'est ce qui se produit lorsque l'agriculteur est confronté à des phénomènes qui le dépassent et le désespèrent : les catastrophes climatiques, une épidémie comme la peste du Norique. Dans le cas des usines et de l'entreprise Ravoire et Dehaze, c'est la division du travail qui empêche le travailleur de comprendre exactement la fonction et l'intérêt de ses actes. Dans ce cas, explique Weil, il faut « faire du travail un moyen pour chaque homme de dominer la matière » et elle ajoute : « Les machines doivent, au lieu de séparer l'homme de la nature, lui fournir un moyen d'entrer en contact avec elle » (p. 257). Il s'agirait donc de permettre à l'individu d'avoir une vision globale et surplombante du processus qui est à l'œuvre.

L'homme peut aussi chercher à métamorphoser le monde ou la matière pour de mauvaises raisons. Lorsque Virgile écrit au livre 1 : « les faulxs recourbées servent à forger une épée rigide » (1, p. 68), il sous-entend que le métal qui a déjà été transformé une première fois à des fins positives, subit une nouvelle métamorphose pour détruire l'humanité. Weil reprend la même idée dans sa conférence sur « La rationalisation » : elle condamne les usines qui produisent des engins de guerre ou du luxe futile. Le mythe du petit loup Fenrir dans *Par-dessus bord* propose une critique plus large des objectifs liés à la transformation du monde. Comme les dieux savent qu'une fois grand le petit loup Fenrir cherchera à les dévorer, ils fabriquent une laisse en fil magique grâce à laquelle ils arrivent à maîtriser le loup. Au plan de l'histoire, on peut voir dans Fenrir l'incarnation symbolique de Benoît, patron qui triomphe avec Mousse et Bruyère et fait de l'ombre aux puissants Américains qui le « musèlent » littéralement en lui octroyant un financement en échange de la fusion des deux entreprises. Néanmoins, Monsieur Onde en tire une conclusion plus universelle : « Ce que la société divine a gagné en efficacité elle l'a perdu en puissance morale et mystique elle n'est plus que l'exacte projection des bandes ou des Etats terrestres dont le seul souci est de gagner et de vaincre » (p. 190). Les dieux – et les hommes – sont sûrs de triompher grâce à une technique efficace, mais on se retrouve dès lors englué dans une médiocrité essentielle : plus besoin d'effort, de créativité, d'imagination voire de mystique pour s'améliorer et progresser.

FICHE 19. Le corps au travail

1. Le corps tragique de l'ouvrier

Simone Weil dépeint les conditions de travail des ouvriers avec une lucidité glaçante après avoir fait l'expérience de l'usine pendant quatre mois et trois semaines, entrecoupés de périodes d'arrêt dues à l'épuisement. Sa description du corps ouvrier est d'autant plus poignante que, dans ses lettres, elle exprime de façon intime sa souffrance physique et morale. Naturellement maladroite, myope, lente à la tâche, victime de migraines insoutenables et douée d'« une certaine manie de penser » (« Lettre à Simone Gibert », p. 67) qui l'empêche de s'oublier dans le travail parcellaire, elle a des difficultés à s'adapter. Simone Weil témoigne donc intimement du tragique de la condition ouvrière.

Le corps ouvrier porte l'empreinte de l'esclavage « de la machine moderne » (« Lettre à Nicolas Lazarévitch », p. 63). Il est d'abord la proie d'une immense fatigue, une fatigue indescriptible : « La fatigue, accablante, amère, par moments douloureuse au point qu'on souhaiterait la mort. Tout le monde, dans toutes les situations, sait ce que c'est d'être fatigué, mais pour cette fatigue-là il faudrait un nom à part » (« La vie et la grève des ouvrières métallos », p. 271). Même les heures de repos sont « absorbées par une fatigue qui va souvent jusqu'à l'abrutissement » (*ibid.*). Le corps est vidé de toute énergie, dévitalisé, cassé par la cadence qu'il faut maintenir : « Combien en faites-vous ? 400 à l'heure ? Il en faut 800. Sans quoi je ne vous garderai pas », aboie le contremaître (*ibid.*, p. 266). Il faut souffrir « en silence. C'est encore moins douloureux » (*ibid.*, p. 269).

Le corps ouvrier vit sous la contrainte et la nécessité. Il exécute des ordres et des gestes répétés. Le taylorisme, le travail à la chaîne ont séparé le corps de sa pensée. C'est un corps sans âme ni esprit. L'ouvrier a renoncé à penser. Le corps ouvrier est enfin un corps réduit à son animalité, un corps qui a faim et qui a peur (*ibid.*, p. 271-2) : peur de louper des pièces, peur de l'accident, peur de l'usure. C'est même un corps en-deçà de l'animalité, un corps invisibilisé, mécanisé, chosifié. Il est devenu un instrument qui ne compte pour rien quand la machine, elle, a un état civil, une histoire. « Les pièces circulent avec leurs fiches, l'indication du nom, de la forme, de la matière première ; on pourrait presque croire que ce sont elles qui sont les personnes, et les ouvriers qui sont des pièces interchangeables » (« Expérience de la vie d'usine », p. 336).

À jamais ils porteront les stigmates de leur condition ouvrière. Ils marquent les visages, le pli des lèvres, « les regards et les attitudes de bêtes en cage » (*ibid.*, p. 342). Sept ans après son expérience en usine, Simone Weil porte encore ces stigmates. Elle écrit au père Perrin : « Après mon année d'usine [...], j'avais l'âme et le corps en quelque sorte en morceaux. Ce contact avec le malheur avait tué ma jeunesse [...] j'ai reçu là et pour toujours la marque de l'esclavage »[1].

2. Le corps laborieux du paysan virgilien

Dans *Les Géorgiques*, le labeur est celui de l'agriculteur, du laboureur, de l'apiculteur, de l'éleveur, du viticulteur. « *Labor omnia vincit/ improbus* » (p. 7), le travail acharné vient à bout de tout, c'est la leçon à retenir des *Géorgiques* dont le titre est programmatique et emblématique. Virgile célèbre l'agriculture, terme dérivé du grec *gé* (terre) et *ergon* (travail) et il rend hommage à tous ces agriculteurs qui ne ménagent pas leurs peines et leur corps. *Les Géorgiques* sont le poème du travail. Jupiter a mis fin à l'Âge d'or et à la paresse des hommes pour les obliger à se dépasser, à exercer leur intelligence et leur habileté : « son but était, en exerçant le besoin, de créer peu à peu les différents arts, de faire chercher dans les sillons l'herbe du blé et jaillir du sein du caillou le feu qu'il recèle » (1, p. 46). L'homme prométhéen est né.

Les séries des verbes d'action où les sèmes d'effort et de résistance de la matière sont associés, témoignent de l'intensité et de la pénibilité de son travail manuel et intellectuel. Ces verbes sont employés soit à l'infinitif, soit au présent de l'indicatif ou de l'impératif, soit au futur. Virgile s'adresse directement au cultivateur qu'il tutoie. Par exemple, quand il s'agit de choisir son terrain : « Tu choisiras d'abord des yeux un emplacement, et tu y feras creuser profondément un puits en terrain solide, où tu refouleras toute la terre en nivelant la surface sableuse avec tes pieds » (2, p. 87).

Contrairement au corps ouvrier, le corps du paysan virgilien est un corps pensant. La pensée domine la matière, domine l'action. Chaque geste est inséré dans une chaîne logique qu'il maîtrise. Si la nature résiste, si le climat contrecarre les plans du cultivateur ou de l'éleveur, il va non pas se décourager mais redoubler d'efforts et de technicité. Il est son propre maître. Il voit le produit de son effort, le fruit de son travail le tout au rythme des saisons et en harmonie avec la nature et non dans le décor infernal de l'usine, dans le bruit de ses machines et au rythme sans temps mort de la cadence productiviste : « O trop fortunés, s'ils connaissaient leurs biens, les cultivateurs ! Eux qui, loin des

1. Lettre au père Perrin du 14 mai 1942, *Œuvres*, Quarto, p. 770.

discordes armées, voient la très juste terre leur verser de son sol une nourriture facile » (2, p. 99). Le corps du cultivateur virgilien est un corps fatigué mais comblé : « Pour lui, point de relâche, qu'il n'ait vu l'année regorger de fruits, ou accroître son bétail, ou multiplier le chaume cher à Cérès, et son sillon se charger d'une récolte sous laquelle s'affaissent ses greniers » (2, p. 103-4).

3. Le corps mercantilisé

Au deuxième mouvement de *Par-dessus bord*, le P.-D.G. de Ravoire et Dehaze s'effondre, terrassé par un infarctus, sous les yeux de Toppfer l'antiquaire auquel il avait demandé d'évaluer le prix de sa collection de bibelots du style Pompadour. Fernand est à bout de souffle et son entreprise en bout de course. Sa mort est à la pliure de la pièce. Elle marque la fin d'un type de management et le début d'un autre. L'entreprise vit en effet un véritable naufrage. La collection « Bleu-Blanc-Rouge » est un fiasco. Les clients préfèrent le Softies américain. Passemar, Alvarez, Dutôt, Grangier doivent faire face aux invendus. Fernand Dehaze a appris que la banque refuse son prêt. De plus, Benoît lui a fait croire qu'Olivier, le fils légitime, voudrait le voir partir. On ne reverra plus Dehaze, dont la mort effective est reléguée dans les coulisses de l'hôpital. Il reste dans le coma jusqu'à la fin du troisième mouvement. Benoît arrête de payer pour que son père soit maintenu en vie. Il le tue une deuxième fois. Sous couvert d'épopée héroïque du capitalisme, le tragique frappe les corps.

Un corps qui peut être démembré symboliquement comme celui de Passemar dans le premier cortège aristophanesque : « *La danse se centre de plus en plus sur Passemar que les danseurs cognent, plaquent à terre, piétinent, relèvent, jettent en l'air, puis qu'ils déposent sur le couvercle comme sur un trône* » (p. 16). Ce démembrement symbolique dans le contexte aristophanesque porte plusieurs enseignements. Il rappelle sur un plan mythique les démembrements d'Apollon et d'Orphée. Dans le cadre de l'épopée capitaliste, il souligne le déchirement de l'entreprise entre les deux frères, les deux continents, les deux sociétés, les deux managements. Dans les *Cahiers* de *Par-dessus bord*, édité au Théâtre Populaire Romand, le personnage de Passemar est qualifié de « saint » et de « martyr ». Il serait Vinaver descendu dans sa propre pièce et les danseurs les créatures pirandelliennes, nées de l'imagination de Vinaver et de Passemar : « Passemar, c'est un peu le Jésus-Christ, ou l'incarnation du dieu dramaturge dans un personnage ordinaire. Il est descendu de la réalité dans le théâtre, du plan divin au plan humain » (p. 17). Le corps du Christ serait descendu dans le corps de Passemar ; l'eucharistie s'est déplacée de l'église à l'entreprise.

D'inspiration aristophanesque et rabelaisienne, la pièce de Vinaver recourt aussi à la scatologie. Cependant, son emploi est justifié. En effet, le secteur de l'entreprise étant le papier hygiénique, les deux séances de *brainstorming* autour respectivement du « cul », puis du plaisir coupable de la défécation, l'enquête auprès de consommateurs, ainsi que la liste de noms possibles sont tout à fait légitimes du point de vue du marketing. Le procédé relève aussi de la farce « hénaurme » teintée d'héroï-comique quand le psychosociologue Reszanyi explique le stade anal chez l'enfant : « Tout petit l'enfant passe par une phase pendant laquelle la libido se concentre dans la zone anale le caca est vécu comme étant son propre enfant ou sa création qu'il utilisera pour obtenir un plaisir narcissique » (p. 168).

Jack et Jenny dressent le postulat suivant : « chier est un plaisir / Et pour beaucoup de raisons un plaisir interdit ». Le lien est fait entre l'analyse du stade anal et l'objet fétiche de marchandise ; la fonction excrémentielle de la société de consommation apparaît évidente : « Est-ce qu'on ne peut pas en partant de là construire un produit et le lâcher avec une force véritablement explosive » (p. 146). Le comique de mots repose sur le double sens de « lâcher » ou « force explosive ». La société de consommation, iconisée par le rouleau de papier toilette, est une société de déjection. On produit et on rejette. Un produit « Mousse et Bruyère » en chasse un autre, « Bleu-blanc-rouge ». Le système capitaliste est lui aussi consommateur et dévorateur : il absorbe et rejette entreprises et salariés. « Une entreprise puissante s'engourdit et devient victime de jeunes ayant l'énergie que l'autre a perdue. Ce système a à voir avec le système excrémentiel » répond Michel Vinaver à Gérald Garutti dans *Capitalisme*, octobre 2007[1].

4. La légèreté

Dans les trois œuvres, le corps du travailleur peut aussi s'alléger, notamment lors des jours de grève de 1936 : « Joie de parcourir librement ces ateliers où on était rivé sur sa machine, de former des groupes, de causer, de casser la croûte » (« La vie et la grève des ouvrières métallos », p. 276). Des rires, des chansons fusent. La chaleur humaine réchauffe le métal des machines : « Joie de vivre, parmi ces machines muettes, au rythme de la vie humaine – le rythme qui correspond à la respiration, aux battements du cœur, aux mouvements naturels de l'organisme humain – et non à la cadence, imposée par le chronométreur » (p. 276). La pulsation, le rythme, la respiration,

1. *Cahiers du TNP* n° 8, p. 31.

l'organique a repris le dessus, la vie en somme. L'ouvrier a recouvré son humanité et gagné en légèreté.

Cette légèreté est à rapprocher de la présence de danseurs dans *Par-dessus bord*. Leur intervention n'est pas gratuite mais toujours motivée du point de vue de l'intrigue. Au premier mouvement, ils sont habillés en camionneurs et déposent une caisse dont sort Passemar. On les retrouve à la fin du mouvement en dieux scandinaves, interprétant le mythe des Ases et des Vanes. Au quatrième mouvement, protéiformes à la manière de Protée dans le livre 4 des *Géorgiques*, ils sont habillés en enquêtrices dans le cadre d'un sondage sur le rapport des Français à la défécation et au papier toilette. Enfin, ils chorégraphient la fin de l'histoire des Ases et Vanes et invitent dans leur farandole les employés de l'entreprise. Comme l'écrit Michel Vinaver : « Apollon et Dionysos dansent sur le volcan de la civilisation industrielle »[1].

Jours de fête aussi pour le laboureur satisfait de son travail, le corps reposé, « allongé sur l'herbe ». Il invite « les gardiens du troupeau à lancer un rapide javelot sur la cible d'un orme et à dépouiller leurs corps rudes pour la palestre champêtre » (2, p. 104).

Jour de gloire enfin pour le travailleur rêvé par Simone Weil dans « Condition première d'un travail non servile ». Le corps ouvrier a maintenant une dimension christique. Le travail relève de l'expérience mystique. En effet, il apparaît comme une approche de la beauté du monde et une imitation de la création. Il peut être alors rapproché de l'eucharistie. Le travailleur, par son travail, fait un don de soi et reçoit en échange la beauté du monde. Si l'ouvrier a souffert dans son âme et son corps, il a accompli sa vocation d'homme qui est « d'atteindre la joie pure à travers la souffrance » (p. 434).

1. *Cahiers, Théâtre Populaire Romand*, p. 31.

FICHE 20. Le temps du travail

1. La répétition, le rythme et la cadence

A. La répétition

Le travail, particulièrement dans le cadre de l'agriculture et de l'usine, se caractérise avant tout par la répétition. Comme l'explique Virgile : « Le travail des laboureurs revient toujours en un cercle, et l'année en se déroulant le ramène avec elle sur ses traces » (2, p. 96). Néanmoins, ici la répétition est calquée sur les saisons et donc en harmonie avec la nature et avec le monde. Il n'en va pas de même dans les usines décrites par Simone Weil où les ouvriers sont abrutis par les gestes répétitifs qu'ils fournissent : « Compter cinquante pièces... les placer une à une sur la machine, d'un côté, pas de l'autre... manier à chaque fois un levier... ôter la pièce... en mettre une autre... encore une autre... » (p. 265). Dans *Par-dessus bord*, on aboutit même à un comique de répétition puisqu'au début des premier, deuxième et quatrième mouvements et au sein du cinquième, Lubin s'acharne à vendre ses produits à la grossiste Madame Lépine avec plus ou moins de succès. Cette répétition mécanique contamine même la vie privée comme le fait remarquer ironiquement Margerie : « Margerie : Manger travailler dormir Benoît : Faire l'amour Margerie : Deux fois par semaine » (p. 69-70).

B. Le rythme et la cadence

La répétition s'accompagne d'une cadence très rapide afin d'assurer une bonne productivité. La course au rendement conduit à en demander toujours plus. En témoigne une ouvrière avec qui Simone Weil a discuté : « Il y a une chaîne [...] où on a [...] *doublé* le rythme depuis 4 ans » (p. 74). Le développement très détaillé sur le taylorisme dans la conférence intitulée « La rationalisation » (p. 301-26) montre d'ailleurs que l'objectif de cette organisation « scientifique » du travail était en réalité de forcer les ouvriers à aller toujours plus vite en les dépossédant du contrôle sur le temps de travail, décidé par des calculs mathématiques. La même obsession de la vitesse apparaît dans *Par-dessus bord* où il faut fournir les clients le plus rapidement possible. Les vendeurs « foncent à mort » (p. 18) et, une fois devenu patron, Benoît explique : « ceux d'entre vous qui ne suivent pas la cadence eh bien ils resteront sur le quai » (p. 131), ce qui est précisément le cas des ouvriers les moins forts et de Simone Weil, elle-même, qui a été licenciée plusieurs fois. La vitesse est un facteur d'esclavage et de déshumanisation puisque l'homme n'est plus qu'un corps incapable de penser : « pour “y arriver” il faut répéter mouvement après mouvement à une cadence qui, étant plus rapide que la pensée, interdit de laisser cours non seulement à la réflexion, mais même à la rêverie » (p. 60).

Le paysan des *Géorgiques* n'est pas soumis à ce rythme infernal imposé par des chefs et on peut lui appliquer l'opposition que propose Simone Weil entre le « rythme » et la « cadence » dans « Expérience de la vie d'usine » (p. 337). La cadence est « une précipitation misérable d'où toute grâce et toute dignité sont absentes », caractéristique du travail en usine, alors que le rythme concerne des « suites de mouvements qui participent au beau et s'accomplissent sans dégrader ». Weil donne un exemple que l'on pourrait croire droit sorti de chez Virgile : « plus un paysan fauche vite et bien, plus ceux qui le regardent sentent que, comme on dit si justement, il prend tout son temps ».

Dans *La Condition ouvrière*, la temporalité de l'ouvrier devient quasiment une fatalité tragique dont le dieu serait la « pendule de pointage » (p. 330) qui angoisse les travailleurs dont les arrivées et les départs sont systématiquement contrôlés : « L'écoulement (de ce) temps apparaît de ce fait comme quelque chose d'impitoyable, qui ne laisse aucun jeu au hasard » (p. 330).

2. Jours travaillés, jours fériés

A. Les jours de repos

Étant donné les longs efforts fournis par le travailleur, à une cadence souvent effrénée, le repos est un besoin vital, qu'il s'agisse de simples pauses, des jours de repos ou encore des différents jours fériés. Le paysan des *Géorgiques* semble travailler en permanence : les jours de pluie, la nuit, le jour en plein soleil (catalogue des travaux effectués pendant ces périodes au livre 1, p. 54-8). Il ne s'accorde pas moins des périodes de repos bien mérité, avec la satisfaction du travail bien fait. Virgile décrit des agriculteurs qui semblent soudainement quitter *Les Géorgiques* pour l'atmosphère plus alanguie des *Bucoliques* où l'on peut muser et s'allonger dans l'herbe : « du moins un repos assuré, [...] du moins les loisirs en de vastes domaines, les grottes, les lacs d'eau vive, du moins [...] les doux sommes sous l'arbre ne leur sont pas étrangers » (2, p. 100).

Dans le cadre de l'usine, l'ouvrier a lui aussi droit à des temps de repos et surtout à son week-end, mais on est bien loin de la sérénité virgilienne. Épuisé, il va seulement chercher à se détendre et à oublier : « causer avec des copains, lire des choses distrayantes, prendre l'apéro, faire une partie de cartes, jouer avec ses gosses » (p. 206). Même si c'est tout à fait légitime, Simone Weil n'éprouve qu'une seule crainte : ne plus être capable de penser, car « sombrer, en dehors des heures de travail dans une demi-somnolence, est une grande tentation » (p. 53). Elle mentionne néanmoins la petite révolution qui a suivi le Front populaire : la création des congés payés (p. 278).

Dans *Par-dessus bord*, en revanche, seuls les gens de pouvoir semblent avoir droit à des moments d'oisiveté. Benoît discute de façon récurrente avec Margerie alors qu'ils se trouvent tous deux allongés dans le lit conjugal, et Fernand Dehaze est systématiquement en train de peindre ou de contempler sa collection de bibelots du XVIIIe siècle.

B. Les jours de fête

Les jours non travaillés peuvent aussi être des moments de plaisir et de fête. Dans *Les Géorgiques*, la fête est religieuse et sportive : « Lui aussi a ses jours de fête, où, allongé sur l'herbe, tandis qu'au milieu brûle un feu sacré et que ses compagnons couronnent les cratères, il t'invoque, Lénéen[1], avec une libation, puis invite les gardiens du troupeau à lancer un rapide javelot sur la cible d'un orme et à dépouiller leurs corps rudes pour la palestre champêtre » (2, p. 104). On trouve l'équivalent de ce temps de vacance dans *Par-dessus bord*, avec les deux fêtes d'entreprise qui ouvrent et clôturent l'œuvre (premier et sixième mouvements). *La Condition ouvrière* ne mentionne pas de fête à proprement parler, mais la grève générale s'en rapproche manifestement comme le montre l'anaphore du mot « joie » dans l'article « La vie et la grève des ouvrières métallos ». Simone Weil signale d'ailleurs le glissement d'une temporalité à une autre : « Joie de vivre, parmi ces machines muettes, au rythme de la vie humaine – le rythme qui correspond à la respiration, aux battements du cœur, aux mouvements naturels de l'organisme humain – et non à la cadence imposée par le chronométreur » (p. 276). La temporalité des machines est supplantée par celle des individus, enfin libres.

C. La cessation de travail

Pour finir, on peut s'intéresser à un cas particulier : la cessation momentanée ou définitive du travail. *La Condition ouvrière* revient sur le thème obsédant du licenciement et du chômage. Weil raconte son propre renvoi d'une usine où elle a travaillé : « Que faire ? Un scandale ? Je risquerai de ne trouver d'embauche nulle part. Non, m'en aller bien sagement, recommencer à arpenter les rues, à stationner devant des bureaux d'embauche » (p. 268). Passemar est, lui aussi, inquiet de son avenir chez Ravoire et Dehaze et se met à élaborer une recherche d'emploi à la fin de la pièce, en se demandant s'il n'est pas déjà trop vieux : « ça me fait une dizaine d'années de plus qu'il n'est bon d'en avoir aujourd'hui » (p. 253). Simone Weil signale d'ailleurs elle aussi

1. Bacchus est aussi appelé « Lénéen », dieu des pressoirs qui servent à faire le vin.

que les hommes de plus de quarante ne sont pas embauchés parce qu'ils n'ont plus la condition physique pour suivre le rythme et sont considérés comme « incapables » (p. 271).

Le cas de la retraite est abordé uniquement dans *Par-dessus bord*, avec le départ précipité de Madame Bachevski. Sa retraite anticipée est présentée comme une récompense bien méritée : Benoît affirme qu'il lui offre « le loisir et le repos qu'[elle a] bien gagnés » (p. 206). En réalité, elle est littéralement « liquidée » et Passemar signale : « On dit que le taux de mortalité des gens à partir du moment où on les met à la retraite grimpe d'une façon vertigineuse » (p. 208). La temporalité dynamique et parfois frénétique du travail est donc aussi un moyen de rester en vie pour ceux qui s'effondrent une fois la page tournée.

Reste un dernier cas extrême : l'oisiveté et l'absence totale de travail. Dans *Par-dessus bord*, Jiji, la fille de Lubin, explique : « Oui faire en général j'aime pas trop [...] Non être sur le ventre sucer une paille ou bien me balancer » (p. 80). Néanmoins, elle semble avant tout errer sans repères jusqu'à son mariage avec Alex. L'oisiveté est beaucoup plus clairement condamnée dans *Les Géorgiques* où Jupiter a créé le travail précisément pour que les hommes évitent la paresse. Au livre 3, les bergers scythes décrits comme oisifs sont des barbares qui « mènent une vie tranquille et oisive dans des cavernes profondément creusées sous terre [...]. Là, ils passent la nuit à jouer, et s'enivrent, joyeux, d'une liqueur fermentée d'orge et de sorbes acides qui imite le jus de la vigne » (3, p. 132). Ils vivent dans des grottes comme des bêtes et pratiquent une version dégradée de l'*otium* romain où le vin est remplacé par une liqueur qui n'en est qu'une pâle copie. Simone Weil ne rêve pas non plus d'éternelles vacances, de « deux heures de travail abrutissant, et vingt-deux heures vides d'obligations » (p. 257). Au lieu de réduire le temps de travail, il faudrait en améliorer la qualité pour qu'il structure efficacement la vie des individus.

3. L'évolution historique du travail

Au livre 1 des *Géorgiques*, Virgile décrit le basculement du temps mythique vers le temps humain qui génère l'apparition du travail. Avant Jupiter, les hommes vivaient un Âge d'or où ils obtenaient le nécessaire sans faire le moindre effort : « la terre produisait tout elle-même, librement, sans contrainte » (1, p. 45). Pour éviter que les hommes ne sombrent dans l'oisiveté, Jupiter créa le danger et le manque, et les força par-là même à travailler et inventer diverses techniques pour subsister. C'est le début de l'évolution historique du travail humain.

Au cours de l'histoire, le travail a, en effet, connu des évolutions radicales à tous les niveaux : infrastructures, gestion du personnel, méthodes et techniques utilisées. Ainsi, dans l'Antiquité, on a d'abord pratiqué l'agriculture dans de petites propriétés familiales avant d'imaginer des structures beaucoup plus vastes : les *latifundia*. Dans le cadre de la politique agricole d'Octave, Virgile préconise un retour à l'ancien système : « Fais l'éloge des vastes domaines, cultives-en un petit » (2, p. 97). Le domaine industriel a lui aussi connu des métamorphoses au fil du temps. Simone Weil estime que les moindres changements historiques ou économiques ont une influence sur le monde ouvrier : « La condition ouvrière change continuellement ; elle est parfois autre d'une année à la suivante » (p. 328). À cette métamorphose continuelle s'ajoutent des variations en fonction des espaces économiques : « y a-t-il plus que le nom de commun entre un ouvrier japonais ou indochinois et un ouvrier suédois ou un ouvrier français d'après juin 1936 ? » (p. 389-90). En utilisant l'expression « ouvrier français d'après juin 1936 », Weil fait allusion au rôle joué en France par un changement historique et politique majeur : l'arrivée au pouvoir du Front populaire qui a durablement amélioré la vie des ouvriers : « au cours des sombres années qui ont précédé, la condition matérielle et morale des ouvriers français tendait cruellement à se rapprocher des pires formes de salariat » (p. 390).

Par-dessus bord met également en scène un changement radical de la gestion d'entreprise lié au contexte historique. Avec la mondialisation et l'avènement de la société de consommation s'annonce la fin d'un modèle économique incarné par la petite entreprise française Ravoire et Dehaze : une « affaire moyenne paisible roulant sans à-coups », « se développant régulièrement de cinq à dix pour cent par an le capital entièrement dans la famille un personnel en or » (p. 23). La gestion prudente et modérée du « bon père de famille » cède la place à une concurrence féroce où l'on prend tous les risques et où tous les coups sont permis. *Par-dessus bord* décrit ce passage d'une génération à une autre. Les travailleurs loyaux et humains disparaissent : Fernand Dehaze meurt et son fils Olivier est mis sur la touche, Madame Bachevski est mise à la retraite d'office. Ils sont remplacés par des jeunes loups familiers des méthodes de management ou de marketing à la mode : Dutôt, Saillant ou encore les consultants Jenny et Jack.

4. Un fonctionnement cyclique

Paradoxalement, cette temporalité, qui semble orientée droit vers l'avenir et reposer sur un progrès ou du moins un changement constant, est aussi cyclique. *Les Géorgiques*, en partie inspirées des *Travaux et les jours* d'Hésiode, suivent précisément le cycle des saisons et du calendrier d'où la division en deux du livre 1 consacré d'abord au labour, puis au zodiaque. C'est précisément cette temporalité qui semble idéale aux yeux de Simone Weil, car elle mélange répétition et variété, contrairement au travail en usine intrinsèquement monotone : « Le travail du paysan obéit par nécessité à ce rythme du monde ; le travail de l'ouvrier par sa nature même, en est dans une large mesure indépendant, mais il pourrait l'imiter » (p. 348). Pour sortir de ce temps « irrespirable », il faudrait que l'ouvrier ne soit plus englué dans chaque minute qui se succède, ce qui nécessiterait trois changements. L'ouvrier devrait avoir une connaissance globale de son usine, prévoir à moyen terme ce qu'il doit faire, et avoir une marge de manœuvre pour l'exécuter à sa guise. Ainsi, l'esprit serait capable de surplomber et de se projeter dans le temps, et l'ouvrier ne serait plus réduit à un corps englué dans l'instant présent (p. 284). Au cycle harmonieux du travail agricole, Weil oppose le cercle vicieux du travail ouvrier fondé uniquement sur la nécessité : « On travaille seulement parce qu'on a besoin de manger. Mais on mange pour pouvoir continuer à travailler. Et de nouveau on travaille pour manger » (p. 420).

Outre le cycle naturel des saisons, il existe aussi un temps cyclique mythologique. En effet, l'Âge d'or implique à la fois une dégradation progressive, avec les âges d'argent, de bronze et de fer, et un retour à l'Âge d'or à la fin du processus. Jupiter a mis fin à l'Âge d'or en mettant les hommes au travail ; Octave pourrait fort bien être à l'origine d'un nouvel Âge d'or comme le laisse par exemple penser la fin du livre 1 où Virgile implore les dieux : « n'empêchez pas au moins ce jeune héros de relever les ruines de ce siècle » (1, p. 68). La même temporalité cyclique se retrouve dans *Par-dessus bord*. La pièce dans sa totalité forme un cycle calqué sur l'histoire des Ases et des Vanes racontée par le professeur Onde. Les deux peuples de dieux se déclarent la guerre et après un combat long et incertain font brusquement la paix, revenant à l'état initial. De la même façon, l'entreprise Ravoire et Dehaze est attaquée par la United Paper Corporation américaine, les deux firmes se livrent une concurrence féroce avant que l'entreprise française ne soit soudainement rachetée par les Américains, ce qui amène un nouvel Âge d'or : « Mais au désastre succèdera un renouveau la terre émergera de la mer belle et verte et sans semailles le grain y poussera tous parleront amicalement du passé et de l'avenir et les tables d'or qui avaient appartenu aux Ases seront retrouvées dans le gazon » (p. 96). Ainsi s'explique la réplique finale de la pièce : « De sorte que la fin rejoint le commencement » (p. 255). Dans un entretien avec Gérald Garutti, Michel Vinaver apporte néanmoins une nuance : la temporalité cyclique semble être supplantée par une succession de plus en plus rapide : « Microsoft a damé le pion à IBM, Google dame le pion à Microsoft. C'est une chaîne sans fin, qui montre l'éternelle jeunesse du système. La décrépitude est toujours en cours, mais s'accompagne de croissance. Les mythologies traditionnelles comportaient des cycles d'éternel retour, donc des moments de régénération et de succession. Aujourd'hui, la succession semble se faire sans arrêt. »

FICHE 21. Aliénation et liberté

Le terme « aliénation » a pour étymon « *alienus* » qui signifie « autre », « étranger ». À l'origine, le substantif est un terme juridique qui se rapporte à un transfert de propriété. Plus généralement, l'aliénation va désigner en philosophie le processus par lequel un sujet est dépossédé de ce qui fait de lui un être humain. Il devient un autre, voire un étranger à lui-même, pire il est hanté par un autre, tel le narrateur personnage du *Horla* de Maupassant. Il perd son identité au profit d'un autre – un individu, un groupe, la société. Pour Marx, l'aliénation désigne la privation de libertés, des droits humains qui font l'essence de l'homme sous la pression de facteurs historiques qui l'asservissent à une classe dominante.

Pour La Boétie ou encore Rousseau, la liberté est un droit naturel et inaliénable. Celui qui renonce à sa liberté, renonce à sa qualité d'homme. Or, sous la férule du travail, l'agriculteur, l'ouvrier ou l'employé peuvent renoncer à cette liberté, devenir autre ou l'instrument d'un autre, usine ou compagnie. L'homme perd son autonomie de corps et d'esprit, devient dépendant d'une autorité supérieure ou plus généralement de son travail, de son entreprise ou des lois du marché. Son existence et son être sont devenus hétéronomes.

1. L'agriculteur soumis aux lois divines, naturelles et humaines

A. Les lois divines

Dans *Les Géorgiques*, le travailleur est soumis d'abord aux Dieux champêtres qu'il convient d'invoquer en une *captatio benevolentiae* au début du livre 1 (p. 37-40). Virgile invoque aussi Octave qui, une fois mort, sera divinisé, Bacchus, protecteur des dieux et de la vigne, au début du livre 2, enfin Palès, protecteur des troupeaux et Apollon, qui a été bouvier. On se souvient que l'action de Jupiter a été le déclencheur du travail humain comme l'action de Dieu dans la Chute. C'est une rupture civilisationnelle, imputable aux dieux, mais surtout aux hommes. En effet, Jupiter punit la paresse des hommes qui se contentaient de laisser pousser une nature féconde durant l'Âge d'or. Jupiter met alors l'homme au travail. De surcroît, il crée des catastrophes climatiques et des animaux féroces pour éprouver la vaillance et l'adaptabilité de l'homme. Il met en jeu sa perfectibilité. L'homme prométhéen va devoir créer la navigation, la chasse, l'astronomie, les techniques pour faire du feu et fabriquer des armes. Il est aidé par Cérès, la déesse des moissons et de l'agriculture à laquelle il fera un sacrifice annuel.

B. Les lois naturelles

Le paysan doit ensuite se plier aux lois de la nature. Il faut sélectionner les plantes en fonction du climat et du terrain : « Telles sont les lois et les conditions éternelles que la nature a, dès le début, imposées à des lieux déterminés » (1, p. 41-2). L'agriculteur dépend aussi de l'astrologie et du zodiaque, du cycle des saisons, du rythme de la nuit et du jour, de la pluie et de la touffeur de l'été. Virgile montre au livre 2 combien la croissance des arbres dépend des conditions climatiques. Son travail est aussi menacé par des fléaux naturels : les prédateurs, comme les reptiles, les maladies des plantes et des animaux, telles la gale du mouton ou la peste de Norique, détaillées au livre 3. Les conditions climatiques et les intempéries sont également des données contraignantes. La description d'une énorme tempête vient clore la liste des travaux du laboureur en fonction du temps et du calendrier (1, p. 54-8).

C. Les lois humaines

Enfin, la guerre est de l'ordre de la catastrophe, d'origine humaine. Elle est synonyme de chaos. Elle fait négliger l'agriculture, elle ravage la terre et réduit le nombre de paysans : « La charrue ne reçoit plus l'honneur dont elle est digne ; les guérets sont en friche, privés des laboureurs entraînés dans les camps ; et les faulx recourbées servent à forger une épée rigide » (1, p. 68).

Le travail de l'agriculteur dépend aussi de bons outils (voir le développement sur les instruments aratoires au premier livre, p. 47 et s.) et de sa force de travail, de sa technique et de patience comme le souligne le détail des soins portés à la vigne (2, p. 88-97).

Pour finir, ce sont les animaux et les plantes qui dépendent de l'homme technique (*homo faber*) qu'est l'agriculteur. Ainsi, Virgile montre aux pages 75 à 77 du livre 2 que si les arbres poussent naturellement, ils sont plus vigoureux certes, mais stériles. Grâce à la greffe effectuée par les hommes, l'arbre est rendu fertile.

2. L'ouvrier, esclave en usine

A. La servitude volontaire

Dans sa lettre du 12 avril 1935 à Boris Souvarine, Simone Weil, dès le lendemain soir de son embauche à l'usine Jean-Jacques Carnaud et Forges, fait part de son expérience en termes bruts. Elle n'y restera qu'un mois : « La soi-disant petite boîte sympathique s'est avérée être, au contact, d'abord une assez grande boîte, et puis surtout une sale, très sale boîte » (p. 73). L'atelier où elle a été affectée est « particulièrement dégoûtant », elle le qualifie d'« atelier infernal » (p. 76). Elle a travaillé au rythme de 400 pièces à l'heure jusqu'à 4 heures, et à 4 heures le contremaître est venu lui dire que si elle n'en faisait pas 800, il la renverrait. Le lendemain, elle est arrivée à 650. Elle est épuisée mais un peu étonnée de constater que les ouvrières, le soir, sont encore « capables de babiller » (p. 74). En fait, une ouvrière lui explique qu'au bout de quelques années, ou même d'un an, les ouvriers arrivent à ne plus souffrir. C'est ce qui semble à Simone Weil « le dernier degré de l'avilissement » (p. 75). Les ouvrières se sont laissées « réduire à cet esclavage » (p. 75) progressivement. Il y a 5 ans, elles touchaient 70 francs par jour, elles auraient accepté n'importe quoi pour cette somme. Maintenant, elles touchent 5 francs de l'heure, c'est-à-dire moins alors que la pénibilité des conditions de travail s'est accrue. À la manière de La Boétie, on peut se demander comment on est arrivé à ce degré « de servitude volontaire ».

B. L'ordre et la nécessité

L'univers de l'usine décrit par Simone Weil est celui de la nécessité et de la contrainte. L'ouvrier doit obéir aux ordres : « On est là pour obéir et se taire. On est au monde pour obéir et se taire » (p. 270). Le travailleur n'est pas en mesure de contester. De toute façon, un autre ordre succédera au précédent : « Je devais limiter constamment mon attention au geste que j'étais en train de faire. Je n'avais pas à le coordonner avec d'autres mais seulement à le répéter jusqu'à la minute où un ordre viendrait m'en imposer un autre », écrit-elle dans « La vie et la grève des ouvrières métallos » (p. 284). Objet du système tayloriste, décrit dans « La rationalisation », l'ouvrier non qualifié, travaillant à la chaîne, doit maintenir une cadence et produire en série des gestes mécanisés et juxtaposés. S'il n'est pas assez rapide, comme Simone Weil, soit il accélère, soit il est menacé de renvoi. Il doit être productif. Il ne sait pas quelle est la destination de la pièce qu'il confectionne. Peu importe, ce qui compte, c'est son rendement. Lui ne compte pour rien. Il n'aura d'ailleurs aucune récompense, aucune parole encourageante, aucun remerciement.

C. La déshumanisation

On a pu reprocher à Simone Weil d'employer le terme d'« esclavage ». L'ouvrier perçoit un salaire quand l'esclave antique était la propriété de son maître. Pour Weil, l'ouvrier est en deçà de l'esclave grec. Celui-ci pouvait maudire intérieurement son maître. C'est interdit à l'ouvrier. Travailler dans le ressentiment, c'est mal travailler, c'est risquer un faux mouvement qui de fil en aiguille peut mener au renvoi. Si le maître s'imposait par le fouet dans l'esclavage antique, dans l'esclavage moderne, le fouet est intériorisé : « J'ai parfois pensé qu'il vaudrait mieux être plié à une semblable obéissance du dehors, par exemple à coups de fouet, que de devoir ainsi s'y plier soi-même en refoulant ce qu'on a de meilleur en soi. Dans cette situation, la grandeur d'âme qui permet de mépriser les injustices et les humiliations est presque impossible à exercer » écrit-elle dans « La vie et la grève des ouvrières métallos » (p. 285). L'ouvrier vit dans la soumission et l'humiliation. Simone Weil s'est surprise à trouver en elle le sentiment de la docilité. Une docilité de « bête de somme » (p. 283) résignée et impuissante, presque complice de sa servitude.

L'ouvrier est rendu en-deçà de la bête, « abrutie » (p. 75), en deçà de la machine parce que sa pensée est séparée de son action, parce que son corps est séparé de sa pensée, parce qu'il a renoncé à sa dignité et à ce qui est l'essence de l'homme, sa pensée et sa liberté.

3. L'employé soumis aux lois du marché

L'employé dans *Par-dessus bord*, dispose d'un peu plus d'autonomie que l'ouvrier en usine, mais il est aussi soumis à la nécessité et à la contrainte. L'entreprise elle-même est soumise à la concurrence de la compagnie américaine United Paper Europe, aux nouvelles lois du marché que durcit la mondialisation, à la nécessité de réformer son type de management et de se mettre aux tables du marketing. Sinon, le paquebot coule et ses employés avec.

Épopée du capitalisme, héroïque et euphorique en apparence, la pièce montre aussi que la machine broie des individus, aliénés par les nouvelles règles de l'entreprise mais aussi par les diktats de la société de consommation. Le choix de l'objet iconique, le papier hygiénique, les gloses psychanalytiques sur le stade anal, le *brainstorming* sur la culpabilité à trouver du plaisir à « chier » en disent assez long sur la fonction excrémentielle du capitalisme et de la consommation de masse. En ces conditions, l'individu n'est qu'une cible pour le décalogue des temps modernes, c'est-à-dire les lois du marketing. C'est un consommateur dont on alimente et survolte les désirs.

Au sein de l'entreprise, si l'employé ne se plie pas aux nouvelles lois du management et du marché, il est licencié (Dutôt), déclassé (Lubin, Passemar), mis à la retraite anticipée (Madame Bachevski), remplacé (Olivier) voire tué indirectement, comme Fernand Dehaze par son propre fils Benoît. Pour Michel Vinaver, la mort fait partie de la vie ; elle est tellement inscrite dans le destin des hommes qu'elle ne vaut pas la peine d'être dramatisée. La mort de Fernand, euphémisée, se fera en coulisses comme celle de l'agneau dans la fable de La Fontaine. « Au fond, je trouve plus intéressant de voir comment quelqu'un perd son emploi, que la façon dont quelqu'un perd sa vie », dit Michel Vinaver à Catherine Naugrette[1].

Le contrepoint alternant l'épopée de la maison Ravoire et Dehaze et la guerre des dieux Ases et Vanes avec « à leur tête Odin le dieu roi et Thor le dieu guerrier en face » (p. 33) nous enseigne enfin que les lois du marché sont la nouvelle transcendance, régnant sur la destinée des directeurs d'entreprise et des cadres ou employés qui doivent apprendre à se reconvertir, vite, sous le poids de la nécessité économique.

4. La reconquête de la liberté ?

Il y a tout de même dans ce tableau sombre de la condition ouvrière et paysanne quelques espoirs de liberté, voire de libération. L'agriculteur virgilien, ayant su pronostiquer les aléas climatiques (1, p. 59-67), dominant ses outils et ses bêtes, cultivant avec vaillance sa terre est un homme heureux et libre (2, p. 99-103). Tel l'apiculteur Aristée qui, à la fin du livre 4, grâce au conseil de sa mère Cyrène et de Protée, a pu apaiser les mânes d'Orphée et d'Eurydice, et voir renaître des essaims d'abeille.

Dans *La condition ouvrière*, le Front populaire et les grèves de 1936 offrent quelque espoir de libération que Simone Weil décrit dans « La vie et la grèves des ouvrières métallos ». Durant ce mois de mai 1936, les ouvriers ont investi les usines, ce que l'on a appelé la « fête ouvrière » : « Il s'agit, après avoir tout plié, tout subi, tout encaissé en silence pendant des mois et des années, d'oser enfin se redresser. Se tenir debout. Prendre la parole à son tour. Se sentir des hommes, pendant quelques jours. Indépendamment des revendications, cette grève est en elle-même une joie. Une joie pure. Une joie sans mélange » (p. 275). Au cassant des ordres et au sécant de la cadence se substituent la fluidité et le rythme : « Joie de parcourir librement ces ateliers où on était rivé sur sa machine » et « Joie de vivre, parmi ces machines muettes, au rythme de la vie humaine » (p. 276). Pour en finir avec l'esclavage moderne, il faut en passer non par la révolution mais par des réformes en profondeur qui rendent à l'ouvrier sa grandeur, sa dignité et sa liberté. Pour reconquérir sa liberté, l'ouvrier doit penser son travail, dominer la matière et la machine et non être l'esclave de son chef et l'instrument au service de la machine.

1. M. Vinaver, « Dans l'évidence du poétique », Entretien avec Catherine Naugrette, *Théâtre de Michel Vinaver, La Chronique et la poésie*, Revue Colline.fr, dossier 01, novembre 2004.

Par-dessus bord, comme toute comédie d'inspiration aristophanesque, se termine par un triple mariage et un festin, ici une fête d'entreprise qui célèbre la fusion de la maison Ravoire et Dehaze et d'United Paper Europe (ou plutôt l'absorption de l'entreprise française). Le dénouement est comme un tiroir à double fond. En apparence, l'ambiance est euphorique et les personnages, heureux et libres. Chacun part vers son destin librement choisi. Alex, recruté par le service *merchandising*, épouse Jiji, la fille de Lubin. Olivier épouse Margerie et part avec elle créer un salon de beauté à San Francisco. Benoît annonce son mariage avec Jenny. Ils vont fonder Metahair en partenariat avec les Américains. Madame Bachevski n'en finit pas de remercier ses anciens employeurs. Même Madame Alvarez, sa rivale, est émue. L'épopée du capitalisme et du marketing effervescent est joyeuse. Les danseurs portent Passemar « dans une procession à laquelle se joignent, dansant la farandole, tous les participants du festin » (p. 254). Cependant, l'euphorie ne saurait faire oublier l'essence guerrière du capitalisme et l'ironie de ce dénouement *ex machina* : « les Ases et les Vanes font la paix une paix surprenante aussi harmonieuse que la guerre a été implacable » conclut M. Onde (p. 254).

FICHE 22. Les rapports humains au travail

1. La solitude du travail

Dans *Les Géorgiques*, le paysan est souvent seul pendant son travail. Cet isolement est loin d'être négatif, car l'homme n'en est pas moins en harmonie avec le monde. Surtout, il côtoie les animaux qu'il élève ou qu'il utilise comme bêtes de somme et se montre d'une grande empathie à leur égard. C'est ce que prouve l'épisode de la peste du Norique à la fin du livre 3. Le paysan est profondément affligé de voir les animaux mourir et partage leur souffrance : « Le laboureur s'en va, tout triste, dételer l'autre bœuf affligé par la mort de son frère » (3, p. 139). L'ouvrier est tout aussi seul face à la machine, mais cette situation se révèle déshumanisante, d'autant que l'isolement a été accentué par les nouvelles méthodes de production. Simone Weil explique que le taylorisme a transformé les travailleurs en « molécules », en « structure atomique », concentrés sur leurs gestes répétitifs (p. 321). Même si cet aspect est moins visible chez Vinaver, d'autant qu'il s'agit au départ d'une petite entreprise où tout le monde se connaît, on peut noter certaines répliques anonymes qui fusent lors de la fête d'entreprise comme : « Ça fait rien on passe sa vie ensemble en même temps on se connaît pas ou presque je vous connais presque pas moi » (p. 28).

Le vieillard de Coryce décrit au livre 4 des *Géorgiques* est lui aussi seul dans son jardin. Néanmoins, sa solitude possède une dimension plus philosophique car il incarne l'épicurien qui vit heureux, à l'écart de l'agitation du monde décrite dans l'éloge du paysan au livre 2, entre guerres, flots de clients à satisfaire et luxe futile.

Simone Weil évoque, quant à elle, l'existence d'une solitude « de classe ». La souffrance du monde ouvrier ne peut être comprise de l'extérieur, par ceux qui n'ont pas vécu dans leur chair l'expérience de l'usine. Il existe déjà un fossé au sein de l'usine entre les ouvriers et leurs supérieurs (contremaîtres ou régleurs) : « [...] la relation de chef à subordonné n'est pas de celles qui facilitent la compréhension mutuelle. On ne comprend jamais tout à fait ceux à qui on donne des ordres. On ne comprend jamais tout à fait non plus ceux de qui on reçoit des ordres » (p. 211). Les chefs d'entreprise seraient donc, à plus forte raison, dans l'incapacité totale de comprendre leurs ouvriers. Weil explique ainsi à Victor Bernard qu'il est étranger à ceux qu'il commande et elle se moque dans une lettre à Detœuf des deux patrons bedonnants qu'elle a entendu tenir des propos dignes de révolutionnaires (p. 291-5). Dans sa réponse, Detœuf demande à Weil d'être plus nuancée en lui expliquant que les patrons travaillent aussi beaucoup pour leur entreprise et qu'il s'agit peut-être par ailleurs d'anciens ouvriers (p. 295-301). Les hommes politiques qui prétendent s'occuper des travailleurs sont eux aussi en complet décalage avec ceux-ci et déclenchent les sarcasmes de Simone Weil, qu'il s'agisse de Léon Blum, incapable de comprendre les causes de la grève générale (p. 275) ou des communistes russes : « Seulement, quand je pense que les grrrands [...] chefs bolcheviks prétendaient créer une classe ouvrière *libre* et qu'aucun d'eux – Trotsky sûrement pas, Lénine je ne crois pas non plus – n'avait sans doute mis le pied dans une usine et par suite n'avait pas la plus faible idée des conditions réelles qui déterminent la servitude ou la liberté pour les ouvriers – la politique m'apparaît comme une sinistre rigolade » (p. 52-3).

2. Rapport de force et agressivité

Les rapports humains restent néanmoins souvent conflictuels dans le cadre du travail, soit à cause de la hiérarchie inégalitaire, soit à cause de la compétition qui peut se mettre en place entre égaux. Les ambitions et rivalités sont très présentes chez le personnel de Ravoire et Dehaze. Passemar espère bien prendre la place de Madame Alvarez quand elle partira à la retraite. Madame Alvarez et Madame Bachevski sont en conflit permanent et la première fait un esclandre quand l'autre s'arroge ses prérogatives (p. 91-4). Enfin, Cohen emploie à juste titre le terme « clan » (p. 56) : progressivement les partisans de Fernand et Olivier Dehaze et ceux de Benoît se retrouvent en confrontation. Dans *La Condition ouvrière*, la concurrence et la course à la prime sont le fondement même du taylorisme qui met donc en péril la camaraderie (p. 321), tout comme les petites inégalités : « Celui qui gagne un peu plus méprise celui qui gagne un peu moins » (p. 280). Les patrons ont tout intérêt à détruire le moindre élan de solidarité entre ouvriers. « Ford dit ingénument qu'il est excellent d'avoir des ouvriers qui s'entendent bien, mais qu'il ne faut pas qu'ils s'entendent trop bien parce que cela diminue l'esprit de concurrence et d'émulation indispensable à la production » (p. 321). L'article intitulé « La Condition ouvrière » fait même allusion à l'hostilité à laquelle se retrouvent confrontés les travailleurs immigrés en France (p. 396).

La concurrence est tout aussi rude entre entreprises, comme lorsque le P.-D.G. de Ravoire et Dehaze est confronté à Young, patron de la United

Paper Company dans *Par-dessus bord*. Comme l'explique Fernand Dehaze lui-même, « plus ils sont gros plus ils ont faim » (p. 24). Dans cette pièce, les relations humaines au sommet de l'entreprise sont très particulières. En effet, aux querelles de pouvoir se greffent des relations familiales complexes. Le P.-D.G., Fernand Dehaze, est le père de deux demi-frères : Olivier, le fils légitime, et Benoît, le fils naturel qui vit depuis son enfance chez son père et sa belle-mère. Lorsque l'entreprise se retrouve dans une situation délicate à cause du fiasco de Bleu-Blanc-Rouge, Olivier voudrait discuter de l'avenir avec son père. Benoît veut en revanche directement le mettre sur la touche. Il finit par commettre un double « assassinat » (p. 76), pour reprendre le terme d'Olivier. D'abord, il trompe son père en lui disant que c'est Olivier qui veut le voir partir et Fernand Dehaze a un infarctus peu de temps après. Ensuite, alors qu'il est dans le coma et maintenu en vie par un respirateur, Benoît refuse de continuer à payer les soins, et son père est débranché. Benoît est à la fois l'incarnation psychanalytique du fils qui « tue le père » et de l'arriviste qui s'empare du pouvoir par tous les moyens. Il relève aussi du motif classique des frères ennemis, puisqu'il est en conflit avec son frère qu'il finit par supplanter. Avec l'aide du banquier Ausange, il remplace Olivier à la tête de l'entreprise familiale et le cantonne à la branche des relations humaines. Finalement, Olivier quitte l'entreprise pour créer une affaire aux États-Unis. Il s'agit d'un fratricide symbolique, même si Olivier emporte dans ses bagages Margerie, la femme de Benoît...

Le rapport entre le travailleur et son supérieur se caractérise avant tout par l'hypocrisie. Chez Vinaver, on perçoit ainsi une forme de flatterie un peu servile de la part de Passemar lorsqu'il s'adresse à son nouveau chef, Benoît, au cours d'un entretien de carrière : « D'abord vous dire monsieur que depuis que vous avez pris la présidence [...] Vous avez ouvert la fenêtre on respire » (p. 147). À l'inverse, Dutôt dit ses quatre vérités à Fernand Dehaze et se fait immédiatement licencier : « Dutôt : Je crois monsieur le président que les bêtises viennent de plus haut. Dehaze : À partir de ce soir vous ne faites plus partie de la maison je demanderai à Monsieur Cohen de préparer votre compte » (p. 60). C'est précisément le constat que fait Simone Weil : les ouvriers subissent toutes les brimades de leurs supérieurs en silence par peur d'être licenciés. « La nécessité de répondre aux paroles brutales sans aucune nuance de mauvaise humeur, et même avec déférence, s'il s'agit d'un contremaître » (p. 273). Ils subissent sautes d'humeur et caprices sans un mot, y compris quand la situation est absurde en cas d'ordres contradictoires ou impossibles à exécuter, ou quand leur vie est en danger. Simone Weil raconte qu'elle a travaillé deux heures en risquant de se faire assommer par un balancier (p. 220) sans aucune objection. On ne peut alors plus véritablement parler de rapports humains mais d'une « subordination impersonnelle, brutale et froide comme le fer » (p. 335).

Cette violence propre au monde du travail peut avoir des répercussions sur la vie privée des travailleurs. Dans *Par-dessus bord*, Benoît pose sur Margerie le même regard que sur ses employés ou ses produits et la considère comme une femme-objet. Dans le quatrième mouvement, il veut l'attirer au lit et joue aussi sur l'appât du gain pour qu'elle accepte de vendre la collection de bibelots de Fernand Dehaze. Les mêmes répercussions sont visibles à l'autre bout de l'échelle sociale. Weil explique qu'en famille et dans les rapports entre les sexes, les ouvriers se satisfont de « jouissances rapides et brutales » (p. 351) et que la famille ne sera pas respectée tant que les conditions de travail n'auront pas changé. À l'inverse, le paysan en harmonie avec le monde de Virgile jouit aussi d'une vie de famille agréable et joyeuse.

3. Camaraderie et solidarité

Concernant l'existence d'une camaraderie et même d'une solidarité entre travailleurs, c'est sans doute Simone Weil qui fait le constat le plus pessimiste. Face à l'isolement de l'ouvrier obsédé par sa tâche, le syndicalisme pourrait être une solution. Or, le mouvement ouvrier est quasi-inexistant, comme le montre l'anecdote qu'elle raconte dans sa lettre à Nicolas Lazarévitch (p. 62-5). Personne ne parle jamais de syndicats à l'usine, et lorsque quelqu'un distribue des tracts à l'heure de la reprise du travail, les ouvriers les prennent par bravade mais n'en parlent plus par la suite. Lorsque Weil interroge un ouvrier sur la présence syndicale dans l'usine, il lui répond d'« un haussement d'épaules et d'un rire significatif » (p. 64).

Il ne semble pas y avoir non plus le moindre délégué syndical chez Ravoire et Dehaze. L'échange amical a en réalité bien lieu, mais à petite échelle, de façon discrète, entre individus. Dans *Par-dessus bord,* les petites marques de sympathie apparaissent ici ou là comme la réplique de Lubin à Madame Alvarez : « He vous êtes fraîche et pimpante comme jamais Madame Alvarez » (p. 151). Cette chaleur humaine est d'autant plus précieuse dans le cadre de *La Condition ouvrière* où tous les travailleurs sont épuisés et déshumanisés. Simone Weil raconte une anecdote autobiographique (p. 58-9) : alors qu'elle souffre atrocement de la chaleur face au four où elle chauffe des bobines au rouge, un soudeur lui lance un « sourire triste, plein de sympathie fraternelle, qui [lui] fait un bien indicible ». Ces petits gestes qui pourraient sembler anodins dans un autre contexte demandent en réalité un gros effort : « le moindre acte de bienveillance, depuis un simple sourire jusqu'à un service rendu, exige qu'on triomphe de la fatigue » (p. 68). C'est parfois simplement le fait de travailler ensemble sans rien dire qui peut créer un moment d'harmonie. À côté du soudeur qui sourit à Simone Weil, un groupe de chaudronniers travaille avec application, l'air heureux. La même atmosphère teinte un passage des *Géorgiques* où il s'agit cette fois du paysan et de sa femme qui travaillent tranquillement l'un à côté de l'autre par une froide nuit d'hiver : il « taille des torches en forme d'épis ; cependant, charmant par ses chansons l'ennui d'un long labeur, sa compagne fait courir un peigne crissant sur les toiles, ou cuire la douce liqueur du moût aux flammes de Vulcain » (1, p. 56).

La fraternité est plus visible encore lors des temps forts de fête ou de grève, très fédérateurs. Les paysans des *Géorgiques* se retrouvent l'hiver quand ils ont moins de travail et « jouissent d'ordinaire du fruit de leurs travaux, en donnant tour à tour de gais festins entre eux » (1, p. 56). Dans *Par-dessus bord*, lors de la fête finale, l'émotion est à son comble : Madame Lépine fait un discours en l'honneur de Lubin et finit en larmes. Même Madame Alvarez est finalement touchée par le départ de Madame Bachevski ! Chez Simone Weil, c'est la grève qui génère « un peu de chaleur humaine sur tout ce métal » (p. 277). Le contraste entre le travail et ce temps fort ponctué de musique, de chants et de rires, est bien montré : « Comme on se sent entre camarades dans ces ateliers où, quand j'y travaillais, chacun se sentait tellement seul sur sa machine ! » (p. 276).

4. L'idéal d'une communauté harmonieuse

L'harmonie parfaite de la communauté des travailleurs relève évidemment de l'idéal. Chez Virgile, il est incarné par la famille et par la société des abeilles. Le paysan mène une vie de famille harmonieuse avec sa femme qui travaille à ses côtés, et « ses enfants câlins suspendus à son cou se disputent ses baisers » (2, p. 104). En ce qui concerne la société des abeilles, après une longue description de la répartition des tâches en fonction de l'âge et des capacités de chacune, Virgile explique que les abeilles « mettent en commun les trésors amassés » (4, p. 154), évitant ainsi la création d'inégalités. Néanmoins, le groupe a besoin d'un « roi » à sa tête, d'une figure fédératrice. En son absence, tout se délite et le chaos s'installe comme le montre l'opposition suivante : « Tant que ce roi est sauf, elles n'ont toutes pour lui qu'une seule âme ; perdu, elles rompent le pacte, pillent le magasin de miel, brisent les claies des rayons » (p. 157). C'est exactement ce que constate Grangier dans *Par-dessus bord* : l'entreprise Ravoire et Dehaze représente une forme idéale d'entreprenariat à la française, petite structure à taille humaine. Lorsque le

P.-D.G. Fernand Dehaze perd le contrôle de l'entreprise avec l'échec du papier toilette Bleu-Blanc-Rouge puis meurt, générant une querelle entre ses deux héritiers potentiels, le chaos et la violence s'installent : « C'est la boîte entière qui fout le camp il n'y a plus de boîte monsieur Olivier il n'y a plus que les gens et les gens c'est jamais très joli quand il n'y a plus de boîte pour leur donner le sentiment qu'ils font quelque chose en commun » (p. 61).

Dans *Par-dessus bord*, l'idéal de fraternité est à la fois passé et à venir. Les employés de la version « à la française » de Ravoire et Dehaze finissent par tisser des liens authentiques : ils sont très touchés lorsque Fernand Dehaze tombe dans le coma, Lubin finit par confier ses difficultés familiales à Madame Lépine : « Je me fais du souci pour ma gosse à moi » (p. 123). Lorsque Fernand Dehaze qualifie la fête de « réunion de famille » (p. 32), au-delà de l'expression convenue, on peut y voir une réalité. Les employés eux-mêmes font l'éloge de leur patron : « Cohen : On ne retrouvera plus un homme pareil/ Madame Bachevski : Profondément humain » (p. 71). À l'inverse, Margerie reproche à Benoît son « grand sourire américain » hypocrite (p. 45). Malgré le chaos généré par la mort de Fernand Dehaze, la légende de Hödhr et Baldr laisse penser que l'harmonie sera retrouvée une fois que les deux entreprises française et américaine auront fusionné. Dans *La Condition ouvrière*, en revanche, l'harmonie est encore à venir et sera bien difficile à atteindre. Elle reposerait sur une « grande respiration du travail en commun à laquelle il est enivrant d'avoir part » (p. 329). Pour atteindre cet objectif, il faudrait déjà mettre fin au mépris de classe visible chez certains patrons. Simone Weil déclare ainsi à Victor Bernard : « Le premier des principes pédagogiques, c'est que pour élever quelqu'un, [...] il faut d'abord l'élever à ses propres yeux » (p. 213). Il faudrait ensuite que les ouvriers et les patrons connaissent mieux les obligations et le travail les uns des autres et soient capables d'établir des rapports de confiance. On pourrait finalement aboutir non plus à une « soumission » pure et simple mais « à un certain mélange de subordination et de collaboration, l'idéal étant la collaboration pure » (p. 231).

FICHE 23. Travail et société

1. Macrocosme et microcosme

Le monde du travail peut être considéré comme un microcosme qui serait le reflet du macrocosme : la société tout entière. L'organisation de l'entreprise peut en effet avoir un lien avec la structure sociale. On observe chez Virgile une division très simple. D'un côté se trouvent les paysans, travailleurs qui ont des valeurs morales authentiques et vivent isolés, et de l'autre toute une société immorale qui plonge dans la violence guerrière, le luxe ou les plaisirs futiles. Virgile mentionne ainsi les patrons, qui vivent entourés d'or et de bronze dans « une haute demeure dont les superbes portes vomissent tous les matins un énorme flot de clients venus pour les saluer » (2, p. 99-100).

Simone Weil estime, en revanche, que l'usine est le reflet de la société dans sa globalité. Selon elle, la société se divise « en deux catégories, les gens qui comptent pour quelque chose et les gens qui comptent pour rien » (p. 223) ; et l'entreprise entre ceux qui dominent, patrons ou contremaîtres, et ceux qui sont soumis, les ouvriers. La situation des ouvriers est déterminée par des « conditions de vie effectives » (p. 214) dont il est presque impossible de sortir. En effet, on ne se bat que quand on a quelque chose de précieux à défendre, des droits ou sa liberté. Or, les ouvriers n'ont rien de tout cela et sont en plus écrasés par une force qui est largement supérieure à eux. Simone Weil elle-même explique aux pages 221 et 222 qu'elle ne réagit pas aux brimades qu'elle subit à l'usine alors qu'elle ne se laisserait pas faire dans le milieu universitaire dont elle est issue, dotée de ses compétences et de son libre-arbitre. Un employé de Ravoire et Dehaze qui discute pendant la fête de l'entreprise déclare à son tour : « Qu'ils cherchent à nous exploiter c'est normal c'est leur rôle qu'est-ce que tu ferais si t'avais le pognon » (p. 29). L'exploitation des pauvres par les riches semble donc être une fatalité, une norme que tout le monde a intégrée.

Vinaver propose une lecture psychanalytique surprenante de cette lutte des classes par le biais du psychosociologue Reszanyi qui déclare : « Deux familles de personnes paraissent à première vue se distinguer ceux pour qui l'acte d'évacuer ses excréments est une servitude nous les appellerons les opprimés et ceux pour qui il constitue une libération, nous les appellerons les libérés j'ai ici une interview où les événements de Mai 68 sont vécus comme une défécation à laquelle il a été pris collectivement plaisir » (p. 170). D'un côté, on trouve les gens guindés et conservateurs pour qui la défécation est tabou, et de l'autre les grands enfants joyeux qui n'ont plus aucun interdit et sont plongés dans une jouissance physique et matérielle débridée.

2. Individu et société

Dans les trois œuvres, le travail conduit l'individu à se sacrifier pour le groupe afin d'assurer le bon fonctionnement de l'entreprise et, dans le prolongement, de la société. Ce sacrifice se fait souvent contraint et forcé. Chez Vinaver, l'individu rentre dans l'entreprise qui le rejette au bout d'un moment. Passent ainsi « par-dessus bord » les employés qui ont été exploités et sont à présent considérés comme des déchets inutiles : Madame Bachevski, Passemar, Olivier Dehaze, tandis que d'autres les remplacent pour être exploités à leur tour : Dutôt, Peyre ou Alex, le seul à comprendre que l'entreprise fonctionne comme une « fosse à merde » (p. 238) où se retrouvent les gens après avoir été avalés par le système. Ainsi s'explique l'allusion au sacrifice toujours présent dans les comédies d'Aristophane qui se trouve à la fin de la pièce. Simone Weil évoque elle aussi les difficiles conditions de vie des ouvriers licenciés après avoir apporté leur force de travail à l'usine, en particulier les Polonais, qui sont les premiers à être évincés en cas de crise, parce qu'ils sont étrangers (p. 239).

Chez Vinaver, le consommateur est tout aussi méprisé et se trouve réduit à un circuit alimentaire : « le consommateur est une grande bouche et un grand cul faut que ça entre et faut que ça sorte », explique Jack à la fin du quatrième mouvement (p. 184). Le consommateur content de ses achats est infantilisé, semblable à un enfant qui jouirait de s'amuser avec son caca. Il en va de même des employés comme le malheureux Battistini, que Jenny accuse devant tout le monde : vous vous sentez « coupable d'avoir tripoté votre merde avec ravissement vous n'avez pas aimé que je vous rappelle ça » (p. 141). « Vous entendez ? C'est fini ? C'est la phrase que lui disait sa maman quand il ne voulait pas se lever du pot » (p. 142). Battistini, furieux d'être traité comme un petit enfant, quitte d'ailleurs la réunion de travail en claquant la porte.

Certains sacrifices sont néanmoins parfaitement volontaires. Madame Bachevski semble suivre cette logique. Alors qu'elle a été mise à la retraite anticipée de façon très brutale, elle prononce un discours paradoxal lors du festin de mariage final qui a lieu dans le sixième mouvement de la pièce : « j'ai jamais rien caché jamais rien refusé toujours donné alors je me suis donnée à la société merci à monsieur Benoît de m'avoir invitée merci merci pour tout ce que vous avez fait merci à vous tous merci pour tout » (p. 245). Elle est dans une posture sacrificielle au point de remercier ceux-là même qui l'ont

« liquidée » (p. 208). Même s'il a le courage de partir, Lubin a lui aussi donné toute son énergie à l'entreprise : « je leur ai dit Ravoire et Dehaze c'est toute ma vie » (p. 219). De façon globale, Olivier dit à propos des employés de longue date : « Ils se tueraient pour la maison » (p. 52). De façon très symbolique, les abeilles sont elles aussi dans le sacrifice de soi au profit de la communauté : « Souvent aussi, dans leurs courses errantes, elles se brisent les ailes contre des pierres dures, et vont jusqu'à rendre l'âme sous leur fardeau, tant elles aiment les fleurs et sont glorieuses de produire leur miel » (4, p. 155). Les ouvriers de *La Condition ouvrière* travaillent en revanche par nécessité, pour gagner leur vie et la seule à faire un sacrifice volontaire est finalement Simone Weil elle-même qui confie à son amie Albertine Thévenon : « [je vis] ma vie actuelle *comme si* j'y étais destinée depuis toujours [...], *comme si* elle m'était imposée par une nécessité inéluctable et non par mon libre choix » (p. 54).

3. Guerre et paix

A. Le travail, civilisateur et fédérateur

Le travail est à l'origine civilisateur puisqu'il demande un savoir-faire au travailleur, transforme le monde pour le faire passer de la nature vers la culture et peut structurer toute une société. Dans *Les Géorgiques*, le paysan permet ainsi à toute la société de se nourrir, ce qui est la condition de possibilité de son développement : « c'est par là qu'il sustente sa patrie et ses petits-enfants, ses troupeaux de bœufs et ses jeunes taureaux, qui l'ont bien mérité ». (2, p. 103). La description de l'Italie assimilée à l'Âge d'or fait allusion non seulement à l'agriculture mais aussi au travail des bâtisseurs, tout aussi important pour qu'une société soit florissante : « Ajoutez tant de villes incomparables, tant de travaux de construction, tant de places bâties par la main des hommes sur des rochers à pic » (2, p. 82). Comme l'explique Florence Dupont dans son introduction aux *Géorgiques*, cette œuvre a pour objectif de valoriser l'agriculture et d'en faire un élément-clé de la politique d'Octave, de la *civitas* et donc de la civilisation romaine. Le travail a un rôle tout aussi structurant dans la société des abeilles qui « mettent en commun les trésors amassés » (4, p. 154) et même dans celle des dieux. En effet, dans la légende d'Aristée exposée au livre 4, le personnage éponyme est apiculteur, les nymphes parmi lesquelles se trouve sa mère « déroulent la laine molle de leurs fuseaux » (4, p. 165) en chantant et le dieu Protée « fait paître au fond du gouffre les monstrueux troupeaux et les phoques hideux » (4, p. 167). L'entreprise Ravoire et Dehaze sous la présidence de Fernand Dehaze constitue elle aussi une organisation sociale plutôt harmonieuse et pleine d'humanité : les employés sont soucieux de bien faire et Olivier fait en sorte d'éviter les démissions et de valoriser les travailleurs comme Cohen à qui il déclare : « vous êtes un peu le patriarche ici le roc » (p. 101). Dans le cas de Simone Weil, le travail civilisateur dans le cadre de l'usine relève en revanche de l'idéal.

Le travail peut devenir véritablement fédérateur et constituer le ciment de la société. Chez Virgile, c'est le cas lorsque le produit du travail fait l'objet de sacrifices ou de libations au cours de fêtes religieuses et prend alors une dimension métaphysique et sacrée. Ainsi, Virgile décrit un sacrifice à Cérès qui réunit « toute la jeunesse champêtre » (1, p. 58) ou dépeint un sacrifice à Bacchus au livre 2 en soulignant bien la continuité de la tradition au fil des siècles : « nous dirons l'honneur qui est dû à Bacchus en chantant les cantiques de nos pères » (2, p. 96). Les fêtes chez Ravoire et Dehaze soudent les travailleurs entre eux. Il s'agit, comme l'explique Fernand Dehaze, d'une « réunion de famille tant il est vrai que ceux qui travaillent quarante heures par semaine ensemble forment une authentique communauté » (p. 32). Au-delà, c'est toute la société qui est concernée. M. Onde explique en effet : « je n'ai jamais douté que tout système mythologique signifie quelque chose aide la société qui le pratique à s'accepter à être fière de son passé confiante dans son présent et son avenir » (p. 82). Le travail et la production qu'il génère relèvent précisément de cette mythologie, puisque Jack explique que les anciens fétiches ont été remplacés par les biens de consommation.

B. Le travail, une forme de guerre

Par opposition, l'abandon du travail implique une société en guerre qui sombre dans le chaos. Virgile explique que les abeilles sans roi cessent immédiatement de travailler et se mettent à tout détruire. De même, à la fin du livre 1, la guerre civile détruit la société romaine et c'est le monde à l'envers : « Ici-bas en effet le juste et l'injuste sont renversés ». « Mars impie sévit dans tout l'univers » (1, p. 68) et, comme le montre l'image ultime du cocher qui ne maîtrise plus son char, l'énergie destructrice devient incontrôlable. Au livre 2, l'éloge du paysan montre très simplement l'opposition entre guerre et travail : « Eux qui, *loin des discordes armées*, voient la très juste terre leur verser de son sol une nourriture facile » (2, p. 99).

Virgile et Simone Weil signalent un cas particulier : le travail est parfois la condition de possibilité de la guerre. « Forger une épée rigide » (1, p. 68), c'est le travail du forgeron qui permet aux soldats de s'entretuer. *La Condition ouvrière* fait allusion à la production d'armement, entreprise qui par excellence fonctionne sur le modèle de Taylor : « cette industrie doublement de luxe qu'est l'industrie de guerre, qui non seulement ne bâtit pas, mais détruit » (p. 320).

Enfin, le travail peut parfois lui-même *être* une guerre, ce qui explique d'ailleurs aussi le rapprochement entre le travail et l'épopée. L'organisation de l'entreprise mais aussi de la société est alors secouée par la violence. Dans *Par-dessus bord*, la rivalité entre Ravoire et Dehaze et la United Paper est calquée sur la guerre entre les Ases et les Vanes et tout le lexique est à l'avenant : ils « cherchent la bagarre » (p. 25). « Ils ont attaqué en force » (p. 58). Simone Weil considère précisément la concurrence comme une « lutte analogue à la guerre » (p. 392). Plus le travail sert d'instrument à la guerre, plus la société tombera en déliquescence.

4. Faire la révolution ?

A. La révolution, une solution ?

Pour mettre fin aux inégalités ou rétablir la paix, faut-il pour autant faire la révolution ? Il n'en est évidemment pas question chez Virgile qui souhaite au contraire retourner à des pratiques passées. Octave doit mettre en place un nouvel Âge d'or et donc retourner à l'Italie des origines. Dans *Par-dessus bord*, Passemar évoque simplement une « révolution de palais » (p. 34) chez Ravoire et Dehaze qui met Benoît et ses comparses au pouvoir. Elle permet de résister momentanément aux Américains mais accélère la déshumanisation au sein de l'entreprise. Weil est, quant à elle, très pessimiste et estime qu'une révolution serait quasiment impossible, car l'oppression est si considérable qu'il devient impossible de se rebeller, le rapport de force est trop déséquilibré : « L'oppression, à partir d'un certain degré d'intensité, engendre non une tendance à la révolte, mais une tendance presque irrésistible à la plus complète soumission » (p. 223). De plus, le monde ouvrier est incapable de se fédérer pour résister : « non seulement la capacité révolutionnaire, mais plus généralement la capacité d'action de la classe ouvrière française est à peu près nulle. Je crois que les bourgeois seuls peuvent se faire illusion à ce sujet » (p. 226). En admettant même que la révolution ait lieu, elle ne ferait qu'empirer les choses. En effet, une révolte aboutit souvent à une nouvelle soumission parfois pire que la précédente et, comme Weil le note justement (p. 230-1), le passage du capitalisme au socialisme ne change rien : qu'il s'agisse de patrons ou d'un « trust d'état », l'ouvrier est toujours forcé d'obéir et se soumet passivement. Enfin, l'impérialisme ouvrier relève surtout de la propagande et permet simplement aux ouvriers de trouver une « compensation » (p. 351) à leur frustration et leur humiliation permanente dans une idéologie guerrière. Vinaver en arrive même à ridiculiser la révolution. Margerie, petite américaine éblouie par Mai 68 déclare : « Quand je suis allée sur les barricades j'ai senti que tout était pas encore foutu » (p. 69), mais elle a pourtant épousé le fils d'un riche entrepreneur. Surtout, les paroles de l'*Internationale* se retrouvent dans le *happening* régressif imaginé par Alex et Jiji dans leur boîte de jazz : « la mère de tous les orphelins de Jésus-Christ des damnés de la terre Trotski Guevara Ford Rockefeller » (p. 221). Révolutionnaires, capitalistes richissimes et religion chrétienne sont mélangés dans un discours sans queue ni tête.

B. D'autres solutions

Dans ce cas, comment revenir à un monde du travail et donc à une société plus humains et harmonieux ? Weil, qui est réformiste à défaut d'être révolutionnaire, souhaiterait une régulation de la mondialisation, même si elle n'utilise pas ce mot. Elle explique dans *La Condition ouvrière* (p. 392-3) qu'il faudrait limiter la production de biens de consommation non nécessaires non pas dans un seul pays qui serait perdant dans ce cas, mais dans le monde entier. Elle prend l'exemple emblématique de l'automobile : si tous les pays producteurs réduisaient un peu leur production, cela améliorerait la condition ouvrière puisque la charge de travail serait moindre sans pour autant empêcher les consommateurs qui le souhaitent de s'offrir ce produit. Par ailleurs, puisque les ouvriers veulent sortir de la soumission, il conviendrait de leur donner des responsabilités après leur avoir expliqué le fonctionnement global de l'entreprise. Comme l'explique le patron réformateur dont Weil imagine le discours : « Puisque vous entendez faire peser la force de vos revendications sur les entreprises industrielles, vous devez pouvoir faire face aux responsabilités des conditions nouvelles que vous avez suscitées » (p. 289). Cela impliquerait aussi des « exposés [...] concernant les obstacles aux améliorations demandées » (p. 224) afin que les ouvriers comprennent pourquoi l'obéissance et la souffrance sont impossibles à faire disparaître complètement.

Les trois auteurs partagent une autre idée qui permettrait d'humaniser le monde du travail : recourir à de petites structures au lieu de créer de grands groupes où l'individu se retrouve noyé. Virgile voudrait privilégier les propriétés familiales plutôt que les grandes *latifundia* : « Fais l'éloge des vastes domaines, cultives-en un petit ». (2, p. 97). Simone Weil voudrait appliquer cette idée à l'usine et écrit dans une lettre à Jacques Laffitte : « J'imagine une économie décentralisée où nos bagnes industriels seraient remplacés par des ateliers disséminés un peu partout. » (p. 259). En revanche, même si Young promet à Benoît de conserver la PME Ravoire et Dehaze avec la même structure, elle se retrouve avalée par la firme américaine United Paper Compagny : c'est le triomphe d'un capitalisme mondialisé.

FICHE 24. Culture et civilisation

Dans *Les Travaux et les jours*, Hésiode distingue cinq âges de l'humanité : l'Âge d'or, l'Âge d'argent, l'Âge d'airain, l'Âge des héros et l'Âge de fer.

1. L'Âge d'or

Lors de l'Âge d'or, créé par Cronos, les hommes ne travaillent pas et vivent en harmonie avec la nature. Les saisons se résument en un printemps éternel. La nature est féconde et nourricière. Elle ne demande aux hommes aucun effort. Dans *Les Géorgiques*, cet Âge d'or est aussi dépeint : « Avant Jupiter, point de colon qui domptât les guérets ; il n'était même pas permis de borner ou de partager les champs par une bordure : les récoltes étaient mises en commun, et la terre produisait tout d'elle-même, librement, sans contrainte » (1, p. 45). L'Âge d'or est aussi évoqué à la fin du livre 2 qui retrace la genèse de Rome, « la merveille du monde » : « telle fut la vie que menait sur les terres Saturne d'or : on n'avait point alors entendu encore souffler dans les clairons, ni sur les dures enclumes crépiter les épées » (2, p. 104-5). Cependant, Jupiter décide de mettre à l'épreuve l'homme afin qu'il exerce son intelligence et son ingéniosité au lieu de se reposer sur ses lauriers : « Le Père des dieux lui-même a voulu rendre la culture des champs difficile, et c'est lui qui le premier a fait un art de remuer la terre, en aiguisant par les soucis les cœurs des mortels et en ne souffrant pas que son empire s'engourdît dans une triste indolence » (1, p. 45). C'est une époque de chaos, où Jupiter envoie tous les maux sur terre et sur les hommes, les animaux sauvages, les tempêtes. Il cache le feu aux hommes. L'intention de Jupiter est d'élever l'homme par le travail : « son but était, en exerçant le besoin, de créer peu à peu les différents arts de faire chercher dans les sillons l'herbe du blé et jaillir du sein du caillou le feu qu'il recèle » (1, p. 45-6). L'homme décuple ses forces, affine son ingéniosité, dompte les difficultés : « Tous les obstacles furent vaincus par un travail acharné » (1, p. 47). Le travail dès son origine est civilisationnel.

2. L'Âge d'airain

L'histoire ne s'arrête pas là. Nos trois œuvres mettent en actes les quatre autres âges selon Hésiode. Si l'Âge d'argent dépeint la naissance de l'agriculture précédemment vue chez Virgile, elle montre aussi des hommes coupables d'hybris, qui s'adonnent au mal et éprouvent la douleur. L'Âge d'airain voit s'élever une race guerrière qui finit par s'anéantir. Dans *Les Géorgiques*, cet Âge d'airain est l'époque des guerres à laquelle l'ère augustéenne veut mettre fin : « Assez, et depuis trop longtemps, notre sang a lavé les parjures de la Troie Laomédontienne » (1, p. 68). L'homme doit retourner à sa terre et à son travail.

Dans *Par-dessus bord*, l'Âge d'airain pourrait désigner l'affrontement entre les deux peuples de dieux scandinaves, les Ases et les Vanes. « Les Ases ont à leur tête Odin le dieu roi et Thor le dieu guerrier en face il y a les Vanes qui sont les dieux de la fécondité et de la volupté » (p. 33). Les deux clans s'affrontent comme naguère les Grecs et les Troyens dans l'*Iliade,* hypotexte de la pièce de Vinaver. Les tirades croisées de M. Onde et de Passemar éclairent la « navette mythique » à l'œuvre dans l'écriture vinaverienne, à savoir le va-et-vient entre l'hypotexte mythique et la fable contemporaine. Les Ases sont les « trois cent cinquante employés » de la maison Ravoire et Dehaze, et les Vanes, ceux de l'United Paper Europe : « De Minneapolis ils ont débarqué en force » (p. 34).

Dans *La Condition ouvrière*, cet âge pourrait être celui des grèves de 1936. L'échange entre Simone Weil et Auguste Detœuf témoigne de l'opposition entre la classe ouvrière et la corporation patronale. Simone Weil est assez sarcastique quant à l'exaspération des deux patrons qu'elle a observés dans le train (p. 291-5). Son récit est émaillé de rappels à 1917 et à la Bataille de la Marne et elle ne juge pas les deux « personnages » à la hauteur de ces événements historiques : « Ces souvenirs militaires, ces termes de "crever", et "on n'a plus rien à perdre" répétés à satiété, sonnaient d'une manière assez comique de la part de ces messieurs, corrects, bedonnants, bien nourris, ayant au plus haut point cet aspect confortable, pacifique et rassurant qui est celui du Français moyen » (p. 294). Auguste Detœuf nuance son propos. Elle juge ces patrons par empathie pour l'âme ouvrière mais eux défendent leurs prérogatives, prêts à fermer leurs usines pour s'opposer à la nouvelle loi d'embauche. Ils ont investi leur vie dans leur travail et l'on peut comprendre qu'ils aient droit aussi à leur « sabotage » (p. 296).

3. L'Âge des héros

À l'Âge d'airain succède l'Âge des héros, les deux fils d'Odin dans la légende scandinave racontée par M. Onde dans *Par-dessus bord* : Baldr, le bon fils, et Hödhr, le fils maudit. On comprend qu'il s'agit en filigrane d'Olivier et de Benoît. Benoît qui trahit son frère, tue symboliquement son père et s'empare des rênes de l'entreprise.

Dans *Les Géorgiques*, cet Âge des héros est rappelé par Virgile lors de son éloge de l'Italie qui « a produit une race d'hommes ardente, les Marses, et la jeunesse Sabellienne, et le Ligure endurci à la fatigue et les Volsques armés de dagues ; c'est lui (le pays) qui a produit les Décius, les Marius, les grands Camille, les Scipions durs à la guerre, et toi, le plus grand de tous, César [...] » (2, p. 83).

Dans *La Condition ouvrière*, on pourrait distinguer les vrais et les faux héros parmi les chevaliers d'industrie, et notamment Taylor dont Simone Weil retrace la carrière et explique la méthode dans « La rationalisation ». Né dans une famille relativement riche, il aurait pu vivre sans travailler. Cependant, « une singulière fantaisie » (p. 310) le fait entrer en usine en tant qu'apprenti ouvrier mécanicien, à la manière de Simone Weil, « "professeur agrégé" en vadrouille dans la classe ouvrière » (p. 54). Alors que chez la véritable héroïne, Simone Weil, se développe une empathie pour l'âme ouvrière, chez Taylor s'est aiguisée l'opposition de classe. Devenu contremaître, il n'eut de cesse, non de vouloir améliorer les conditions de travail des ouvriers tel un Auguste Detœuf, un Souvarine, une Albertine Thévenon, mais de faire augmenter les cadences et de renvoyer les indociles, aggravant ainsi les conflits avec les ouvriers. Son obsession était de gagner du temps au détriment des ouvriers en exploitant au maximum leur force de travail. La rationalisation tayloriste est l'exploitation de la force ouvrière.

4. L'Âge de fer

La cinquième époque décrite dans nos œuvres pourrait être celle de l'Âge de fer. Dans *Les Géorgiques*, le travail a élevé l'homme. Après la phase de chaos, due aux guerres civiles, aux maladies (fin du livre 3), l'âge augustéen signe le retour à la prospérité. Le travail coïncide avec le progrès. En prônant le retour à la terre, Virgile participe à la pacification, élément essentiel de la restauration augustéenne. Pour mettre fin aux guerres qui ont ruiné le pays (Âge d'airain), il faut retrouver les valeurs terriennes, revenir à une vraie culture des champs, à la viticulture, à l'élevage, à l'arboriculture, à l'apiculture. Il faut réconcilier les soldats et les paysans ; la cité des abeilles apparaît comme l'apologue célébrant les valeurs militaires, patriotiques et laborieuses. Virgile anthropomorphise les abeilles qui ont des visages : « à peine sont-elles malades que leur couleur change et qu'une maigreur horrible déforme leurs traits » (4, 159-60). Comme à la fin du livre 3, il parle de la douleur des animaux comme s'ils étaient humains. La cité des abeilles est le mythe d'une cité idéale. Le citoyen y consacre son énergie à la survie collective autour d'un seul roi (Auguste). Les insectes laborieux totalement dévoués à l'espèce ne sont jamais fatigués. La leçon de l'apologue est de maintenir les individus dans une cité cultivée et ordonnée, celle que permet le règne d'Auguste. Alors les abeilles et les Latins seront inondés par la lumière du soleil, feu divin.

Dans *Par-dessus bord*, l'épopée du capitalisme se conclut heureusement par la fusion des deux entreprises qu'avait annoncée M. Onde dès le premier mouvement « les Ases et les Vanes font la paix une paix surprenante aussi harmonieuse que la guerre a été implacable [...] jusqu'à la fin des temps il n'y aura plus l'ombre d'un conflit entre les Ases et les Vanes ». La prophétie de M. Onde rappelle celle de Virgile annonçant à la fin du livre 4 un règne de paix sous l'autorité d'un prince éclairé. Le travail de la terre et le travail du poète concourent à la prospérité d'une Italie Terre-Mère (voir son éloge au livre 2, p. 81-4).

Il fallait passer par des épreuves initiatiques comme dans les comédies d'Aristophane, des sacrifices (Fernand, Lubin, Olivier, Passemar) pour faire advenir une nouvelle ère entrepreneuriale. Après la phase chaotique, la guerre des clans, des héros, des entreprises, le conflit des patrons et des ouvriers, doit advenir une civilisation nouvelle dont la clef est le travail.

5. Vers l'Âge d'homme

Au livre 4 des *Géorgiques*, le motif de la charogne du boeuf d'où naît un essaim d'abeilles est un motif de renaissance. Aristée est l'anti-Orphée. Il cherche non son épouse regrettée mais ses abeilles. Il est récompensé de sa quête alors qu'Orphée, qui a transgressé les lois naturelles, est puni. Aristée récupère ses abeilles tandis qu'Orphée perd sa femme définitivement. Aristée incarne l'Âge d'homme, l'homme laborieux qui travaille en harmonie avec le monde.

Le travail est civilisateur chez Virgile et Simone Weil. Dans *L'Enracinement*, celle-ci écrit : « Notre époque a pour mission propre, pour vocation, la constitution d'une civilisation fondée sur la spiritualité du travail »[1]. Spiritualiser le travail signifie qu'il ne doit plus y avoir de séparation entre la pensée et l'acte. *Homo laborans, homo cogitans*, l'ouvrier doit réinvestir son être, sa dignité et sa grandeur d'homme. Le travail doit être manuel et intellectuel. La civilisation la plus pleinement humaine serait celle où le travail manuel (le travail agricole pour Virgile) serait la valeur première. En conciliant le travail et la spiritualité, Simone Weil noue le matérialisme (marxien) et l'idéalisme (platonicien) comme le signale Robert Chenavier. Elle rejette *a contrario* le rationalisme et le productivisme (« La rationalisation ») qui occultent la valeur spirituelle du travail et asservissent l'ouvrier à la nécessité de la cadence et du rendement. La spiritualisation du travail rend ses lettres de noblesse, ses lettres d'homme pensant, à l'ouvrier. Le travail authentique qui marquera un saut dans une nouvelle civilisation est une unité du corps et de l'âme. L'esprit de l'homme domine la matière et la nécessité. Ce travail civilisationnel est coopératif et collaboratif. Au lieu du déracinement et de la séparation, de l'exploitation de la force ouvrière, il favorise une pensée de la fraternité. Il marquera l'entrée dans une ère nouvelle, régénérée, celle de l'Âge d'homme.

Dans *Par-dessus bord*, les métamorphoses du capitalisme signalent aussi une entrée dans une nouvelle ère : celle des lois du marché et de la concurrence, des tables du marketing et de la société de consommation. L'aventure est alors grisante. L'hypotexte de la légende scandinave et de l'*Iliade* nous alerte : le capitalisme est un mythe moderne. Comme dans les comédies aristophanesques, il lui faut des fêtes et des processions, des sacrifices et des cérémonies (les séances de *brainstorming*). Le papier toilette est sa réduction métonymique. Comme l'explique Michel Vivaner à Gérald Garutti, « le capitalisme se régénère constamment, en jetant, en se libérant de ses propres déchets […]. Il a inventé des formes d'auto-génération »[2]. Nouveau Minotaure, création de l'homme moderne, tapi dans les couloirs des entreprises, il consomme, digère et rejette marchandises, entreprises concurrentes, capitaux et ressources humaines, par-delà le bien et le mal.

1. *Œuvres*, Quarto, p. 1085.
2. *Capitalisme*, octobre 2007, *Cahiers TNP*, p. 31.

FICHE 25. Nature humaine et travail

Le travail est-il dans la nature humaine ? La problématique draine d'autres questionnements : Le travail aliène-t-il l'homme ? Attente-t-il à son essence ? Le travail fait-il la grandeur de l'homme ? Tend-il vers le bien, le vrai, le beau ? Accomplit-il l'humain dans l'homme ?

Avant d'examiner les réponses qu'apportent les œuvres de Virgile, Simone Weil et Michel Vinaver, il faut définir la nature humaine. Qu'est-ce que l'homme ? Qu'est-ce qui fait son essence, ce sans quoi l'homme perdrait son humanité ? Avec Descartes, nous pourrions poser que l'homme se définit comme une subjectivité pensante. Être un homme c'est être un sujet, doté de la faculté de raisonner, doué de liberté et de dignité. C'est avoir une conscience de soi. L'homme se définit aussi par sa corporéité, sa sensibilité mais aussi son *conatus*, son instinct de conservation, son énergie et sa force de vivre. La conscience de son existence, de sa finitude, de sa condition humaine fait aussi partie de sa nature. Enfin, sur un plan éthique, celui de la morale kantienne, l'homme pose autrui et soi-même comme fin et non comme moyen. L'homme est enfin un être-au-monde, qui s'inscrit dans le temps et dans l'espace, en relation avec les autres. Selon la perspective sartrienne, son essence se définit par son existence. Il est maître de ses actes, de ses valeurs et de son destin. Pour sa part, Simone Weil pense que « l'homme complet » conjugue trois modes d'appréhension de l'existence : travailler, penser, contempler[3].

1. La « décréation » ou la négation de la condition humaine

A. La « mélancolie ouvrière »[4]

L'expérience du travail que décrit Simone Weil dans *La Condition ouvrière* porte atteinte à tous les éléments recensés dans notre définition de l'homme. Simone Weil montre combien la condition ouvrière est une expérience du malheur, un arrachement à la condition humaine : « Ainsi chaque condition malheureuse parmi les hommes crée une zone de silence où les êtres humains se trouvent enfermés comme dans une île » (« Expérience de la vie d'usine », p. 342). La solitude de l'ouvrier atomisé dans son lieu de

3. *OC* I, p. 139.
4. Michelle Perrot, *Mélancolie ouvrière*, Paris, Seuil, 2014.

travail et le déracinement ouvrier rappellent la « désolation » chez Hannah Arendt, c'est-à-dire l'expérience d'une situation où en tant que personne, je me sens à l'écart de toute société humaine, isolé[1].

« La sonnerie. Pointer, s'habiller, sortir de l'usine, le corps vidé de toute énergie vitale, l'esprit vide de pensée, le cœur submergé de dégoût, de rage muette, et par-dessus tout cela, d'un sentiment d'impuissance et de soumission » (« La vie et la grève des ouvrières métallos », p. 267). L'ouvrier est si fatigué qu'il a renoncé à penser. Sa pensée est d'ailleurs séparée de son corps, sa faculté de raisonner est annihilée. Il est un « opérateur de gestes juxtaposés »[2]. Chose parmi les choses, outil au service de la machine, il est mécanisé : « Les choses jouent le rôle des hommes, les hommes jouent le rôle des choses ; c'est la racine du mal » (« Expérience de la vie d'usine », p. 336). Vidé de son énergie, il a perdu de sa force de vivre. Il est devenu une force ouvrière que le travail parcellaire exploite. Il n'a plus de libre arbitre. Il obéit aux ordres, à la nécessité. Le malheur est ce contact avec la nécessité. Simone Weil cite en épigraphe de son *Journal d'usine* (p. 81) et dans « La Vie et la grève des ouvrières métallos » (p. 274), un vers de l'*Iliade* (VI, 458) significatif : « Bien malgré toi, sous la pression d'une dure nécessité ». La nécessité recouvre la subordination, l'opacité des conditions de travail et finalement celle de l'existence : « Sa vie même sort de lui sans laisser aucune marque de lui » (« Expérience de la vie d'usine », p. 340). Son travail n'a pas de finalité.

B. La négation des valeurs morales

Subordonné, humilié, il a perdu le sens de la dignité. Dépersonnalisé, il est aussi déraciné sur son lieu de travail. L'usine est l'univers de la laideur et de la froideur métallique. Son temps est atomisé, cloué dans l'instant du geste à répéter, en cadence. Seul, il a peu à attendre de ses supérieurs, ni sourire, ni encouragement et les moments de solidarité, de fraternité avec ses collègues sont rares. Simone Weil montre enfin la douleur physique, la fragilité de la chair et la souffrance de l'âme : « comme on aimerait pouvoir laisser son âme dans la case où on met le carton de pointage, et la reprendre à la sortie ! Mais on ne peut pas. Son âme, on l'emporte à l'atelier. Il faut tout le temps la faire taire » (« La Vie et la grève des ouvrières métallos », p. 273).

L'usine est l'univers du dégoût et le travail une expérience du mal, alors que celui-ci devrait être l'expérience humaine par excellence. Or, nulle société « ne peut être stable quand toute une catégorie de travailleurs travaille tous les jours, toute la journée avec dégoût. Ce dégoût dans le travail altère chez les ouvriers toute la conception de la vie, toute la vie » (« Expérience de la vie d'usine »,

1. *Le Système totalitaire*, Seuil, Points, 1972, p. 225.
2. R. Chenavier, *S. Weil, Une philosophie du travail*, p. 326.

p. 351). Au même titre que les employés de la maison Ravoire et Dehaze, les ouvriers weiliens sont sacrifiés, jetés par-dessus bord de la société et arrachés à leur condition humaine.

On retrouve dans *Par-dessus bord* la négation de la nature et de la morale humaines. Ainsi Benoît, tel un Néron des temps modernes, déroge aux lois morales en trahissant son frère, Olivier, le fils et l'héritier légitime qui explique à Alex : « Papa a été terrassé quelques heures après que Benoît est allé froidement lui conter ses énormités comment ne pas penser qu'il y a eu je répugne à employer les grands mots vous m'excuserez une sorte d'assassinat aujourd'hui » (p. 75-6). Benoît provoque la mort de son père, indirectement puis directement, en cessant de payer ses soins. Finalement, les employés licenciés ou déclassés, réifiés comme les ouvriers weiliens, sont à l'image du papier hygiénique, et de son contenu, jetables à la poubelle, dans la « fosse à merde » (p. 238), tel le père d'Alex : « Ils ont abattu mon père avec plusieurs autres malades alors qu'ils chiaient dans les feuillées » (p. 87). Si les ouvriers weiliens témoignent de l'avilissement du travail, l'arrière-plan historique, les références à la Shoah, rappellent ce que furent le génocide des Juifs et son atteinte imprescriptible à la nature et la condition humaines. Alex témoigne de ce qui se passa à Lvov en Ukraine : « ceux qui étaient derrière passent la nuit sur le terrain de hockey entre les mains des SS qui les font courir sous une pluie de coups de matraque et qui piétinent à mort ceux qui tombent » (p. 102).

2. Un être-au-monde

A. Le travail *est* la vie

Pourtant, le travail fait l'homme. Il le grandit, l'inscrit dans le monde, dans la nature et dans sa nature. Il le rend heureux, satisfait des efforts et du fruit de son travail. L'agriculteur virgilien a œuvré contre la dégénérescence, contre le désordre et le chaos des guerres civiles, contre les parasites, les prédateurs et les maladies, la gale des brebis ou la peste du bétail. La fin du livre 3 des *Géorgiques* centrée sur l'épizootie frappant les animaux est une hypotypose funèbre : « La pâle Tisiphone, échappée des ténèbres du Styx, sévit en plein jour et pousse devant elle les Maladies et la Peur [...] la Furie abat les animaux par bandes, et entasse, dans les étables mêmes, les cadavres décomposés par une affreuse pourriture » (3, p. 141). Le travail du paysan est du côté de la vie et il œuvre contre les puissances du mal et de la mort comme le souligne la métaphore du rameur : « c'est une loi du destin que tout périclite et aille rétrogradant. Tout de même que celui qui, à force de rames, pousse sa barque contre le courant, si par hasard ses bras se relâchent, l'esquif saisi par le courant l'entraîne à la dérive » (1, p. 50).

De même, dans *Par-dessus bord*, après le marasme des deuxième et troisième mouvements, où l'entreprise est au bord de la faillite, Benoît et ses employés rebondissent. Le produit « Bleu-Blanc-Rouge » est un fiasco mais un nouveau produit « Mousse et Bruyère » est en gestation. À l'opposé des ouvriers weiliens auxquels il n'est pas demandé de penser, les employés de la société Ravoire et Dehaze participent à la conception du projet, à son lancement et à son triomphe final. Benoît les sollicite lors de *brainstorming* où ils sont appelés par leur prénom et boivent un verre assis par terre en une dissolution apparente de la hiérarchie. Jack et Jenny les interrogent même sur leurs souvenirs d'enfance, leur culpabilité à trouver du plaisir à chier, ce qui relève de la sphère très intime. Les employés sont relativement acteurs du projet. Qu'il s'agisse des séances de *brainstorming* ou de la bulle spéculative autour des connotations du nouveau produit, l'entreprise joue de la collaboration dont rêvait Simone Weil.

Enfin, l'intervention de M. Reszanyi sur le stade anal donne, après celle de M. Onde sur l'essence guerrière de l'homme, une deuxième clef herméneutique sur la nature humaine, à savoir la sublimation du stade anal chez l'enfant : « il apparaît de la sorte que les plus importantes catégories du comportement social le jeu le don la propriété l'usage des armes trouvent leur origine dans la phase anale » (p. 168). Le bellicisme de l'homme et le dépassement du stade anal sont deux ressorts de la machine capitaliste dont *Par-dessus bord* nous raconte l'épopée. Le travail permet de sublimer le stade anal et de transformer l'essence guerrière de l'homme en dynamique économique.

B. Les travaux et les jours

Le travailleur heureux est un être-au-monde, inscrit dans le temps et dans l'espace. Il vit au rythme des saisons comme le laboureur virgilien. Il s'approprie son lieu de travail tel que l'imagine Simone Weil dans « Expérience de la vie d'usine » (p. 345). Il ressent de la chaleur humaine, de la solidarité, même de la fraternité dans le fait de travailler ensemble, dans la même usine, dans la même entreprise Ravoire et Dehaze. En travaillant la terre, en se réinventant aux nouvelles lois du marché et du marketing, en maîtrisant les gestes techniques dans l'ensemble d'un processus, l'homme réalise sa nature humaine et démontre sa perfectibilité.

Dans *Les Géorgiques*, l'agriculteur tire sa force et son équilibre de son harmonie avec la nature et le cosmos. Il peut « connaître d'avance les saisons, distinguer le temps de la moisson et le temps des semailles » (1, p. 53) en observant le coucher et le lever des astres : « La lune elle-même a mis dans son cours les jours favorables à tels ou tels travaux » (1, p. 54). Les lois divines, naturelles et humaines concordent en une heureuse synergie. À l'opposé de la cadence tayloriste, l'homme virgilien s'accorde au rythme des saisons, à la respiration de la terre et aux palpitations du monde. Xavier Darcos dans *Virgile notre vigie*[1] écrit : « Le paysan incarne l'homme accompli, soumis au rythme de la terre, traçant son sillon au printemps, récoltant sa vendange en automne et profitant de la chaleur familiale en hiver ». Le laboureur satisfait de son labeur peut voir venir l'hiver : « Vient l'hiver : les pressoirs broient la baie de Sicyone ; les cochons rentrent engraissés de glandée ; les forêts donnent leurs arbouses, et l'automne laisse tomber ses fruits variés, et là-haut, sur les rochers exposés au soleil, mûrit la douce vendange » (2, p. 104). Le travail agricole est un art d'être au monde.

3. La re-création

Le travail virgilien accomplit la mission de l'homme sur terre. Par son labeur, l'homme grandit moralement. Il éloigne de lui l'ennui et la paresse. Ainsi, l'homme par son travail accomplit sa nature humaine et remplit son destin. Par le contact avec la nature, l'homme s'humanise et s'achève. En affrontant la dureté de la terre et du climat, il devient pleinement lui-même. L'inventivité, la technicité, l'ingéniosité, la vaillance lui confèrent de la grandeur. Le héros virgilien dans *Les Géorgiques* n'est pas encore Enée ; ce n'est pas Orphée, c'est Aristée, l'apiculteur patient, pieux et industrieux.

Le travail perfectionne l'homme physiquement et moralement. Il le rend meilleur. Il lui fait donc atteindre en une dialectique platonicienne le Beau, le Bien, le Vrai. L'homme recouvre sa grandeur et dignité. Il est parfaitement homme. Il est apiculteur, viticulteur, ouvrière métallo se ressourçant à la « joie pure » de la grève, danseur, dramaturge, esthéticienne, antiquaire, chevalier d'industrie et chef marketing.

Passemar achevant sa pièce sous nos yeux de spectateur et de lecteur, dépasse son statut d'employé et son déclassement. Son travail d'écrivain lui a permis d'accéder à un statut supérieur. De subordonné dévoué, il est devenu créateur et a mené à bien un projet qui remonte à son enfance (voir sa première œuvre *La Révolte des légumes*). La pièce de Vinaver souscrit à une dialectique opposant à la fragilisation de la société par la guerre, la concurrence économique, l'antisémitisme, les forces de la création. *Par-dessus bord* raconte l'accouchement d'une œuvre, sa maïeutique, et, dans une mise en abyme, le dépassement du stade anal.

1. Fayard, 2017, p. 230.

4. La rédemption par le travail

Enfin, le travail permet une rédemption de l'homme qui passe par une souffrance, celle du laboureur ou du viticulteur, de l'entrepreneur ou du créateur, celle du travailleur et de l'ouvrière, celle des abeilles dans la ruche. Simone Weil écrit que « pour faire du travail un exercice spirituel, il faut avouer que le travail est une souffrance »[1]. On comprend mieux les dernières lignes de « Condition première d'un travail non servile » : « Si la vocation de l'homme est d'atteindre la joie pure à travers la souffrance, ils sont placés mieux que tous les autres pour l'accomplir de la manière la plus réelle » (p. 434).

A. Spiritualité du travail

Le travail physique, éprouvant, est la source de toutes les autres techniques. Jupiter en mettant fin à l'Âge d'or, en imposant à l'homme de travailler la terre, avait pour but de « créer peu à peu les différents arts » (1, p. 45-6). Dans *L'Enracinement*, Simone Weil écrit : « Les autres activités humaines, commandement des hommes, élaboration de plans techniques, art, science, philosophie, et ainsi de suite, sont toutes inférieures au travail physique en signification spirituelle. Il est facile de définir la place que doit occuper le travail physique dans une vie sociale bien ordonnée. Il doit en être le centre spirituel »[2]. Ce sont les dernières lignes de l'essai et presque les premiers vers des *Géorgiques*. Dans *L'Enracinement*, Weil rejoint Virgile quand elle montre qu'il y a eu une civilisation antique où le travail physique était honoré par-dessus toute autre activité, « le travail physique était par excellence une activité religieuse et par suite sacrée »[3]. Le travail physique constitue un contact avec la beauté du monde, une forme de contemplation qui est une approche du sacré : « Le point d'unité du travail intellectuel et du travail manuel, c'est la contemplation », écrit Weil dans « Condition première d'un travail non servile », ce que la philosophe appelle « l'attention » (p. 431). L'éloge de la vie rustique chez Virgile est un appel à la restauration des vraies valeurs, à la purification de l'âme humaine et à la contemplation de la beauté de la nature. Chacun doit retrouver le paysan qui est en lui et renouer avec le chant de la terre, une terre sacrée.

On pourrait croire que dans *Par-dessus bord*, à l'opposé du travail virgilien, le sacré a disparu de l'ère capitaliste : « Ce que la société divine a gagné en efficacité elle l'a perdu en puissance morale et mystique elle n'est plus que

1. *OC* VI, 2, p. 237
2. *Œuvres*, Quarto, p. 1 218.
3. *Œuvres*, Quarto, p. 1 214.

l'exacte projection de bandes ou des États terrestres dont le seul souci est de gagner et de vaincre », dit M. Onde (p. 190). Nous serions entrés dans l'ère de la médiocrité, une médiocrité rampante que métaphorise le travail souterrain de la taupe. Or, même dans la pièce de Vinaver, par le travail, l'homme atteint une forme de sacré.

B. Mystique du travail

Simone Weil parle de son côté de « spiritualité du travail », de « sainteté du travail » et écrit que « le travail parfaitement bien fait serait peut-être une forme de sainteté »[4] dans ses *Cahiers*. Dans « Condition première d'un travail non servile », le travail est élevé au rang d'expérience mystique et christique : « L'image de la Croix comparée à une balance, dans l'hymne du vendredi saint, pourrait être une inspiration inépuisable pour ceux qui portent des fardeaux, manient des leviers, sont fatigués le soir par la pesanteur des choses » (« Condition première d'un travail non servile », p. 426). Le symbole de la Croix, la figure du Christ chez Weil et Vinaver, la notion de sacrifice dans les trois œuvres, l'invocation aux dieux champêtres et la mention de leurs actions dans *Les Géorgiques* orchestrent cette dimension du sacré à l'œuvre dans le travail chez l'agriculteur, le travailleur, le créateur. Dans ses « Cahiers », Michel Vinaver qualifie Passemar de « Saint Passemar, dramaturge et martyr » : « Passemar, c'est un peu Jésus-Christ, ou l'incarnation du dieu-dramaturge dans un personnage ordinaire. Il est descendu de la réalité dans le théâtre, du plan divin au plan humain »[5]. Passemar est porté en procession, tel Dionysos ou Apollon, il est « démiurge, dieu-narrateur » (p. 16), phénix renaissant de ses cendres d'employé. Sa pièce, c'est son miel.

Dans « Expérience de la vie d'usine », on retrouve plusieurs fois le terme « clouer » : la pensée est « clouée » (p. 343) à la matière, rivée à la nécessité comme le clou rive le corps du Christ à la Croix et celui de l'ouvrier à la machine. Cependant, après le temps du malheur et de la pesanteur, voici le sacre du printemps dans *Les Géorgiques*, le festin de mariage dans *Par-dessus bord* et la « joie pure. Une joie sans mélange » de la « fête ouvrière » du Front populaire (« La vie et la grève des ouvrières métallos », p. 275). C'est un chant de renaissance. Un nouvel Âge d'or récompense l'homme au travail : « Non ce ne furent pas d'autres jours – je le croirais volontiers – qui éclairèrent le monde naissant à son origine première » (2, p. 93). Le travail est palingénésique.

4. *OC*, VI 2, p. 237.
5. Théâtre Populaire Romand, p. 17.

FICHE 26. Le travail de l'écriture

1. Splendeurs et misères du travail

A. Une description réaliste du travail

Travailler, c'est se confronter au monde et bien souvent lutter et souffrir. Il convient de décrire en détail cette réalité pour y plonger le lecteur. Simone Weil recourt à la description de « choses vues », petites vignettes très réalistes et concrètes qui créent un effet d'hypotypose. Dans « La Vie et la grève des ouvriers métallos », en particulier, elle accumule les anecdotes croquées sur le vif en leur donnant un titre : « Une scène de renvoi », « Des conversations, à l'usine », « Des scènes de paie » (p. 268-9). Les saynètes sont parfois introduites par des sortes de didascalies : « Un vestiaire d'usine, au cours d'une semaine rigoureuse d'hiver » (p. 268), et comportent du discours direct familier : « Ils se foutent bien de nous » (p. 269). Pour mieux faire comprendre au lecteur la déshumanisation spectaculaire dont sont victimes les travailleurs, Weil utilise aussi de nombreuses images :

- **animalisations** : « une espèce de bête de somme » (p. 283), « on dresse l'ouvrier comme on dresse un chien, en combinant le fouet et les morceaux de sucre » (p. 324), « on défile comme un troupeau » (p. 269) ;
- **réifications** : « molécules », « structure atomique » (p. 321), « machine à produire » (p. 206), « chose livrée à la volonté d'autrui » (p. 273) ;
- **humanité dégradée ou fragilisée** : « esclaves de la machine moderne » (p. 63), « un enfant à qui on a ordonné d'enfiler des perles pour le faire tenir tranquille » (p. 344-5), « Il faut serrer les dents. Tenir. Comme un nageur sur l'eau. Seulement avec la perspective de nager toujours, jusqu'à la mort. Pas de barque par laquelle on puisse être recueilli » (p. 272).

Le même intérêt pour le quotidien est visible chez Virgile, influencé par les poètes alexandrins et leur prédilection pour le minuscule : il décrit donc minutieusement le taureau ou l'étalon idéal au livre 3, ou encore la vie des abeilles au livre 4. On tombe même dans la trivialité et la scatologie dans *Par-dessus bord*, puisque c'est le papier toilette qui se trouve au centre de l'intrigue, ce qui génère un *brainstorming* autour du mot « cul » d'une poésie toute rabelaisienne : « bouche à l'envers », « chose molle et ombreuse » qui aboutit à un principe de base très simple à l'origine de Mousse et Bruyère : « chier est un plaisir » (p. 146). Passemar avoue lui-même que la pièce s'inspire du comique aristophanesque, avec le sacrifice – des travailleurs trop âgés, trop consciencieux ou trop humains –, le mariage d'Alex et Jiji et la fête qui l'accompagne.

B. Le travail, une épopée

Néanmoins, le travail est aussi une aventure humaine vécue en commun que les auteurs exaltent par un grandissement épique. Ils métamorphosent le quotidien, souvent trivial, en grande aventure. Cette dimension est moins marquée chez Simone Weil qui compare néanmoins la grève au repos du militaire : « on est comme les soldats en permission pendant la guerre » (p. 276), et fait allusion au véritable combat qu'il faut livrer pour « reconquérir » sa dignité (p. 216).

Dans *Par-dessus bord*, Benoît considère l'entreprenariat comme une « aventure » (p. 90). Surtout, c'est la mise en parallèle de la concurrence féroce entre Ravoire et Dehaze et United Paper Europe et la guerre des dieux nordiques qui accroît le prestige. Le rapprochement est aussi visible dans le lexique utilisé lors de la promotion de plusieurs employés. Claude Dutôt, qui a « enfoncé l'épée dans les reins de l'adversaire », est promu directeur des ventes et répond : « Un général ne peut rien faire sans ses troupes » (p. 242).

C'est sans doute chez Virgile que le rapprochement entre travail et épopée est le plus manifeste, ne serait-ce que parce qu'il écrit en hexamètres dactyliques, vers des traités scientifiques mais aussi vers épique par excellence. Il décrit avec un grand luxe de détail les « armes » (1, p. 147) avec lesquelles le paysan travaille la terre et les descriptions agricoles en style moyen débouchent bien souvent sur une dimension épique plus prestigieuse, comme lorsque Virgile décrit les vignes disposées en allées : « Telle, lors d'une grande guerre, on voit souvent la légion déployer au loin ses cohortes, l'armée faire halte dans une plaine découverte, les fronts de bataille s'aligner » (2, p. 90).

2. Fonction de l'écriture dans le cadre du travail

A. Un témoignage, une libération

Dans le cadre du travail, l'écriture peut jouer un rôle important. Pour commencer, l'œuvre littéraire permet de donner la parole à tous ceux qui n'ont jamais voix au chapitre. Dans *La Condition ouvrière*, Simone Weil raconte sa propre expérience de la vie en usine. Néanmoins, elle donne aussi la parole aux autres ouvriers, soit en rapportant leurs paroles au discours direct, soit en demandant aux ouvriers eux-mêmes de témoigner dans « Un appel aux ouvriers de Rosières », projet avorté puisque Victor Bernard refuse finalement de faire paraître cet article dans le journal de son entreprise *Entre nous*. Les lettres à Detœuf complètent ce panorama en donnant cette fois la parole aux patrons. Weil en propose un portrait à charge dans sa lettre (p. 291-5) et Detœuf lui répond par un plaidoyer en leur faveur (p. 295-301). *Par-dessus bord* comporte un grand nombre de personnages pour la même raison : l'objectif est d'entendre les voix de tous les services de l'entreprise, de la direction (famille Dehaze) aux services administratifs (Passemar et Madame Alvarez) en passant par les représentants commerciaux (Lubin) ou la production (Grangier).

L'écriture du travail peut alors permettre d'extérioriser les souffrances et avoir une fonction cathartique. Dans « Un appel aux ouvriers de Rosières », Simone Weil lance un appel à témoignage en expliquant qu'évoquer leur condition serait une façon pour les ouvriers d'apaiser leur souffrance. Autrement dit, la parole constituerait une forme de catharsis qui permettrait d'atténuer leur rancœur. Simone Weil elle-même indique à plusieurs reprises qu'elle écrit pour soutenir les ouvriers.

B. Un témoignage difficile à exprimer

La littérature ne peut néanmoins pas rendre exactement compte du monde du travail qui garde une part d'indicible. Chez Virgile, c'est avant tout l'immense variété des métamorphoses produites par le travail qu'il est impossible d'exprimer totalement : « Vouloir en savoir le nombre, c'est vouloir connaître combien de grains de sable le Zéphyr soulève dans la plaine de Libye, ou combien de flots, dans la mer Ionienne, se brisent sur les rivages, quand l'Eurus fond avec violence sur les navires » (2, p. 79). Vinaver semble lui aussi dépassé par la richesse et la densité de son sujet, ce qui peut expliquer à la fois qu'il passe « par-dessus bord » le théâtre traditionnel et que Passemar rêve d'un théâtre « total » (p. 36) et « sauvage », qui mêle les genres et où « tout est permis » (p. 118), qui correspondrait parfaitement au sujet, mais qui rendrait sa pièce impossible à mettre en scène. Michel Vinaver lui-même déclare dans un texte du 2 février 2008 : « En entreprenant l'écriture de la pièce, j'ai jeté par-dessus bord toutes questions sur sa jouabilité : longueur, nombre d'exécutants, foisonnement des actions et des lieux ».

Chez Simone Weil, en revanche, c'est la souffrance de la condition ouvrière qui est si insoutenable qu'elle en devient inexprimable. D'abord, les ouvriers eux-mêmes vivent cette souffrance mais ne peuvent l'exprimer car leur travail entrave leur pensée et les force à être dans le déni pour survivre :

« Les ouvriers eux-mêmes peuvent très difficilement écrire, parler ou même réfléchir à ce sujet, car le premier effet du malheur est que la pensée veut s'évader » (p. 328). Paradoxalement, les ouvriers s'approprient alors les discours crées de toutes pièces par les politiques ou les intellectuels qui n'ont jamais mis les pieds dans une usine, et leurs discours sont donc en complet décalage avec leur vécu. S'intéresser aux témoignages d'anciens ouvriers ne serait pas plus efficace, car l'homme a une faculté d'oubli impressionnante. Au-delà, c'est le langage qui est trop pauvre pour exprimer une souffrance aussi intense : « Tout le monde, dans toutes les situations, sait ce que c'est que d'être fatigué, mais pour cette fatigue-là, il faudrait un nom à part » (p. 271). Par conséquent, Weil finit par taire le plus atroce : « on dégrade l'inexprimable à vouloir l'exprimer » (p. 52). Ainsi s'explique l'échec de l'artiste qui cherche à dépeindre le monde ouvrier. À propos de Jules Romains qui s'y est essayé, Simone Weil écrit : « cela ne va pas très loin » (p. 329).

Outre la dimension inexprimable, un autre problème se pose : celui de l'interlocuteur. Les lecteurs ou les spectateurs sont-ils prêts à subir la description du monde du travail que l'on veut leur infliger ? Passemar dénigre les spectateurs de son époque. Habitué au marketing et à la société de consommation, le public attend l'équivalent dans le domaine artistique : « le produit qu'il désire c'est-à-dire le marketing mix qui fait tilt » (p. 118). Weil se montre tout aussi critique : « Nous ne sommes plus au XVIIe ni au XVIIIe siècle. Il n'y a plus de public éclairé, il n'y a – à part un petit nombre d'hommes exceptionnels – que des spécialistes à culture étroitement limitée, et des gens sans culture » (p. 261). La culture a bien changé au fil des époques et l'on ne trouve désormais plus d'érudits au savoir encyclopédique mais des experts spécialisés dans un domaine, ce qui restreint la compréhension du monde. Surtout, confronté à la dureté des conditions de travail en général, le public ne réclame pas des raisonnements qui développent des thèses complexes, mais du pur divertissement pour se détendre, un « opium » (p. 261), écrit Simone Weil qui reprend le célèbre terme de Marx.

3. L'artiste au travail

A. Expérimenter le travail

Pour pouvoir rendre compte du vécu des travailleurs, l'artiste doit être proche d'eux. De fait, les trois auteurs n'évoquent pas le travail de façon abstraite mais ont été au contact des milieux dont ils parlent. Virgile vient sans doute d'une famille d'agriculteurs ; Simone Weil s'est fait embaucher volontairement dans plusieurs usines et Michel Vinaver a fait carrière chez Gillette, une grande firme américaine. Ce rapport au monde du travail ne va pas sans compromis ni compromissions. Virgile s'inscrit dans le système clientéliste et n'est pas avare d'éloges à l'égard de Mécène ou d'Auguste (voir Fiche n° 2). Passemar, qui est le double de Vinaver, se montre obséquieux mais parfois aussi d'une incroyable maladresse, comme lors de son entretien de carrière où il dénigre son travail alors que Benoît avait pour intention de le complimenter (p. 209-10). Surtout, ses monologues récurrents montrent qu'il semble obsédé par le succès de sa pièce et l'argent qu'elle pourrait lui rapporter : « Ça arrangerait bien mes affaires si cette pièce pouvait rencontrer un succès non seulement d'estime mais commercial parce que du côté de Ravoire et Dehaze les choses ne vont pas si bien en ce qui me concerne » (p. 205).

Simone Weil écrit aussi beaucoup de lettres pour essayer d'obtenir une place en usine, car aucun patron n'aurait embauché spontanément une agrégée de philosophie pour travailler à la chaîne. Elle échange ainsi de nombreuses lettres avec Victor Bernard et se montre aussi maladroite que Passemar en laissant éclater sa joie suite à la grève générale de juin 1936 au moment où elle devait visiter l'usine de ce patron… (p. 248-9). Même si sa volonté de vivre comme les ouvriers est parfaitement sincère, Simone Weil ne cache pas que son objectif, encore vague à cette époque, est de tirer une œuvre de cette expérience. Elle y fait allusion dans une lettre à son amie Albertine Thévenon : « Garde cette lettre – je te la redemanderai peut-être si, un jour, je veux rassembler tous mes souvenirs de cette vie d'ouvrière. Pas pour publier quelque chose là-dessus (du moins je ne pense pas), mais pour me défendre moi-même de l'oubli » (p. 61). Surtout, elle demande à Victor Bernard de lui renvoyer ses lettres et se montre alors plus catégorique : « Je vais probablement me décider, en fin de compte, à écrire quelque chose concernant le travail industriel » (p. 251).

La figure par excellence de l'artiste qui vit son entrée dans le monde du travail comme une compromission reste le personnage d'Alex, dans *Par-dessus bord*. Ce marginal quitte finalement sa boîte de jazz pour mettre sa créativité au service de Ravoire et Dehaze. Il met alors sur le même plan sa chute dans la vie « normale » (p. 239) et la chute de son père dans une « fosse à merde » (p. 238) alors qu'il vient de se faire fusiller par les nazis.

B. Faire preuve d'empathie

Être soi-même un travailleur ne suffit pas. Il faut aussi être capable de suffisamment d'empathie pour comprendre l'état d'esprit des autres. Virgile se montre ainsi très proche des paysans, et en particulier des vétérans néophytes qui se lancent dans l'agriculture : « sensible […] aux misères des campagnards qui ne savent pas leur route » (1, p. 40). Weil a tout autant envie d'aider les ouvriers dont elle se sent très proche et écrit à Victor Bernard : « À mes yeux, la raison d'être essentielle de ma collaboration à votre journal résidait dans le fait que mon expérience de l'an passé me permet peut-être d'écrire de manière à alléger un peu le poids des humiliations que la vie impose jour par jour aux ouvriers de Rosières, comme à tous les ouvriers des usines modernes » (p. 213). Elle rêve de constituer pour les travailleurs un « appui moral » qui leur permette de conserver leur dignité (p. 214). Au-delà de la proximité que Simone Weil peut éprouver pour les autres ouvriers, son œuvre laisse transparaître une compassion universelle pour les plus pauvres et les plus malheureux, propre à la religion chrétienne. Elle va jusqu'à écrire : « je me sens la sœur de la fille qui fait le trottoir » (p. 55).

C. Devenir un intermédiaire

L'artiste peut alors devenir un véritable intermédiaire dans le cadre du monde du travail. *Les Géorgiques* est un traité d'agriculture et Virgile se fait donc instructeur et donne des conseils à son lecteur qu'il interpelle parfois : « Je puis te rappeler une foule de préceptes des anciens si tu n'y répugnes pas et ne dédaignes pas de connaître de menus détails » (1, p. 49). Weil voudrait servir d'intermédiaire entre ouvriers et patrons pour leur permettre de mieux se comprendre et d'améliorer la vie en usine. Elle écrit ainsi à Victor Bernard : Vous leur ferez « sentir que vous les comprenez – si toutefois j'arrive à vous les faire comprendre, ce qui suppose évidemment d'abord que je ne me trompe pas en croyant les avoir compris moi-même » (p. 286), et elle ajoute : « Je voudrais tant pouvoir, dans quelque entreprise, collaborer d'en bas avec celui qui la dirige » (p. 219).

D. L'artiste-travailleur

À force de se rapprocher du travailleur, l'artiste finit parfois par se confondre avec lui. Virgile opère un rapprochement très symbolique entre le travail du poète et celui du paysan. Il souligne en effet à plusieurs reprises qu'il veut obtenir la gloire grâce à sa poésie, ce qui constitue un lieu commun dans la littérature antique. De façon plus surprenante, le paysan obtient lui aussi la gloire par son labeur, alors que dans les traités didactiques traditionnels, il cherche avant tout l'autosuffisance ou le profit en revendant le fruit de son travail : « Tels sont les instruments que tu auras soin de te procurer […], si tu veux mériter la gloire d'une campagne divine » (1, p. 48), ou encore : « C'est un travail ; mais espérez-en de la gloire, courageux cultivateurs » (3, p. 127). Le paysan devient alors un double du poète et tous deux obtiennent la même *gloria* grâce à leurs travaux respectifs. Or, la gloire est avant tout l'apanage du héros épique qui reste dans les mémoires grâce à ses exploits guerriers. En mettant en parallèle ces trois *labores* – du poète, du paysan, du guerrier –, Virgile renforce à la fois le prestige du poète et de son sujet. À l'inverse, en devenant ouvrière en usine, Simone Weil a de plus en plus de mal à penser et perd sa capacité d'écrivain. Même écrire une simple lettre demande un effort surhumain, comme elle l'explique à Nicolas Lazarevitch. Quant à Passemar, il arrive symboliquement le visage couvert d'un masque identique à son propre visage : l'artiste, c'est le travailleur (p. 16).

4. L'importance de l'art au travail pour élever l'humain

Pour ne pas tomber dans l'ignorance et l'abrutissement, il est important que le travailleur n'abandonne pas complètement l'art et l'esthétique. En effet, dans *Par-dessus bord*, les personnages qui conservent une part d'humanité sont ceux qui sont amateurs d'art. C'est le cas de Fernand Dehaze qui peint d'après modèle et collectionne de très belles pièces du XVIIIe siècle. Ses employés considèrent qu'il est « profondément humain » (p. 71). Margerie, qui voue une passion à la collection de son beau-père et veut rédiger une thèse sur la question, finit par partir aux États-Unis pour créer « un institut de beauté comme un défi français à toutes ces usines sans âme où la beauté est débitée à la chaîne » (p. 241). Elle rêve d'un endroit où la beauté serait authentique et originale, unique comme une œuvre d'art et non produite en série. Tous ces personnages sont liés à l'antiquaire Toppfler qui connaît la moindre anecdote sur tous ces bibelots qu'il chérit. Symboliquement, la première intention de Benoît est de revendre toute la collection de son père pour réinvestir l'argent dans son entreprise. La boîte de jazz appelée « L'Infirmerie » est sans doute vouée à guérir ou atténuer les bleus à l'âme causés par l'Histoire (Alex) ou le travail. Néanmoins, elle reste ambiguë, car on y joue du jazz américain, « musique à la limite extrême de la tension, parfois de l'audible » (p. 75).

Simone Weil cherche précisément à apporter la culture aux ouvriers pour préserver leur humanité. Dans ses lettres à Victor Bernard, elle parle à plusieurs reprises des articles de vulgarisation de la littérature grecque de l'Antiquité qu'elle écrit pour la revue *Entre nous*. Son premier article concerne *Antigone*, elle veut ensuite s'intéresser à une autre tragédie de Sophocle et pense déjà à une série d'articles sur la création de la science moderne par les Grecs (p. 243-7). Son objectif est de « toucher tout le monde – depuis le directeur jusqu'au dernier manœuvre » (p. 244). Même si ce projet a tourné court, en même temps que sa correspondance avec Victor Bernard, il montre tout de même l'importance de la culture pour rendre à l'ouvrier sa dignité. C'est néanmoins surtout dans « Condition première d'un travail non servile » que

Simone Weil souligne l'importance de la poésie pour le travailleur. Il ne s'agit alors plus de littérature, mais d'une capacité d'attention et de concentration proche de la prière. En faisant preuve d'une attention religieuse pour ses propres gestes, l'ouvrier peut leur donner une dimension symbolique et en percevoir la beauté.

PARTIE 4

Méthodologie et sujets corrigés

Le résumé de texte (concours CCINP - CentraleSupélec et ATS)

FICHE 27. Méthode du résumé de texte

1. Présentation de l'épreuve

Le résumé de texte consiste à retenir l'essentiel d'un texte portant sur le thème au programme.

	Longueur du texte	Longueur du résumé	Nombre de points attribué au résumé	Temps conseillé pour le résumé	Temps total de l'épreuve
CCINP	600 à 700 mots	100 mots (+/– 10 %)	10 points sur 30 au total	1 h 15	4 heures
CentraleSupélec	2 000 mots	200 mots (+/– 10 %)	10 points sur 20 au total	1 h 30	4 heures
Filière ATS	700 à 800 mots	120 mots (+/– 10 %)	10 points sur 20 au total	1 h 15	4 heures

2. Critères de réussite

Pour réussir cet exercice, quatre critères doivent être respectés.

Critère 1 : La concision

Il faut **reproduire les idées essentielles** d'une manière **brève** et **précise en respectant le nombre de mots** indiqués dans le libellé du sujet sous peine de pénalités (– 1 point par dizaine de mots).

Critère 2 : L'objectivité

Le candidat doit adopter une **attitude impartiale** par rapport au contenu du texte et se contenter de reproduire les idées de l'auteur de manière **neutre en respectant scrupuleusement l'ordre** dans lequel elles apparaissent.

Critère 3 : La fidélité

Il s'agit de rendre la pensée de l'auteur sans la déformer, en faisant apparaître clairement **la structure** du texte grâce à l'utilisation de **connecteurs logiques** et à une division claire en paragraphes (de 2 à 4 au maximum).

L'absence de paragraphes, leur trop grand nombre ou une structure incohérente sont pénalisés (jusqu'à – 3 points). Le candidat doit faire « comme s'il était l'auteur » et adopter la même **posture énonciative** que celui-ci. Il est donc strictement interdit de proposer un résumé comportant des formules telles que « l'auteur affirme que… » ou d'utiliser le nom de l'auteur. Dans ce cas, l'exercice n'est pas compris et le candidat obtient une note très faible.

Critère 4 : La reformulation

Le candidat doit chercher à reproduire les idées principales du texte en s'éloignant le plus possible de l'expression de l'auteur. Il convient donc de faire **un effort de reformulation** en recherchant des expressions équivalentes et en modifiant la structure des phrases. **À l'exception des mots-clés, il est interdit de citer le texte**, c'est-à-dire de reprendre des mots, des phrases ou des parties entières de phrases du texte, sous peine d'obtenir une note très faible.

3. Méthode par étapes

Étape 1 - Première lecture

Lire le texte une première fois, écrire au brouillon le **thème** du texte (le sujet du texte) et sa **thèse** (l'opinion de l'auteur), ainsi que le type **d'énonciation** (neutre ou subjective : « je »).

Étape 2 - Deuxième lecture

Lire le texte une seconde fois pour repérer la **structure** du texte : les grandes parties, les arguments qui les constituent et les exemples. Distinguer les exemples **illustratifs** à éliminer et les exemples **argumentatifs** à conserver en faisant le test suivant : lire le texte en omettant l'exemple en question, si le texte reste compréhensible, il est illustratif ; s'il manque un élément du raisonnement, l'exemple est argumentatif et doit être intégré au résumé. Le repérage de la structure peut se faire en annotant directement le texte ou au brouillon.

NOTE DE L'AUTEURE

Les paragraphes du texte ne correspondent pas forcément aux grandes parties du plan. En revanche, chaque grande partie du plan correspondra à un paragraphe du résumé.

Étape 3 - Rédiger le résumé

Rédiger les idées essentielles dans l'ordre en les reliant par des connecteurs logiques et en les reformulant au maximum. Reprendre le résumé pour qu'il corresponde au nombre de mots demandés, éliminer les fautes d'orthographe et recopier au propre.

NOTE DE L'AUTEURE

Ne pas oublier d'indiquer le décompte des mots exact à la fin du résumé (– 1 point en cas d'absence), et les décomptes intermédiaires par une barre verticale tous les 20 ou 50 mots en fonction de ce qu'indique la consigne (– 1 point en cas d'absence).

4. Le décompte de mots

Est un mot toute unité typographique précédée et suivie d'une espace, d'une apostrophe ou d'un tiret et qui a un sens en elle-même.

Donc sont considérés comme mots les substantifs, mais aussi les pronoms, les articles ou les prépositions.

Exemple : c'est-à-dire = 4 mots ; j'espère = 2 mots ; je l'ai vu = 4 mots.

Pour les mots composés : lorsque les 2 mots font sens à eux seuls, le mot composé compte pour 2 mots, lorsque les 2 mots ne font pas sens pris séparément, le mot composé compte pour 1 mot.

Exemple : porte-parole = 2 mots, mais aujourd'hui = 1 mot ; socio-économique = 1 mot.

Attention : un pourcentage (20 %), une date (1884), un sigle (OTAN) = 1 mot.

RAPPORT DE JURY 2019 DU CONCOURS CCINP

« Le résumé est une épreuve de compréhension et d'expression, l'exactitude ou la justesse de la seconde confirmant la solidité de la première : il s'agit de saisir la thèse et le raisonnement d'un texte – en s'appuyant sur ses liens logiques (et pas seulement sur sa chronologie) afin de mieux appréhender la pensée de l'auteur – et de restituer de manière fidèle l'essentiel de son argumentation dans une langue correcte.
Le candidat ne doit pas simplifier les contenus de l'extrait mais tenter d'en rendre les nuances. Il lui appartient néanmoins de savoir distinguer l'important – et d'abord l'indispensable – de l'accessoire et surtout d'expliciter de façon neuve – sans reprise littérale, montage de citations, traduction synonymique ou démarquage syntaxique – les idées principales et leur enchaînement.
Le résumé étant une contraction, la concision de la formulation est une exigence impérieuse, pourvu que l'économie de mots soit au service de la clarté. »

FICHE 28. Sujet de résumé de texte corrigé (type CentraleSupélec)

1. Sujet

Extrait : Jean-Paul Sartre, *Situations III*, Paris, © Éditions Gallimard, 1949, p. 197-201.

Des pensées abstraites et des intentions vides, voilà ce qu'on laisse à l'esclave sous le nom de liberté métaphysique. Et dans le même temps, les ordres de ses maîtres ou la nécessité de vivre l'ont engagé dans des actions rudes et concrètes, l'obligent à former des pensées de détail sur la matière, sur l'outil. En fait l'élément libérateur de l'opprimé, c'est le travail. En ce sens c'est le travail qui est d'abord révolutionnaire. Certes il est commandé et prend d'abord figure d'asservissement du travailleur : il n'est pas vraisemblable que celui-ci, si on ne le lui eût imposé, eût choisi de faire ce travail dans ces conditions et dans ce laps de temps pour ce salaire. Plus rigoureux que le maître antique, le patron va jusqu'à déterminer à l'avance les gestes et les conduites du travailleur. Il décompose l'acte de l'ouvrier en éléments, lui en ôte certains pour les faire exécuter par d'autres ouvriers, réduit l'activité consciente et synthétique du travailleur à n'être plus qu'une somme de gestes indéfiniment répétés. Ainsi tend-il à ravaler le travailleur à l'état de pure et simple chose en assimilant ses conduites à des propriétés. Madame de Staël en cite, dans la relation du voyage qu'elle fit en Russie au début du XIXe siècle, un exemple frappant : « Sur vingt musiciens (d'un orchestre de serfs russes) chacun fait entendre une seule et même note, toutes les fois qu'elle revient. Ainsi chacun de ces hommes porte le nom de la note qu'il est chargé d'exécuter. On dit en les voyant passer : voilà le sol, le mi ou le ré de M. Narishkine ». Voilà l'individu limité à une propriété constante qui le définit comme le poids atomique ou la température de fusion. Le taylorisme moderne ne fait pas autre chose. L'ouvrier devient l'homme d'une seule opération qu'il répète cent fois par jour ; il n'est plus qu'un objet et il serait enfantin ou odieux de raconter à une piqueuse de bottines ou à l'ouvrière qui pose les aiguilles sur le cadran de vitesse des automobiles Ford qu'elles conservent, au sein de l'action où elles sont engagées, la liberté intérieure de penser. Mais dans le même temps, le travail offre une amorce de libération concrète, même dans ces cas extrêmes, parce qu'il est d'abord négation de l'ordre contingent et capricieux qui est l'ordre du maître. Au travail, l'opprimé n'a plus le souci de plaire au maître, il échappe au monde de la danse, de la politesse, de la cérémonie, de la psychologie ; il n'a pas à deviner ce qui se passe derrière les yeux du chef, il n'est plus à la merci d'une humeur : son travail, certes, lui est imposé à l'origine et on lui en vole finalement le produit. Mais entre ces deux limites, il lui confère la maîtrise sur les choses ; le travailleur se saisit comme possibilité de faire varier à l'infini la forme d'un objet matériel en agissant sur lui selon certaines règles universelles. En d'autres termes, c'est le déterminisme de la matière qui lui offre la première image de sa liberté. Un ouvrier n'est pas déterministe comme le savant : il ne fait pas du déterminisme un postulat explicitement formulé. Il le vit dans ses gestes, dans le mouvement du bras qui frappe sur un rivet, ou qui abaisse un levier ; il en est si pénétré qu'il va chercher, quand l'effet désiré ne se produit pas, quelle cause cachée l'a empêché de se produire sans jamais supposer de caprice dans les choses ni de rupture brusque et contingente de l'ordre naturel. Et, comme c'est au plus profond de son esclavage, au moment même où le bon plaisir du maître le transforme en chose, que l'action, en lui conférant le gouvernement des choses et une autonomie de spécialiste sur laquelle le maître ne peut rien, le libère, l'idée de libération s'est jointe, pour lui, à celle de déterminisme. Il ne saurait en effet saisir sa liberté comme planant au-dessus du monde, puisque justement, pour le maître, ou pour la classe d'oppression, il est chose ; il n'apprend pas qu'il est libre par un retournement réflexif sur lui-même ; mais il dépasse son état d'esclave par son action sur les phénomènes qui lui renvoient par la rigueur même de leur enchaînement l'image d'une liberté concrète qui est celle de les modifier. Et puisque l'ébauche de sa liberté concrète lui apparaît dans les maillons du déterminisme, il n'est pas étonnant qu'il vise à remplacer la relation d'homme à homme, qui se présente à ses yeux comme celle d'une liberté tyrannique à une obéissance humiliée, par celle d'homme à chose et, finalement, puisque l'homme qui gouverne les choses est chose à son tour, d'un autre point de vue, par celle de chose à chose. Ainsi le déterminisme – en tant qu'il s'oppose à la psychologie de politesse – lui apparaît comme une pensée purifiante, comme une catharsis. Et s'il revient sur lui pour se considérer comme chose déterminée, il se libère du même coup de la liberté redoutable de ses maîtres car il les entraîne avec lui dans les maillons du déterminisme et les considère à leur tour comme des choses en expliquant leurs ordres à partir de leur situation, de leurs instincts, de leur histoire, c'est-à-dire en les plongeant dans l'univers. Si tous les hommes sont des choses, il n'y a plus d'esclaves, il n'y a que des opprimés de fait. Comme Samson qui acceptait de s'ensevelir sous les ruines du temple pourvu que les Philistins périssent avec lui, l'esclave se libère en supprimant la liberté de ses maîtres avec la sienne et en s'engloutissant avec eux dans la matière. Dès lors la société libérée qu'il conçoit est à l'inverse de la cité des fins kantienne ; elle ne se base pas sur la reconnaissance mutuelle des libertés. Mais puisque le rapport libérateur est celui de l'homme aux choses, c'est lui qui fera la structure de base de cette société. Il s'agit seulement de supprimer la relation d'oppression entre les hommes pour que la volonté de l'esclave et celle du maître, qui s'épuisent à lutter l'une contre l'autre, se retournent tout entières vers les choses. La société libérée sera une entreprise harmonieuse d'exploitation du monde. Comme elle est produite par l'absorption des classes privilégiées et qu'elle se définit par le travail, c'est-à-dire par l'action sur la matière, et comme elle est, elle-même, assujettie aux lois du déterminisme, la boucle est bouclée, le monde se referme.

Consigne : résumer en 200 mots ce texte de 1 166 mots. Un écart de 10 % en plus ou en moins sera accepté. Indiquer par une barre bien nette chaque cinquantaine de mots, puis, à la fin du résumé, le total exact.

2. Travail préparatoire

Thème : Le lien entre travail, aliénation et liberté.

Thèse : Paradoxalement, le travail qui est à l'origine une aliénation se révèle émancipateur.

Introduction : la thèse de l'auteur

L. 1-6 : Pour l'esclave, la liberté est un concept théorique. Pourtant, il est contraint de se confronter au monde et de réfléchir à ses méthodes. Paradoxalement, le travail est donc émancipateur. (1)

I. Le travail : de l'aliénation à l'émancipation

A. Aliénation

L. 6-9 : Évidemment, l'individu ne fournit pas volontairement un effort aussi soutenu et mal rétribué. (2)

L. 9-27 : L'esclavage moderne est pire que l'ancien puisqu'il anticipe tout ce que va faire le travailleur. La suite de gestes est décortiquée, le travail est divisé et se résume à réitérer quelques actions à l'infini. Par conséquent, l'individu est réifié et réduit à une seule caractéristique, comme le prouve le taylorisme. (3)

[Exemples illustratifs de Mme de Staël, du poids atomique et de la température, de la piqueuse de bottes et de l'ouvrière de chez Ford.]

B. Émancipation

L. 27-33 : Pourtant, le travailleur tend à s'émanciper du pouvoir arbitraire du maître. (4)

L. 33-44 : Même forcé de produire sans véritable gain, il a la mainmise sur le monde qu'il métamorphose à sa guise en fonction des lois de la nature. Elles ne sont pas un postulat abstrait mais une certitude qu'il expérimente dans sa chair. (5)

[Exemple illustratif du bras qui frappe un rivet ou abaisse un levier.]

II. Le processus de l'émancipation

L. 44-48 : L'esclave est simultanément réifié par le maître et libéré par sa maîtrise des choses, sur laquelle le maître n'a pas de prise. (6)

L. 48-54 : Il associe donc spontanément le déterminisme à une émancipation qui ne correspond pas à son statut social mais qu'il expérimente en modelant le monde. (7)

L. 54-59 : Par conséquent, il substitue aux rapports interpersonnels qui le privent de liberté le rapport de l'homme réifié avec la matière. (8)

III. Répercussions de ce processus sur la société

L. 59-69 : Le déterminisme est un exutoire, car le travailleur réifie en retour les maîtres soumis à un déterminisme social. L'esclave s'arrache donc à la soumission en imaginant une humanité privée de liberté. (9)

[Exemple illustratif de Samson.]

L. 69-76 : La société repose alors, non plus sur une intersubjectivité conflictuelle, mais sur le rapport de l'homme au monde. (10)

L. 76-80 : On aboutit à une société soumise à un déterminisme social qui agit sur un monde soumis à un déterminisme naturel. (11)

FICHE 28

3. Corrigé

Résumé en 200 mots +/-10 %

(1) Pour l'esclave, la liberté n'est qu'un concept théorique. **Pourtant**, le travail, qui implique une confrontation au monde, devient **paradoxalement** émancipateur.

(2) **Évidemment**, personne ne fournit volontairement un labeur pénible et mal rétribué, (3) pire que l'esclavage antique, car la division du travail conduit à réitérer quelques actions simples / à l'infini. L'individu est **alors** réifié, comme dans le taylorisme. (4) **Pourtant**, le travailleur n'est plus soumis

au commandement arbitraire (5) et métamorphose le monde en fonction des lois de la nature qu'il expérimente dans sa chair, à défaut d'y réfléchir.

(6) **Au moment où** l'esclave est / réifié par son maître, il s'en affranchit par sa maîtrise du monde. (7) Il associe **donc** le déterminisme à une émancipation qui ne correspond pas à son statut, **mais** qu'il expérimente en modelant le monde. (8) Il substitue **alors** à la hiérarchie sociale inégalitaire le rapport de l'homme – même / réifié – avec la matière.

(9) Le déterminisme est un exutoire pour le travailleur qui inverse la dialectique : le maître est lui **aussi** soumis à un déterminisme social, et l'aliénation concerne **donc** toute l'humanité. (10) La société repose **alors**, non plus sur une intersubjectivité inégalitaire, mais sur le rapport de l'/homme au monde. (11) Soumise à un déterminisme généralisé, elle est fondée sur le travail, qui implique un déterminisme naturel.

219 mots

La dissertation (tous les concours)

FICHE 29. Méthode de la dissertation

1. Présentation de l'épreuve : caractéristiques générales

Le sujet se présente toujours sous forme d'une **citation**, courte ou longue, d'apparence évidente, paradoxale ou provocatrice suivie d'une brève consigne qui peut demander de **développer ou de discuter** le jugement de l'auteur ou encore **d'éclairer** la citation à la lumière des œuvres au programme.

La dissertation est un exercice d'argumentation. Il convient d'abord de dégager les présupposés, implicites et sous-entendus dans le sujet : c'est l'**analyse du sujet**. Il faut ensuite proposer une **problématique** à laquelle on va répondre dans le développement. Les hypothèses permettant de discuter le sujet doivent être organisées selon un **plan** logique et conduire à une **réponse conclusive** à la problématique énoncée dans l'introduction.

Concours	Durée	Barème
CCINP	Environ 2 h 45 sur 4 heures au total	20 points sur 30
CentraleSupélec	Environ 2 h 30 sur 4 heures au total	10 points sur 20
ENS Polytechnique	4 heures	20 points sur 20
Mines-Ponts	3 heures	20 points sur 20
Filière ATS	Environ 2 h 45 sur 4 heures au total	10 points sur 20

Dans les épreuves qui associent résumé et dissertation (concours CentraleSupélec, CCINP et ATS), la citation est obligatoirement tirée du texte à résumer. « La contraction constitue une propédeutique à l'argumentation ultérieure tant il est vrai que la citation dont il faudra débattre s'éclaire tout naturellement de l'ensemble du texte à réduire » (rapport de jury 2019 du concours CCINP).

Au concours CentraleSupélec, la consigne comporte toujours la phrase suivante : « Votre copie ne pourra pas excéder 1 200 mots. Un décompte exact n'est pas exigé, mais tout abus sera sanctionné ». Mille deux cents mots sont l'équivalent d'environ une copie double, un peu plus en cas d'écriture large. Donc écrire trois ou quatre copies doubles sera sanctionné. Aucune indication n'est donnée pour les concours CCINP et ATS, mais dans le temps imparti, il est difficile de faire plus d'une copie double, deux au maximum.

Pour les autres concours, aucune indication de longueur n'est donnée. Une copie double serait évidemment insuffisante, mais il ne s'agit pas pour autant de se répéter simplement pour faire un devoir plus long.

2. Méthode par étapes

Étape 1 – Analyse du sujet et problématique

A. L'analyse du sujet

L'analyse du sujet (20 minutes au minimum) doit expliquer la citation. Il convient de s'intéresser :

- **à l'auteur :** l'époque à laquelle il a vécu, son appartenance à tel ou tel courant philosophique, littéraire ou politique, le contexte historique dans lequel il a écrit son œuvre peuvent donner de précieux renseignements ;
- **aux mots de la citation :** même si la citation vous rappelle un sujet de dissertation fait pendant l'année, il ne faut pas « plaquer » le plan vu en cours. **Il faut encadrer et définir les mots-clés, repérer les connecteurs logiques.** L'objectif est de montrer les rapports que les mots-clés entretiennent les uns avec les autres (opposition, cause et conséquence, similitude...) et de trouver les présupposés sur lesquels repose la citation ;
- **éventuellement, à la forme de la citation :** y a-t-il des figures de style importantes (allégorie, oxymore...) ? S'agit-il d'une phrase très longue ou très courte ? L'auteur s'adresse-t-il à nous ? Le ton est-il ironique, agressif ?

Cette analyse du sujet doit impérativement figurer dans votre introduction. Elle permet de reformuler le sujet puis de dégager une problématique.

B. La problématique

L'analyse du sujet doit obligatoirement déboucher sur une problématique. La problématique est la question que le candidat décide de poser à partir du sujet qui lui est proposé, en se fondant sur son analyse. Cette question apparaît dans l'introduction et sert de fil conducteur à la dissertation qui doit y répondre en proposant plusieurs hypothèses. La question doit généralement être formulée de façon à induire une réponse du type : « Oui... jusqu'à un certain point ». Il vaut donc mieux éviter les questions commençant par « Quels sont les moyens, causes ou conséquences... ? Pourquoi ou comment... ? » qui induisent une réponse sous forme de catalogue de moyens, de causes ou de conséquences...

NOTE DE L'AUTEURE

En cas de question directe, il y a inversion du verbe et du sujet et la présence d'un point d'interrogation : « Le travail est-il une souffrance ? »
En cas de question indirecte, il y a la présence d'un verbe introducteur, et ni d'inversion du sujet, ni de point d'interrogation : « On se demandera si le travail est une souffrance. »

Étape 2 – L'élaboration du plan

La citation doit être **discutée**. L'objectif n'est donc pas de défendre ou de réfuter sans nuance la thèse de l'auteur mais de **peser le pour et le contre**, de montrer en quoi l'auteur a raison et en quoi il a tort, ce qui conduit à une réflexion **dialectique**.

Le plan en **deux parties,** composées chacune de trois paragraphes, est accepté au concours. Néanmoins, il présente une réflexion très tranchée :

I. Thèse	II. Antithèse
A. Argument 1	A. Argument 1
B. Argument 2	B. Argument 2
C. Argument 3	C. Argument 3

Le plan en **trois parties** composées de deux paragraphes chacune est plus nuancé mais aussi plus compliqué à mettre en œuvre :

I. Thèse	II. Antithèse	III. Synthèse
A. Argument 1	A. Argument 1	A. Argument 1
B. Argument 2	B. Argument 2	B. Argument 2

NOTE DE L'AUTEURE

Il est possible de proposer **trois paragraphes** dans une ou plusieurs des trois grandes parties lors d'une dissertation en 3 ou 4 heures comme à Mines-Ponts ou ENS X.

Les grandes parties doivent être équilibrées en termes de longueur :

– **partie I, la thèse :** elle doit **obligatoirement** donner des arguments en faveur de l'opinion de l'auteur ;
– **partie II, l'antithèse :** elle doit nuancer l'opinion de l'auteur. Il ne s'agit pas de se contredire en expliquant le contraire de ce que l'on a dit dans la partie I mais de montrer les limites de la thèse de l'auteur ;

- **partie III, la synthèse :** c'est la partie la plus délicate ! Elle consiste à dépasser les deux premières parties en proposant une nouvelle perspective.

Étape 3 - Rédaction de l'introduction et de la conclusion générale

Il est conseillé de rédiger **simultanément** l'introduction et la conclusion au brouillon après avoir trouvé l'analyse, la problématique et le plan.

A. Introduction

En six points :

1. **rédiger un préambule :** il faut amener le sujet par une citation, une idée générale, un exemple historique ou un exemple littéraire ou artistique (ne pas utiliser ici les œuvres au programme). Il s'agit de faire une présentation générale du sujet qui s'oriente déjà vers le problème que l'on va traiter (bannir les formules du style « Depuis la nuit des temps, depuis l'Antiquité… ») ;
2. **citer intégralement le sujet :** faire apparaître le nom de l'auteur de la citation et le titre de l'œuvre dont elle est tirée ;
3. **analyser le sujet** et définir les termes qui le demandent ;
4. **dégager la problématique** sous forme de question directe ou indirecte ;
5. **présenter les œuvres au programme :** titres **soulignés**, auteurs avec leurs **dates**, par ordre chronologique ou en distinguant l'œuvre philosophique et les œuvres littéraires ;
6. **annoncer le plan :** seulement les grandes parties I, II et III, pas les paragraphes, de manière claire. Il est conseillé de rédiger une phrase élégante par partie (éviter les formules très lourdes comme « Dans un premier temps, nous verrons que »).

B. Conclusion

En deux ou trois points, environ 10 lignes :

- rappeler la problématique et récapituler le raisonnement ;
- donner une réponse claire apportée à la problématique ;
- élargir (facultatif).

Étape 4 - La rédaction de la copie

A. Le paragraphe

Un paragraphe est toujours signalé par un **alinéa**. **L'argument** défendu doit être développé en quelques lignes et accompagné obligatoirement **d'exemples** analysés tirés **exclusivement** des œuvres au programme. Le paragraphe s'achève par un bref bilan.

Il faut utiliser **les trois œuvres** dans chaque paragraphe de manière équilibrée (il n'est pas question de parler majoritairement, voire exclusivement d'un auteur parce qu'on maîtrise mieux sa pensée et encore moins de proposer un paragraphe par œuvre). L'objectif est de donner un exemple tiré de chaque œuvre au programme afin de **comparer** les différents auteurs, de montrer les similitudes, les différences et les nuances de leur pensée. Les exemples peuvent se présenter sous forme de **citations** commentées ou de passages **résumés** et brièvement analysés, et sont obligatoirement reliés entre eux par des connecteurs logiques permettant de les comparer. Toute **juxtaposition** d'exemples sans lien entre eux est donc à proscrire.

Les différents paragraphes doivent être hiérarchisés selon un ordre logique au sein de la grande partie : du plus évident au plus complexe, au plus inattendu ; en fonction de leur rapport logique (cause et conséquence ; objectif et moyen(s) pour l'atteindre)...

NOTE DE L'AUTEURE

Il ne faut pas hésiter à reprendre les termes du sujet au sein de l'argument pour s'y « accrocher » et éviter le hors sujet.

Il faut obligatoirement se restreindre au corpus d'œuvres au programme. Un devoir, même brillant, qui proposerait des exemples issus d'autres œuvres, de l'actualité ou de l'histoire aurait une note très faible, car il ne s'agit pas d'une dissertation de culture générale.

Il est nécessaire d'apprendre quelques citations par cœur. À cette fin, reportez-vous au répertoire de citations proposé à la fin de l'ouvrage, p. XX.

RAPPORT DE JURY 2019 DU CONCOURS CCINP

« L'exemple, c'est un élément qui permet de chercher à dire quelque chose sur l'œuvre et pas quelque chose qui est dit dans l'œuvre.

L'exemple réalise l'argument et ne se contente pas de l'illustrer de façon ornementale. Un exemple est une bonne raison de souscrire à l'argument. Un argument est une bonne raison d'adhérer à la thèse. »

B. La « grande partie »

Chaque grande partie doit suivre la mise en page suivante :

[Saut de ligne]

[Alinéa] Phrase d'introduction de la grande partie.

[Alinéa] Paragraphe 1 : argument 1 + exemples.

[Alinéa] Paragraphe 2 : argument 2 + exemples.

[Alinéa] Paragraphe 3 : argument 3 + exemples, dans le cas d'un plan en deux parties.
[Alinéa] Phrase de bilan et de transition.
[Saut de ligne]

C. La forme

Toute copie illisible, sale, comportant des fautes d'orthographe ou de syntaxe en grand nombre ou proposant un plan peu clair (absence de sauts de lignes entre deux grandes parties, absence d'alinéas…) sera pénalisée (en général deux points).

RAPPORT DU JURY 2019 DU CONCOURS CENTRALESUPÉLEC

« S'exercer régulièrement au résumé et à la dissertation, entretenir une vraie familiarité avec les textes du programme, travailler à améliorer son expression écrite : on ne saurait mieux faire pour réussir cette épreuve. »

Fiche 30. Sujet de dissertation corrigé

1. Sujet

« La force de travail s'institue sur la mort. Il faut qu'un homme meure pour devenir force de travail. C'est cette mort qu'il monnaie dans le salaire », écrit **Jean Baudrillard** dans « Le travail et la mort » (*L'Échange symbolique et la mort*, Paris, Gallimard, coll. « Bibliothèque des sciences humaines, 1976, p. 67).

Discutez cette affirmation à la lumière des œuvres au programme.

2. Analyse du sujet

- **Auteur**

Jean Baudrillard, né le 27 juillet 1929 à Reims et mort le 6 mars 2007 à Paris, est un philosophe français, théoricien de la société contemporaine, connu pour ses analyses de la société de consommation et des modes de médiation et communication de la postmodernité. *L'Échange symbolique et la mort* (1976) est son cinquième ouvrage après *Le Système des objets : la consommation des signes* (1968), qui était sa thèse de doctorat, *La Société de consommation* (1970), *Pour une critique de l'économie politique du signe* (1972) et *Le Miroir de la production* (1973). Dans *L'Échange symbolique et la mort*, Baudrillard montre que la logique économique du capital est travaillée souterrainement par la logique de l'échange symbolique, celle du don et du contre-don qu'avait définie Marcel Mauss sous le nom de *potlatch**. En effet, le pouvoir s'enracine toujours dans l'exercice du don. Dans les sociétés primitives, les clans rivalisaient en termes de richesse et de pouvoir par ce système du don qui appelait à un contre-don encore plus munificent dans une logique exponentielle, et qui amenait la ruine d'une des deux tribus. Dans le cadre de notre sujet, il s'agira du « don du travail ». Dans l'économie primitive, il y avait réversibilité de l'échange dans le sacrifice, de la production dans la destruction, de la vie dans la mort. La réflexion de Baudrillard articule une série de paradigmes : don/contre-don, échange/sacrifice-production/destruction-vie/mort. Dans nos sociétés modernes, le capital a confisqué cette réversibilité. La stratégie pour enrayer ce système fatal est de refonder le rapport social sur l'échange symbolique, soit la réversibilité de la vie dans la mort, et d'opposer au système du capital un don auquel il ne puisse répondre que par son effondrement et sa mort.

- **Analyse des mots-clés du sujet**

« La **force de travail s'institue sur** la **mort. Il faut** qu'un homme **meure pour devenir** force de travail. C'est **cette mort** qu'il **monnaie** dans le **salaire.** »

Le sujet progresse en s'appuyant sur la répétition de termes-clés : « force de travail » et « mort ». En une expolition, « la mort », expression d'extension maximale, est reprise par le verbe « mourir » et par le déictique « cette mort ». On note l'équivalence entre la « monnaie » et le « salaire » échangés par le travailleur contre sa « force de travail ». L'emploi du verbe « instituer sur » signifie que le système a pour fondement cet échange symbolique qui relève de la nécessité, comme le souligne la tournure d'obligation « il faut ». L'homme **devient** sa force de travail.

Du point de vue marxiste, la « force de travail » est ce que possède le travailleur et qu'il « loue » à un patron en échange d'un salaire. En d'autres termes, il s'agit de ses forces physiques et morales. Dans le chapitre 6 du *Capital*, Marx distingue ainsi « travail » et « force de travail », laquelle est considérée comme transformée en simple marchandise dans l'économie capitaliste.

- **Analyse du sujet**

Le salarié donne sa force de travail, force physique et morale, en échange d'un salaire. Or ce don « se paie » en retour par la mort. Cette mort est d'ordre symbolique car logiquement, si le travailleur meurt, il n'y a plus de force de travail. La mort du travailleur est « lente et différée » et non « violente » (Baudrillard, *L'Échange symbolique et la mort*, p. 68). Ce qui est paradoxal, c'est que le travailleur « meurt » symboliquement pour obtenir un salaire qui assurera les conditions matérielles de son existence. Le *potlatch* s'avère insatisfaisant sur un plan moral car le salaire qui est accordé, le contre-don, est en-deçà du sacrifice du travailleur qui fait don de son être et de sa vie.

Pourtant, le travail n'est-il pas aussi une force de vie ? Ne peut-on pas renverser le système en une dialectique qui ferait du travail non une œuvre de mort mais une œuvre de vie ?

NOTE DE L'AUTEURE

Le ***potlatch*** est une immense fête qui rassemble toute une tribu, voire plusieurs, pour des échanges de cadeaux, soit les dons et les contre-dons, qui vont jusqu'à la destruction somptuaire des richesses et dont le principe est la rivalité entre les chefs. Mauss parle de « prestation totale de type agonistique » (Marcel Mauss, *Essai sur le don. Forme et raison de l'échange dans les sociétés archaïques*, 1925, Paris, Puf, coll. « Quadrige », 2007, p. 72).
George Bataille précise dans *La Notion de dépense* (Paris, Gallimard, coll. « Lignes », 2011) que le *potlatch* est « constitué par un don considérable de richesses offertes ostensiblement dans le but d'humilier, de défier et d'obliger un rival. La valeur d'échange du don résulte du fait que le donataire, pour effacer l'humiliation et relever le défi, doit satisfaire à l'obligation, contractée par lui lors de l'acceptation, de répondre ultérieurement par un don plus important [...] » (p. 18-9).

- **Problématique**
  Le travail est-il une œuvre de mort ?

3. Plan de l'argumentation

I. Thèse de l'auteur : le travail convertit l'homme en force de travail et amène à une mort lente du travailleur (destruction)

A. Le travail ronge le corps et l'esprit, il démoralise

B. Le travail chosifie, déshumanise et tend au sacrifice

II. Antithèse : le travail est la vie et donne un sens à la vie (création)

A. Le travail fait vivre et il est source de vie

B. Le travail grandit l'homme et le rend meilleur

III. Synthèse : le travail idéal vise à un dépassement de la mort vers une vie supérieure (re-création)

A. La transformation du monde et la palingénésie*

B. La renaissance : l'œuvre et le sacré

NOTE DE L'AUTEURE

La **palingénésie** désigne un retour à la vie, une renaissance qui est en même temps une régénération. Par analogie, il renvoie à la transformation profonde et salutaire d'un individu (ou d'un groupe d'individus) qui s'apparente à une renaissance.

4. Corrigé

Germinal, roman d'Émile Zola, treizième de la série des Rougon-Macquart, parut en feuilleton entre novembre 1884 et février 1885 dans le *Gil Blas*, l'année de la grande grève des mineurs d'Anzin débutée le 2 mars 1884, dans le bassin minier du Nord-Pas-de-Calais. Son héros, Étienne Lantier, vient d'être embauché à la mine de Montsou. Il découvre la fosse du Voreux qui, dès ces premières pages, apparaît comme un ogre dévorant les mineurs : « le puits avalait des hommes par bouchées de vingt et de trente, et d'un coup de gosier si facile, qu'il semblait ne pas les sentir passer [...] »[1]. *Germinal* raconte l'épopée de la grève des mineurs, menée par Étienne et par Souvarine, ouvrier russe, ancien anarchiste, qui inspirera le pseudonyme de Boris Lifschitz, l'ami de Simone Weil. Le roman dénonce l'exploitation des mineurs. Leurs forces, leur vie sont converties en force de travail pour un salaire de misère qui peine à assurer leurs conditions d'existence. **C'est bien cette conversion de la vie que pointe Baudrillard dans cet extrait de *L'Échange symbolique et la mort* : « La force de travail s'institue sur la mort. Il faut qu'un homme meure pour devenir force de travail. C'est cette mort qu'il monnaie dans le salaire »**. Le sujet progresse en s'appuyant sur la répétition de termes-clés : la « force de travail » et la « mort ». Il souligne l'équivalence entre la « monnaie » et le « salaire » contre la « force de travail » fournie par le travailleur. L'emploi du verbe « instituer sur » signifie que le système a pour fondement cet échange symbolique de l'ordre de la « nécessité » que connote la tournure d'obligation « il faut ». L'homme **devient** sa « force de travail ». Il **donne** sa force physique et morale, convertie en « force de travail », en échange d'un salaire. Le problème que soulève Jean Baudrillard est que le don de la force de travail contre salaire équivaut à une mort d'ordre symbolique, lente et différée. Paradoxalement, le travailleur fait don de sa vie pour obtenir un salaire qui lui assurera les conditions matérielles de son existence. Le travail, en tant que conversion de la vie du travailleur en force de travail, est-il œuvre de mort ? C'est ce que nous examinerons à la lumière des *Géorgiques* (28 av. J.-C.), éloge versifié du travail rustique par Virgile, de *La Condition ouvrière*, ensemble de lettres et d'articles de Simone Weil réunis en 1964 et de la pièce de Vinaver *Par-dessus bord* (1983) dans sa « version hyper brève ». Nous nous demanderons si le travail est paradoxalement une œuvre de « décréation » et de destruction. Puis nous verrons que le travail peut être aussi une force de vie. La solution serait de retourner le système en une dialectique qui ferait du travail une renaissance et une re-création.

1. Première partie, Chapitre III, p. 1153, t. 3, 1964, dir. A. Lanoux, H. Mitterrand.

Effectivement, l'homme convertissant ses forces physiques et morales en force de travail en échange d'un salaire voit sa force de vie décroître. Cette démoralisation peut verser en déshumanisation et tendre au sacrifice.

En effet, le travail ronge les forces physiques de l'ouvrier et affaiblit sa force morale : il « s'institue sur la mort ». C'est notamment le cas dans *La Condition ouvrière* de Simone Weil. L'ouvrier est d'abord la proie d'une immense fatigue, une fatigue indescriptible : « La fatigue, accablante, amère, par moments douloureuse au point qu'on souhaiterait la mort. Tout le monde, dans toutes les situations, sait ce que c'est d'être fatigué, mais pour cette fatigue-là il faudrait un nom à part » (« La vie et la grève des ouvrières métallos », p. 271). Le corps est vidé de toute énergie, dévitalisé, cassé par la cadence qu'il faut maintenir : « Combien en faites-vous ? 400 à l'heure ? Il en faut 800. Sans quoi je ne vous garderai pas », hurle le contremaître (« La vie et la grève des ouvrières métallos », p. 266). En rétribution, l'ouvrier touche un salaire qui lui « semble plutôt une aumône que le prix d'un effort » (« Expérience de la vie d'usine », p. 340). Dans *Les Géorgiques*, le laboureur ne ménage pas non plus ses efforts, notamment pendant l'été quand, en pleine chaleur, il lui faut couper les blés : « Mets-toi nu pour labourer, mets-toi nu pour semer », lui conseille Virgile (1, p. 56). Le travail en entreprise est aussi usant comme on le voit dans *Par-dessus bord*. Fernand Dehaze s'effondre victime d'un infarctus au deuxième mouvement. Ses employés, Passemar, Alvarez, Dutôt, s'épuisent à trouver une solution face aux invendus. Ils sont proches du *burn out*.

Pire : le travail chosifie les ouvriers. L'expression « il faut qu'un homme meure », utilisée par Baudrillard, est avant tout symbolique : l'homme perd son humanité. Dans *La Condition ouvrière*, les travailleurs deviennent des instruments au service de la machine qui, elle, est choyée : « Les pièces circulent avec leurs fiches, l'indication du nom, de la forme, de la matière première ; on pourrait presque croire que ce sont elles qui sont les personnes, et les ouvriers qui sont des pièces interchangeables » (« Expérience de la vie d'usine », p. 336). L'ouvrier se tue à la tâche, il ne compte pour rien et peut être licencié à tout moment. Dans la pièce de Vinaver, Madame Bachevski est mise à la retraite anticipée, Lubin donne sa démission, Passemar est déclassé faute d'avoir pu se reconvertir aux nouvelles lois du management. Comme les ouvriers weiliens, ils sont sacrifiés et jetés par-dessus bord. Le capitalisme est comparable au Voreux de Zola : il ingère, digère et défèque. Le produit phare de l'entreprise métaphorise la loi du marché qui s'applique aussi aux ressources humaines. Cependant, le sacrifice au nom du travail peut aussi être envisagé positivement. Ainsi, les abeilles dans *Les Géorgiques* « vont jusqu'à rendre l'âme sous leur fardeau, tant elles aiment les fleurs et sont glorieuses de produire leur miel » (4, p. 155).

Le travail peut donc apparaître comme une œuvre de mort, détruisant les forces physiques et morales du travailleur et culminant dans son sacrifice.

Cependant, l'exemple des abeilles virgiliennes montre que le travail est aussi ce qui permet à l'homme de se maintenir en vie et de trouver un sens à son existence.

D'abord, le travail **est** la vie. Le salaire, échangé symboliquement contre la force de travail, permet d'assurer ses conditions d'existence. La mort chez Simone Weil « est l'extrême limite à ne pas atteindre » même si « tant qu'on n'est pas mort au bout d'une heure de travail, c'est, aux yeux des patrons qu'on pouvait travailler encore plus » (« La rationalisation », p. 318). L'ouvrier résiste. Il lutte contre la mort par la force même de son travail. Simone Weil imagine un avenir où l'ouvrier avance dans le temps et accomplisse l'effort vers une finalité qui soit « autre chose que la mort » (p. 349) et dont sortent des « produits bien faits et des travailleurs heureux » (p. 307), vivants. Chez Virgile, le travail porte déjà ses fruits et le laboureur à la fin de l'été peut être satisfait. Sa force de travail a payé, il en récolte le salaire : « Pour lui, point de relâche, qu'il n'ait vu l'année regorger de fruits ou accroître son bétail, ou multiplier le chaume cher à Cérès, et son sillon se charger d'une récolte sous laquelle s'affaissent ses greniers » (2, p. 103-4). De même dans *Par-dessus bord*, le travail est gratifiant pour Lubin. Il donne sens à sa vie. Il s'exclame : « le goût de la victoire chaque fois que j'enlève une commande », ou affirme : « je leur ai dit Ravoire et Dehaze c'est toute ma vie » (p. 219). Madame Bachevski exprime dans son discours de remerciement son déchirement ; l'entreprise était aussi toute sa vie et elle se retrouve désœuvrée, avec un arrière-goût de mort ; elle emploie une métaphore qui rappelle la maternité : « qu'on vous ouvre le ventre qu'on vous ôte les entrailles on vous recoud mais il y a un vide là-dedans » (p. 245).

Ensuite, le travail donne un sens à la vie. Il est une leçon de vie contre la mort. Chez Simone Weil qui rêve à des réformes redonnant sens au travail de l'ouvrier : « Il est venu beaucoup de mal des usines, et il faut corriger ce mal dans les usines [...]. Il faudrait d'abord que les spécialistes, ingénieurs et autres, aient suffisamment à cœur non seulement de construire des objets, mais de ne pas détruire des hommes » (« Expérience de la vie d'usine », p. 351). Pour lutter contre le gaspillage de la force de travail ouvrière, pour œuvrer contre sa charge mortifère, il faut redonner sens et dignité au travail et au travailleur, il faut réaliser l'unité de la pensée et du travail, penser l'unité du travail intellectuel et du travail manuel, et placer le travail au centre de la civilisation. Par son labeur, le paysan virgilien a œuvré contre la guerre, la tempête, la sécheresse, les maladies, toutes ces forces de mort. Sa lutte contre la mort l'a fait grandir moralement. Par son travail vivant, il a accompli sa nature humaine et rempli son destin, il est heureux tel le vieillard de Coryce, « qui possédait quelques arpents d'un terrain abandonné et dont le sol n'était ni docile aux bœufs de labour, ni favorable au bétail, ni propice à Bacchus. Là pourtant, au milieu des broussailles, il avait planté des légumes espacés, que bordaient des lis blancs, des verveines et le comestible pavot ; avec ses richesses, il s'égalait, dans son âme, aux rois ; et quand, tard dans la nuit, il rentrait au logis, il chargeait sa table de mets qu'il n'avait point achetés ». (4, p. 152). Enfin, le sixième mouvement de *Par-dessus bord* est un hymne à la vie. Le travail des employés qui ont su se réinventer et démontrer de la plasticité en changeant de fonction (Dutôt, Cohen) a aussi porté ses fruits. Ils se sont prêtés aux nouvelles méthodes du marketing dans un climat d'effervescence. Comme dans une comédie d'Aristophane, la pièce qui aurait pu verser du côté de la mort et de la tragédie avec son lot de sacrifices se termine en comédie et en festin de mariage, en fête d'entreprise.

De ce fait, la force du travail peut être aussi une source de vie. Comment généraliser cette leçon de vie dans et par le travail ? Comment enrayer un système qui convertit la force de travail en mort si ce n'est en transcendant cette mort symbolique ?

En effet, le travail permet la métamorphose de la mort en vie et même l'accès à une dimension supérieure qui peut toucher au sacré.

Si le travail a le pouvoir de convertir les forces physiques et morales du travailleur en force de travail, il a aussi le pouvoir de convertir la mort en vie. Notamment, le travail agricole dans *Les Géorgiques* repose sur le principe de palingénésie. Le blé est transformé en pain, le raisin en vin, le pollen en miel. La technique du brûlis implique une « mort » purificatrice qui accroît la qualité de la terre. Au livre 4, la *bougonia* matérialise cette métamorphose de la mort en vie : « Alors, prodige soudain et merveilleux à dire, on voit, parmi les viscères liquéfiés des bœufs des abeilles bourdonner qui en remplissent les flancs, et s'échapper des côtes rompues, et se répandre en des nuées immenses, puis convoler au sommet d'un arbre et laisser pendre leur grappe à ses flexibles rameaux » (4, p. 176). La mort régénère et crée une forme de vie plus élaborée. De même, dans *Par-dessus bord,* la société Ravoire et Dehaze est morte symboliquement avec son ancien P.-D.G. pour renaître en fusionnant avec la firme américaine United Paper Europe. Les journées de « fête ouvrière » en mai 1936 ont précisément été un moment de « joie pure ». Les ouvrières évoluaient librement dans l'atelier, chantaient, riaient, causaient. Le flux vital avait eu raison de la cadence des machines, « un peu de chaleur humaine » s'était déposée sur « ce métal » (« La vie et la grève des ouvrières métallos », p. 277). Le rythme de la vie humaine « qui correspond à la respiration, aux battements du cœur, aux mouvements naturels de l'organisme humain » (p. 276) avait gagné la partie contre la mort. C'est aussi la joie qui éclate à la fin de *Par-dessus bord,* une formidable énergie circule entre les employés dont l'entreprise a risqué la faillite. Les danseurs les emmènent dans une farandole finale. Le dénouement a une fonction cathartique.

Puis, la palingénésie transforme aussi radicalement le travailleur qui transite par une mort symbolique pour renaître à une vie supérieure. Chez Virgile, le motif de la descente aux Enfers illustre cette catabase : nous avons Orphée, le double du poète, et Aristée qui descend dans les fonds marins où se trouve Protée, le dieu de la métamorphose qui lui donne la clé de son destin : Aristée expie par des sacrifices la mort qu'il a infligée à Eurydice en la poursuivant. Dans *Par-dessus bord*, nous avons insisté sur le motif du sacrifice qui a quelque chose de dionysiaque et de christique chez Passemar, double de l'auteur et dieu-dramaturge porté en procession par les danseurs. Il meurt à sa condition d'employé pour renaître en dramaturge. De son côté, Simone Weil est persuadée que chaque ouvrier éprouve cette métamorphose à dimension christique : le labeur du travailleur lui permettra d'accomplir sa vocation d'homme en accédant à la « joie pure à travers la souffrance » (« Condition première d'un travail non servile », p. 434).

Ainsi, la palingénésie ou métamorphose de la mort en vie supérieure, œuvre d'art ou expérience christique, touche au sacré.

En conclusion, si comme l'affirme Baudrillard dans *L'Échange symbolique et la mort*, les forces physiques et morales du travailleur sont converties en force de travail en échange d'un salaire, et si le travail peut ronger le corps et l'âme à la limite de la déshumanisation et du sacrifice, celui-ci n'est pas nécessairement mortifère. Le travailleur produit de la vie par son travail et par-là même trouve un sens à son existence. Mieux, selon le principe de palingénésie, le travailleur peut métamorphoser la mort en vie et accéder à une dimension supérieure qui touche au sacré. C'est aussi la leçon de *Germinal*. Les dernières lignes, après l'échec des grèves de Montsou, sont illuminées par l'image de la germination de la terre et des hommes : « Du flanc nourricier jaillissait la vie, les bourgeons crevaient en feuilles vertes, les champs tressaillaient de la poussée des herbes. De toutes parts, des graines se gonflaient, s'allongeaient, gerçaient la plaine, travaillées d'un besoin de chaleur et de lumière [...]. Des hommes poussaient, une armée noire, vengeresse, qui germait lentement dans les sillons, grandissant pour les récoltes du siècle futur, et dont la germination allait faire bientôt éclater la terre ». (VIIe partie, chapitre VI, p. 1 591).

PARTIE 5

Les **60** citations incontournables

Les citations essentielles tirées des *Géorgiques* de Virgile

1. « Tous les obstacles furent vaincus par un travail acharné et par le besoin pressant en de dures circonstances. » (1, p. 47.)

► **Thèmes :** aliénation et liberté, corps, transformation du monde.

2. « La première, Cérès apprit aux mortels à retourner la terre avec le fer, lorsque déjà manquaient les glands et les arbouses de la forêt sacrée et que Dodone refusait toute nourriture. » (1, p. 47.)

► **Thèmes :** aliénation et liberté, l'outil, nature humaine et morale.

3. « La charrue ne reçoit plus l'honneur dont elle est digne ; les guérets sont en friche, privés des laboureurs entraînés dans les camps ; et les faulx recourbées servent à forger une épée rigide. » (1, p. 68.)

► **Thèmes :** l'outil, nature humaine et morale, transformation du monde, travail et société.

4. « Au travail donc, ô cultivateurs ! apprenez les procédés de cultures propres à chaque espèce ; adoucissez, en les cultivant, les fruits sauvages ; que vos terres ne restent pas en friche. » (2, p. 75.)

► **Thèmes :** l'outil, transformation du monde, fruit du travail.

5. « Cependant, si eux-mêmes on les greffe et qu'on les confie, en les transplantant, à des fosses bien ameublies, ils dépouilleront bientôt leur naturel sauvage et, cultivés avec soin, se plieront sans tarder à tous les artifices que l'on voudra. » (2, p. 67.)

► **Thèmes :** l'outil, transformation du monde, fruit du travail.

6. « Vouloir en savoir le nombre, c'est vouloir connaître combien de grains de sable le Zéphyr soulève dans la plaine de Libye, ou combien de flots, dans la mer Ionienne, se brisent sur les rivages, quand l'Eurus fond avec violence sur les navires. » (2, p. 79.)

► **Thèmes :** travail de l'écriture, transformation du monde, fruit du travail.

7. « Salut, [...] grande mère de héros ! C'est pour toi que j'entreprends de célébrer l'art antique qui a fait ta gloire, osant rouvrir les fontaines sacrées, et que je chante le poème d'Ascra par les villes romaines. » (2, p. 84.)

► **Thème :** travail de l'écriture.

8. « Le travail des laboureurs revient toujours en un cercle, et l'année en se déroulant le ramène avec elle sur ses traces. » (2, p. 96.)

► **Thème :** temps.

9. « Fais l'éloge des vastes domaines, cultives-en un petit. » (2, p. 97.)

► **Thèmes :** l'outil, travail et société.

10. « Heureux qui a pu connaître les causes des choses et qui a mis sous ses pieds toutes les craintes. » (2, p. 102.)

► **Thèmes :** nature humaine et morale.

11. « Le laboureur fend la terre de son areau incurvé : c'est de là que découle le labeur de l'année ; c'est par là qu'il sustente sa patrie et ses petits-enfants, ses troupeaux de bœufs et ses jeunes taureaux, qui l'ont bien mérité. Pour lui, point de relâche, qu'il n'ait vu l'année regorger de fruits, ou accroître son bétail, ou multiplier le chaume cher à Cérès, et son sillon se charger d'une récolte sous laquelle s'affaissent ses greniers. [...] Cependant ses enfants câlins suspendus à son cou se disputent ses baisers ; sa chaste demeure observe la pudicité. » (2, p. 103-4.)

► **Thèmes :** nature humaine et morale, rapports humains, travail et société.

12. « Il me faut tenter une route où je puisse moi aussi m'élancer loin de la terre et voir mon nom vainqueur voler de bouche en bouche. » (3, p. 110.)

► **Thème :** travail de l'écriture.

13. « […] entraîne-les quand ils sont encore de petits veaux, et engage-toi dans la voie du dressage, tandis que leur humeur est docile encore et leur jeune âge facile à plier. » (3, p. 120.)

► **Thèmes :** aliénation et liberté, l'outil, transformation du monde.

14. « Ces barbares mènent une vie tranquille et oisive dans des cavernes profondément creusées sous terre […]. Là, ils passent la nuit à jouer, et s'enivrent, joyeux, d'une liqueur fermentée d'orge et de sorbes acides qui imite le jus de la vigne. » (3, p. 132.)

► **Thème :** travail et société.

15. « Que leur servent leur labeur et leurs bienfaits ? Que leur sert d'avoir retourné avec le soc de lourdes terres ? » (3, p. 140.)

► **Thèmes :** corps, fruit du travail.

16. *Les hommes, privés de leur bétail tué par la peste,* « enfouissent les semences avec leurs ongles mêmes, et gravissent les montagnes en traînant, le cou tendu, de gémissants chariots. » (3, p. 140.)

► **Thèmes :** l'outil, corps, nature humaine et morale.

17. *Au sujet des abeilles :* « Je t'offrirai en de petits objets un spectacle admirable : je te dirai les chefs magnanimes, et tour à tour les mœurs de la nation entière, ses passions, ses peuples, ses combats. » (4, p. 145.)

► **Thèmes :** travail de l'écriture, rapports humains, travail et société.

18. « […] un vieillard de Coryce, […] possédait quelques arpents d'un terrain abandonné et dont le sol n'était ni docile aux bœufs de labour, ni favorable au bétail, ni propice à Bacchus. Là pourtant, au milieu des broussailles, il avait planté des légumes espacés, que bordaient des lis blancs, des verveines et le comestible pavot ; avec ses richesses, il s'égalait, dans son âme, aux rois ; et quand, tard dans la nuit, il rentrait au logis, il chargeait sa table de mets qu'il n'avait point achetés. » (4, p. 152.)

► **Thèmes :** aliénation et liberté, transformation du monde, fruit du travail, nature humaine et morale.

19. *Au sujet des abeilles :* « prévoyant la venue de l'hiver, elles s'adonnent l'été au travail et mettent en commun les trésors amassés. » (4, p. 154.)

► **Thèmes :** temps, rapports humains, fruit du travail.

20. « [...] s'il est permis de comparer les petites choses aux grandes, les abeilles de Cécrops sont tourmentées d'un désir inné d'amasser, chacune dans son emploi. » (4, p. 155.)

► **Thèmes :** travail de l'écriture, rapports humains, le fruit du travail, culture et civilisation.

Les citations essentielles tirées de *La Condition ouvrière* de Simone Weil

1. « Seulement, quand je pense que les grrrands *[sic]* chefs bolcheviks prétendaient créer une classe ouvrière *libre* et qu'aucun d'eux – Trotsky sûrement pas, Lénine je ne crois pas non plus – n'avait sans doute mis le pied dans une usine et par suite n'avait pas la plus faible idée des conditions réelles qui déterminent la servitude ou la liberté pour les ouvriers – la politique m'apparaît comme une sinistre rigolade. » (p. 52-3.)

► **Thème :** aliénation et liberté.

2. « Cette situation fait que la pensée se recroqueville, se rétracte, comme la chair se rétracte devant un bistouri. » (p. 60.)

► **Thème :** nature humaine et morale.

3. « La bonté surtout, dans une usine, est quelque chose de réel quand elle existe ; car le moindre acte de bienveillance depuis un simple sourire jusqu'à un service rendu, exige qu'on triomphe de la fatigue, de l'obsession du salaire, de tout ce qui accable et incite à se replier sur soi. » (p. 68.)

► **Thème :** rapports humains.

4. « Rien ne paralyse plus la pensée que le sentiment d'infériorité nécessairement imposé par les atteintes quotidiennes de la pauvreté, de la subordination, de la dépendance. La première chose à faire pour eux, c'est de les aider à retrouver ou à conserver, selon le cas, le sentiment de leur dignité. » (p. 213-4.)

► **Thèmes :** aliénation et liberté, nature humaine et morale.

5. « […] pour faire passer des hommes d'une subordination totale à un degré quelconque de collaboration, il faut bien, il me semble, commencer par leur faire relever la tête. » (p. 232.)

► **Thème :** aliénation et liberté.

6. « [...] faire du travail un moyen pour chaque homme de dominer la matière et de fraterniser avec ses semblables sur un pied d'égalité. L'organisation du travail doit réaliser la combinaison de l'ordre et de la liberté. Les machines doivent, au lieu de séparer l'homme de la nature, lui fournir un moyen d'entrer en contact avec elle et d'accéder quotidiennement au sentiment du beau dans sa plénitude. » (p. 257.)

► **Thèmes :** culture et civilisation, l'outil, rapports humains, aliénation et liberté, nature humaine et morale.

7. « La sonnerie. Pointer, s'habiller, sortir de l'usine, le corps vidé de toute énergie vitale, l'esprit vide de pensée, le cœur submergé de dégoût, de rage muette, et par-dessus tout cela, d'un sentiment d'impuissance et de soumission. » (p. 267)

► **Thèmes :** temps, corps, aliénation et liberté, nature humaine et morale.

8. « On est là pour obéir et se taire. On est au monde pour obéir et se taire. » (p. 270.)

► **Thèmes :** aliénation et liberté, rapports humains, nature humaine et morale.

9. « Tout le monde, dans toutes les situations, sait ce que c'est d'être fatigué, mais pour cette fatigue-là il faudrait un nom à part. » (p. 271.)

► **Thèmes :** corps, travail de l'écriture.

10. « On est à tout instant dans le cas de recevoir un ordre. On est une chose livrée à la volonté d'autrui. » (p. 273.)

► **Thèmes :** rapports humains, aliénation et liberté, l'outil, nature humaine et morale.

11. « Il s'agit, après avoir toujours plié, tout subi, tout encaissé en silence pendant des mois et des années, d'oser enfin se redresser. Se tenir debout. Prendre la parole à son tour. Se sentir des hommes pendant quelques jours. Indépendamment des revendications, cette grève est en elle-même une joie. Une joie pure. Une joie sans mélange. » (p. 275.)

► **Thèmes :** culture et civilisation, aliénation et liberté, nature humaine et morale.

12. « Joie de vivre, parmi ces machines muettes, au rythme de la vie humaine – le rythme qui correspond à la respiration, aux battements du cœur, aux mouvements naturels de l'organisme humain – et non à la cadence, imposée par le chronométreur. » (p. 276.)

▶ **Thèmes :** temps, corps, l'outil, aliénation et liberté.

13. « [...] le premier choc de cette vie d'ouvrière a fait de moi pendant un certain temps une bête de somme, [...] j'ai retrouvé peu à peu le sentiment de ma dignité seulement au prix d'efforts quotidiens et de souffrances morales épuisantes. » (p. 283.)

▶ **Thèmes :** corps, l'outil, aliénation et liberté, nature humaine et morale.

14. « La solution idéale, ce serait une organisation du travail telle qu'il sorte chaque soir des usines à la fois le plus grand nombre de produits bien faits et des travailleurs heureux. » (p. 307.)

▶ **Thèmes :** culture et civilisation, travail et société, l'outil, transformation du monde, nature humaine et morale.

15. « Tu n'es rien ici. Tu ne comptes pas. Tu es là pour plier, tout subir et te taire. » (p. 331.)

▶ **Thèmes :** l'outil, aliénation et liberté, rapports humains, nature humaine et morale.

16. « Les pièces circulent avec leurs fiches, l'indication du nom, de la forme, de la matière première ; on pourrait presque croire que ce sont elles qui sont les personnes, et les ouvriers qui sont des pièces interchangeables. » (p. 336.)

▶ **Thèmes :** l'outil, les rapports humains, culture et civilisation, nature humaine et morale, travail de l'écriture.

17. « L'ouvrier ne sait pas ce qu'il produit, et par suite il n'a pas le sentiment d'avoir produit, mais de s'être épuisé à vide. Il dépense à l'usine, parfois jusqu'à l'extrême limite, ce qu'il a de meilleur en lui, sa faculté de penser, de sentir, de se mouvoir [...] sa vie même sort de lui sans laisser aucune marque autour de lui. » (p. 340.)

▶ **Thèmes :** l'outil, corps, transformation du monde, nature humaine et morale.

18. « L'usine devrait être un lieu de joie, un lieu où, même s'il est inévitable que le corps et l'âme souffrent, l'âme puisse aussi pourtant goûter des joies, se nourrir de joies. » (p. 343.)

► **Thèmes :** culture et civilisation, rapports humains, nature humaine et morale.

19. « Un manœuvre spécialisé n'a en partage que la répétition automatique des mouvements, pendant que la machine qu'il sert enferme, imprimée et cristallisée dans le métal, toute la part de combinaison et d'intelligence que comporte la fabrication en cours. Un tel renversement est contre nature ; c'est un crime. » (p. 347.)

► **Thèmes :** l'outil, corps, temps, nature humaine et morale, transformation du monde, travail de l'écriture.

20. « Il est venu beaucoup de mal des usines, et il faut corriger ce mal dans les usines [...] Il faudrait d'abord que les spécialistes, ingénieurs et autres, aient suffisamment à cœur non seulement de construire des objets, mais de ne pas détruire des hommes. » (p. 351.)

► **Thèmes :** culture et civilisation, rapports humains, société, transformation du monde, nature humaine et morale.

CITATIONS

Les citations essentielles tirées de *Par-dessus bord* de Michel Vinaver

1. Dutôt : « Je m'en torche de vos notes de service moi il me faut la camelote mes représentants foncent à mort avec leur promotion » (p. 18.)

► **Thèmes :** rapports humains, culture et civilisation, temps.

2. « *La danse se centre de plus en plus sur Passemar que les danseurs cognent, plaquent à terre, piétinent, relèvent, jettent en l'air, puis qu'ils déposent sur le couvercle de la caisse comme sur un trône.* » (p. 16.)

► **Thèmes :** rapports humains, culture et civilisation, nature humaine et morale, corps, travail de l'écriture.

3. Dehaze : « [...] merci d'être venus si nombreux comme à l'accoutumée à notre petite et sympathique réunion que je me permettrai d'appeler une réunion de famille tant il est vrai que ceux qui travaillent quarante heures par semaine ensemble forment une authentique communauté » (p. 32.)

► **Thèmes :** culture et civilisation, rapports humains, nature humaine et morale.

4. « Ça fait rien on passe sa vie ensemble en même temps on se connaît pas ou presque je vous connais presque pas moi » (p. 28.)

► **Thèmes :** rapports humains, culture et civilisation.

5. « Qu'ils cherchent à nous exploiter c'est normal c'est leur rôle qu'est-ce que tu ferais si t'avais le pognon » (p. 29.)

► **Thèmes :** aliénation et liberté, rapports humains, culture et civilisation.

6. Dehaze : « La loyauté Cohen est un concept qui appartient à votre génération et à la mienne » (p. 57.)

► **Thèmes** : culture et civilisation, société, nature humaine et morale.

7. Grangier : « C'est la boîte entière qui fout le camp il n'y a plus de boîte monsieur Olivier il n'y a plus que les gens et les gens c'est jamais très joli quand il n'y a plus de boîte pour leur donner le sentiment qu'ils font quelque chose en commun » (p. 61.)

▶ **Thèmes :** rapports humains, culture et civilisation, nature humaine et morale.

8. *Deux visions de l'entreprise :* Olivier : « monument consacré à la mémoire de son père et de son grand-père » et Benoît : « partir de zéro vivre une aventure avec tout ce que cela comporte de rigueur de don de soi » (p. 90.)

▶ **Thèmes :** culture et civilisation, travail et société, temps, nature humaine et morale.

9. M. Onde : « Mais au désastre succèdera un renouveau la terre émergera de la mer belle et verte et sans semailles le grain y poussera tous parleront amicalement du passé et de l'avenir et les tables d'or qui avaient appartenu aux Ases seront retrouvées dans le gazon » (p. 96.)

▶ **Thèmes :** culture et civilisation, société, rapports humains, le fruit du travail, travail de l'écriture, temps, nature humaine et morale.

10. *Ausange pense qu'Olivier est un* « patron pour temps paisibles » *alors que Benoît* « nous paraît être plus méchant que vous or il nous faut un méchant bonhomme qui aime mordre » (p. 103)

▶ **Thèmes :** rapports humains, culture et civilisation, société, nature humaine et morale, temps.

11. Passemar : « [...] le seul théâtre qui fasse des recettes est un théâtre qui répond à la demande d'un public qui est le public de la société de consommation alors il faut lui offrir le produit qu'il désire c'est-à-dire le marketing mix qui fait tilt chez Ravoire et Dehaze » (p. 118.)

▶ **Thèmes :** culture et civilisation, l'outil, le fruit du travail, travail et société, travail de l'écriture.

CITATIONS

12. Jack : « L'homme a besoin d'objets dans lesquels il projette ses désirs et ses peurs dans le temps il allait les trouver dans la nature la lune le serpent un rocher » (p. 162.)

▶ **Thèmes :** le fruit du travail, travail de l'écriture, culture et civilisation.

13. M. Onde : « Ce que la société divine a gagné en efficacité elle l'a perdu en puissance morale et mystique elle n'est plus que l'exacte projection des bandes ou des États terrestres dont le seul souci est de gagner et de vaincre » (p. 190.)

▶ **Thèmes :** culture et civilisation, travail et société, rapports humains, nature humaine et morale.

14. Saillant : « Et vient un âge où il est difficile » Benoît : « Sinon impossible » Saillant : « De se recycler » (p. 207.)

▶ **Thèmes :** travail et société, rapports humains, temps, culture et civilisation, nature humaine et morale.

15. Passemar : « On dit que le taux de mortalité des gens à partir du moment où on les met à la retraite grimpe d'une façon vertigineuse » (p. 208.)

▶ **Thèmes :** corps, temps, nature humaine et morale.

16. Lubin : « [...] si monsieur Dehaze était encore là pour voir comment on mène à l'abattoir ses anciens représentants parce que le bâtard s'est entouré d'une bande de fumiers qui tueraient leur propre mère si ça pouvait servir leur carrière » (p. 218.)

▶ **Thèmes :** temps, travail et société, rapports humains, culture et civilisation, aliénation et liberté, le fruit du travail, nature humaine et morale.

17. Lubin : « [...] le goût de la victoire chaque fois que j'enlève une commande » (p. 219.)

▶ **Thèmes :** le fruit du travail, nature humaine et morale, culture et civilisation.

18. Lubin : « [...] je leur ai dit Ravoire et Dehaze c'est toute ma vie » (p. 219.)

▶ **Thèmes :** le fruit du travail, culture et civilisation, nature humaine et morale, travail et société, temps.

19. Margerie : « [...] un institut de beauté comme un défi français à toutes ces usines sans âme où la beauté est débitée à la chaîne » (p. 241.)

▶ **Thèmes :** culture et civilisation, travail et société, le fruit du travail, nature humaine et morale.

20. Passemar : « De sorte que la fin rejoint le commencement. » (p. 255.)

▶ **Thèmes :** temps, travail et société, travail de l'écriture, nature humaine et morale.

Vos notes et citations

Dépôt légal : mai 2022 – N° éditeur : MAGSI20210268
Achevé d'imprimer en mai 2022 en France par Présence Graphique - Monts

PEFC™ 10-31-2677